高等院校“十三五”规划教材·经管类专业系列

电子商务概论

主　编　王　波　陈锦科
副主编　许崇明　梁文学
　　　　李春鹏　孙　烨

南京大学出版社

内容简介

全书共十章，课程内容涵盖电子商务的基本概念、交易模式、网上支付、物流配送、网络营销、电子商务安全、电子商务技术基础等，每章均配有学习要点、本章小结、课堂讨论、技能实训，便于读者能较好地掌握电子商务基本的理论与应用。

本书主要针对电子商务、市场营销、工商管理、物流管理、国际贸易等开设电子商务(概论)课程的相关专业本科生，也可作为企事业单位电子商务培训教材，以及从事电子商务相关工作的企业管理人员和业务人员的参考书。本教材配有教学课件(PPT格式)，采用本教材的教师可以向出版社免费索取。

图书在版编目(CIP)数据

电子商务概论/王波，陈锦科主编. —南京：南京大学出版社，2016.3(2018.1 重印)
高等院校"十三五"规划教材.经管类专业系列
ISBN 978-7-305-16584-9

Ⅰ.①电… Ⅱ.①王… ②陈… Ⅲ.①电子商务—高等学校—教材 Ⅳ.①F713.36

中国版本图书馆CIP数据核字(2016)第050609号

出版发行 南京大学出版社
社　　址 南京市汉口路22号　　邮　　编 210093
出 版 人 金鑫荣

丛 书 名 高等院校"十三五"规划教材.经管类专业系列
书　　名 电子商务概论
主　　编 王 波 陈锦科
责任编辑 高 彬 王抗战　　编辑热线 025-83597087

照　　排 南京理工大学资产经营有限公司
印　　刷 宜兴市盛世文化印刷有限公司
开　　本 787×1092 1/16 印张 11 字数 269 千
版　　次 2016年3月第1版 2018年1月第2次印刷
ISBN 978-7-305-16584-9
定　　价 28.00元

网　　址：http://www.njupco.com
官方微博：http://weibo.com/njupco
官方微信号：njupress
销售咨询热线：(025)83594756

前　言

本书的特色在于基础性、实用性和前瞻性，课本知识编写时从学生实际情况出发，坚持基础教学与实际运用相结合的原则，确立实施培养应用技术型电子商务人才的教育目标。整体框架注重学生电子商务实际应用能力的培养，在课本中注重将新技术、新的应用领域等知识进行充实与完善。

本书由王波、陈锦科担任主编，许崇明、梁文学、李春鹏、孙烨担任副主编。本书分工如下：王波编写第1、2、3章，陈锦科编写第5、8章，梁文学编写第6、10章，许崇明编写第7章，李春鹏编写第4、9章，孙烨参与收集相关资料和信息，最后由王波统稿。

本书在编写过程中参考了不少资料，特别是参考了部分类似《电子商务概论》教材的相关内容，在此对这些作者、专家、学者表示深深的谢意。还要感谢刘丽、况建军、左斌、肖珍等人对这本教材的大力支持与帮助。

可能有些资料引用了而由于疏忽没有指出资料出处，若有这类情况发生，在此表示万分歉意。

由于作者水平有限，再加上电子商务正在进一步发展，对它的认识和研究都在继续深入，因此本书难免出现谬误。作者真诚希望读者提出批评意见，以便在今后的修订中改正。

编者

2015年12月

目 录

第一章　电子商务概述

20 世纪 90 年代，基于万维网(World Wide Web，WWW 或 Web)的互联网(Internet)技术突飞猛进，互联网应用的普及使得商务活动电子化的想法逐步成熟，之后互联网开始应用于商业交易，电子商务也日益蓬勃发展起来。目前，电子商务已经成为国际上各个国家制定经济政策的主要依据之一，以网络和电子商务为主要特征的新经济成为推动全球经济一体化的重要手段和前提条件。

【学习要点及目标】

掌握电子商务的概念及分类；掌握电子商务的基本框架；了解电子商务的产生和发展阶段；理解电子商务对社会经济和企业的影响。

第一节　电子商务的形成与发展

电子商务并非新兴之物。早在 1839 年，当电报刚出现的时候，人们就开始了对运用电子手段进行商务活动的讨论。当贸易开始以莫尔斯码点和线的形式在电线中传输的时候，就标志着运用电子手段进行商务活动的开始。

电子商务是在与计算机技术、网络通信技术的互动发展中产生和不断完善的，近年来依托于计算机互联网络，随着其爆炸性发展而急剧发展。

一、电子商务的起源及发展历程

美国是因特网的发源地，也是电子商务应用最发达的国家，目前仍占全球电子商务交易额的一半以上。自 1992 年美国政府取消因特网商业应用的禁令后，电子商务推广与因特网扩张互为因果、互相促进，形成良性循环，在政府的鼓励和促进下(如 1997 年以来相继提出“网络年”、“电子商务年”的概念，推动中小企业和政府部门等上网)，电子商务迅速推广普及。电子商务最早产生于 20 世纪 60 年代，发展于 90 年代。其产生和发展的重要条件主要是以下几个方面：

1. 计算机的广泛使用

近几十年以来，计算机的处理速度越来越快，处理能力越来越强，价格越来越低，应用越来越广泛，这为电子商务的应用提供了基础。

2. 互联网络的普及和成熟

由于 Internet 逐渐成为全球通信与交易的最主要媒体，且全球上网用户呈数量级增长趋势，快捷、安全、低成本的特点为电子商务的发展提供了应用条件。

3. 信用卡的普及应用

信用卡以其方便、快捷、安全等优点成为人们消费支付的重要手段，并由此形成了完善的全球性信用卡计算机网络支付与结算系统，为电子商务中的网上支付提供了重要手段。

4. 政府的支持与推动

自 1997 年欧盟发布了欧洲电子商务协议，美国随后发布了“全球电子商务纲要”，电子商务受到世界各国政府的重视。许多国家的政府开始尝试“网上采购”，这为电子商务的发展提供了有力的支持。

二、电子商务在中国的发展历程

我国计算机应用已有 40 多年历史，但电子商务仅有 10 多年。1987 年 9 月 20 日，中国的第一封电子邮件越过长城，通向了世界，揭开了中国使用互联网的序幕。

我国电子商务发展过程可分为四个阶段：

1. 1990—1993 年，开展 EDI 的电子商务应用阶段

1987 年 9 月 20 日，我国成功发出第一封电子邮件；1990 年中国顶级域名“cn”注册成功，中国网络有了自己的身份标志。这些为电子商务的推行奠定了基础。1991 年 9 月，由国务院电子信息系统推广应用办公室牵头八个部委局发起成立“中国促进 EDI 应用协调小组”，同年 10 月成立“中国 EDIFACT 委员会”并参加亚洲 EDIFACT 理事会。

2. 1993—1997 年，政府推动电子商务工程阶段

1993 年成立国民经济信息化联席会议及其办公室，相继组织了金关、金卡、金税等“三金工程”，取得了重大进展。1994 年 10 月“亚太地区电子商务研讨会”在京召开，使电子商务概念开始在我国传播。1996 年，金桥网与互联网正式开通。1997 年，信息办组织有关部门起草编制我国信息化规划。1997 年，广告主开始使用网络广告。1997 年 4 月以来，中国商品订货系统(CGOS)开始运行。

3. 1998—1999 年，互联网电子商务“引入期”

1998 年 3 月，我国第一笔网上交易成功。1998 年 7 月，中国商品交易市场正式宣告成立，被称为“永不闭幕的广交会”。1999 年起政府上网、企业上网，电子政务、网上纳税、网上教育，远程诊断等广义电子商务开始启动，并已有试点，电子商务发展进入实际试用阶段。

4. 2000 年至今，我国电子商务进入“成长期”

2000 年，我国电子商务进入调整时期，一些电子商务企业倒闭，一些进行整合，B2B、B2C、C2C 等多种电子商务交易模式不断创新，涌现出了阿里巴巴、淘宝网、当当网、京东商城、亚马逊中国、中国化工网等电子商务网站，也出现了一些以传统企业为依托的电子商务公司，如海尔商城、苏宁易购、国美电器网上商城等。

电子商务服务商(dotcom 公司)正在从虚幻、风险资本市场转向现实市场需求的变化，与有商务传统企业结合，同时开始出现一些较为成功、开始赢利的电子商务应用。由于基础设施等外部环境的进一步完善，电子商务应用方式的进一步完善，现实市场对电子商务的需求正在成熟，电子商务软件和解决方案的“本土化”趋势加快，国内企业开发或着眼于国内应用的电子商务软件和解决方案逐渐在市场上占据主导。我国电子商务全面启动并已初见成效。基于网络的电子商务的优势将进一步发挥出来。

第二节　电子商务的基本概念

一、电子商务的定义

电子商务虽然正在以难以置信的速度渗透到人们的日常生活，但是至今也没有一个统一的定义。世人众说纷纭，各国政府、学者、企业界人士都根据自己所处的地位和对电子商务的参与程度，给出了许多不同的表述，下面就是几个比较有代表性和权威性的定义：

联合国经济合作和发展组织(OECD)在有关电子商务的报告中对电子商务的定义：电子商务是发生在开放网络上的包含企业之间、企业与消费者之间的商业交易。

全球信息基础设施委员会(GIIC)电子商务工作委员会报告草案中对电子商务的定义：电子商务是运用电子通信为手段的经济活动，通过这种方式人们可以对带有经济价值的产品和服务进行宣传、购买和结算。这种交易方式不受地理位置、资金多少或零售渠道的所有权影响，共有及私有企业、公司、政府组织、各种社会团体、一般公民、企业家都能参加广泛的经济活动，其中包括农业、林业、渔业、工业、私营和政府的服务业。电子商务使产品在世界范围交易并向消费者提供多种多样的选择。

美国政府在《全球电子商务纲要》中的定义：电子商务是通过 Internet 进行的各项商务活动，包括广告、交易、支付、服务等活动，全球电子商务将涉及世界各国。

欧洲议会在《电子商务欧洲动议》中对电子商务的定义：电子商务是通过电子方式的商务活动。它的技术是通过电子方式处理和传递数据，包括文本、声音和图像。它的商务则涉及许多活动，不仅包括货物电子贸易和服务、在线数据传递、电子资金划拨、电子证券交易、货运单证、商业拍卖、合作设计和工程、在线资料、公共产品获得等有形商品的商务活动，而且包括无形商品或服务的商务活动，如信息服务、金融服务、法律服务、健身服务、教育服务等。根据欧洲议会对电子商务的定义，电子商务是各参与方之间以电子方式而不是以物理交换或直接物理接触方式完成任何形式的业务交易。这里的电子方式(或技术)包括 EDI、电子支付手段、电子订货系统、电子邮件、传真、网络、电子公告牌、条码、图像处理、智能卡等，这里的商务主要指业务交易。

国际商会于 1997 年 11 月，在巴黎举行了世界电子商务会议(The World Business Agenda for Electronic Commerce)。会上专家和代表对电子商务的概念进行了最有权威的阐述：电子商务(Electronic Commerce)，是指实现整个贸易过程中各阶段的贸易活动的电子化。从涵盖范围方面可以定义为：交易各方以电子交易方式而不是通过当面交换或直接面谈方式进行的任何形式的商业交易；从技术方面可以定义为：电子商务是一种多技术的集合体，包括交换数据(如电子数据交换、电子邮件)、获得数据(共享数据库、电子公告牌)以及自动捕获数据(条形码)等。电子商务涵盖的业务包括：信息交换、售前售后服务(提供产品和服务的细节、产品使用技术指南、回答顾客意见)、销售、电子支付(使用电子资金转账、信用卡、电子支票、电子现金)、运输(包括商品的发送管理和运输跟踪，以及可以电子化传送的产品的实际发送)、组建虚拟企业(组建一个物理上不存在的企业，集中一批独立的中小公司的权限，提供比任何单独公司多得多的产品和服务)、公司和贸易伙伴可以共同拥有和运营共享的商业方法等。

美国学者瑞维·卡拉科塔和安德鲁B.惠斯顿在专著《电子商务的前沿》中给出了电子商务的定义:“广义地讲,电子商务是一种现代商业方法。这种方法通过改善产品和服务质量、提高服务传递速度,满足政府、组织、厂商和消费者降低成本的要求。这一概念也用于通过计算机网络寻找信息以支持决策。一般地讲,今天的电子商务通过计算机网络将买方和卖方的信息、产品和服务联系起来,而未来的电子商务则通过构成信息高速公路的无数计算机网络中的一个将买方和卖方联系起来。”

HP公司认为,电子商务简单地说就是指在从售前服务到售后支持的各个环节实现电子化、自动化。

IBM公司认为,电子商务是指采用数字化电子方式进行商务数据交换和开展商务业务的活动,是在Internet的广阔联系与传统信息技术系统的丰富资源相互结合的背景下应运而生的一种相互关联的动态商务活动。

从上述不同定义中,我们可以看出,电子商务是利用现有的计算机硬件设备、软件和网络基础设施,通过一定的协议连接起来的电子网络环境进行各种各样商务活动的方式。因此,对于电子商务概念的科学理解应包括以下几个基本方面:

(1) 电子商务是整个贸易活动的自动化和电子化。

(2) 电子商务是利用各种电子工具和电子技术从事各种商务活动的过程。其中电子工具是指计算机硬件和网络基础设施(包括Internet、Intranet、各种局域网等);电子技术是指处理、传递、交换和获得数据的多技术集合。

(3) 电子商务渗透到贸易活动的各个阶段,因而内容广泛,包括信息交换、售前售后服务、销售、电子支付、运输、组建虚拟企业、共享资源等。

(4) 电子商务的参与者包括消费者、销售商、供货商、企业雇员、银行或金融机构以及政府等各种机构或个人。

(5) 电子商务的目的就是要实现企业乃至全社会的高效率、低成本的贸易活动。

二、电子商务的功能

电子商务可提供网上交易和管理等全过程的服务,因此,它具有广告宣传、咨询洽谈、网上订购、网上支付、电子账户、物流配送、意见征询、交易管理等多项功能。

1. 广告宣传

电子商务可凭借企业的Web服务器和客户的浏览器,基于万维网的超文本链接与超媒体技术,在互联网上发布各类商业信息。客户可借助网上的检索工具迅速找到所需商品信息,而商家可利用网页和电子邮件(E-mail)在全球范围内做广告宣传。与传统的各类广告相比,网上的广告成本最为低廉,而给顾客的信息量却最为丰富。网上广告还可以根据客户的个性化需求,分别传送不同的广告信息。

2. 咨询洽谈

电子商务客户可借助非实时的电子邮件、新闻组(news group)和实时的讨论组(chat)来了解市场和商品信息、洽谈交易事务,如有进一步的需求,还可用网上的白板会议(whiteboard conference)来交流即时的图形信息。网上的咨询和洽谈能超越人们面对面洽谈的限制,提供多种方便的异地交谈形式。

3. 网上订购

随着互联网技术与电子商务系统的发展与完善，网上购物已日趋普及。电子商务客户可实现网上的订购。用户足不出户便能“逛商城”、“货比三家”，在网上便捷、全天候地选购商品，通过产品介绍页面上提供的十分友好的订购提示信息和交互式订购表单进行订购。当客户填完订购单后，通常系统会回复确认信息单来保证订购信息的收悉。订购信息也可采用加密的方式使客户和商家的商业信息不会泄露。目前网上订购已成熟地付诸应用。

4. 网上支付

电子商务要成为一个完整的过程，网上支付是一个重要的环节。客户和商家之间可采用信用卡进行支付。在网上直接采用电子支付手段将省去交易中很多人员的开销，并使洽谈能超越人们面对面洽谈的限制，提供多种方便的异地交谈形式。网上支付将需要更为可靠的信息传输、安全性控制，以防止欺骗、窃听、冒用等非法行为。

5. 电子账户

网上的支付必须要有电子金融系统来支持，即银行、信用卡公司及保险公司等金融单位为金融服务提供网上操作的服务。而电子账户管理是其基本的组成部分。信用卡号或银行账号都是电子账户的一种标志。而其可信度需配以必要的技术措施来保证，如以数字证书、数字签名、加密等手段的应用来确保电子账户操作的安全。

6. 物流配送

对于已付了款的客户应将其订购的货物尽快地传递到他们的手中。最适合在网上直接传递的货物是信息产品，如软件、电子读物、信息服务等。它能通过电子邮件等方式直接从电子仓库中将货物发到用户端。

7. 意见征询

电子商务能十分方便地采用网页上的“选择”、“填空”等格式文件来收集用户对销售服务的反馈意见，这样使企业的市场运营能形成一个封闭的回路。客户的反馈意见不仅能提高售后服务的水平，更使企业获得改进产品、发现市场的商业机会。

8. 交易管理

整个交易的管理将涉及人、财、物等多个方面，以及企业和企业、企业和客户及企业内部等各方面的协调和管理。因此，交易管理是涉及商务活动全过程的管理。电子商务的发展将会提供一个良好的交易管理的网络环境及多种多样的应用服务系统。这样，能保障电子商务获得更广泛的应用。

三、电子商务的分类

电子商务应用范围很广，从不同角度可以将电子商务分为不同的类型。

1. 按参与电子商务的交易主体分类

电子商务通常在三类群体之间进行，即企业(business)、政府部门(government)和个人消费者(consumer)。按信息在这三类群体之间的流向，电子商务可以分为以下8个类型：

(1) 企业与企业之间的电子商务

企业与企业之间的电子商务(Business to Business，B2B)指企业与企业之间通过互联网进行的商务活动。也就是说，进行电子商务的供需双方都是企业(或商家)，它们通过网络交换信息，传递各类电子单证(如订单、合同、付款通知等)，从而使交易全过程实现电子化和无纸化。B2B 是目前应用最广泛的一种电子商务。企业可以是生产企业，如海尔、戴尔等，与上游原材料和零配件供应商、下游经销商、物流运输商、产品服务商等利用各种网络商务平台进行电子商务活动；企业也可以是商家，如某商家通过阿里巴巴平台采购宝洁公司的商品等，这些都属于 B2B 电子商务。通过专用增值网络(Value Added Network，VAN)进行的电子数据交换(Electronic Data Interchange，EDI)是这类电子商务产生、发展的基础和前身。B2B 网站的典型是阿里巴巴、中国制造网、慧聪网、敦煌网等。

(2) 企业与个人消费者之间的电子商务

企业与个人消费者之间的电子商务(Business to Consumer，B2C)指企业与个人消费者之间进行商品或服务的交易，这类电子商务实际上是电子化的在线零售业。目前，互联网上已遍布各种类型的在线零售企业。它们所出售的商品一应俱全，从食品、饮料到计算机、汽车等，几乎包括了所有的消费品；或者提供各类网络服务，如远程教育、在线医疗等。近年来，随着互联网为企业和消费者开辟了新的交易平台，再加上全球网民的增多，这类电子商务得到了较快的发展，成为电子商务发展的主要动力。B2C 的典型有亚马逊、当当网、京东商城、Vancl 凡客诚品、天猫等。

(3) 个人消费者与个人消费者之间的电子商务

个人消费者与个人消费者之间的电子商务(Consumer to Consumer，C2C)指个人消费者之间通过网络商务平台实现交易的一种电子商务模式。

传统的商务模式不能提供便利的方式让消费者出售其所持有的闲置物品，而利用互联网就可以很好地解决此问题。C2C 电子商务中的参与者主要有消费者及为消费者提供网络服务的平台提供商，如淘宝网等。物品持有者可通过这些网上商务平台发布其物品信息，物品需求者也可在此类平台上对所需要的物品出价，最终物品将出售给出价最高的买方。这种交易方式类似于拍卖，因此，也称为网上拍卖。

(4) 企业与政府之间的电子商务

企业与政府间的电子商务(Business to Government，B2G)涵盖了政府与企业间的各项事务，包括政府采购、税收、商检、管理条例发布，以及法规、政策颁布等。B2G 电子商务使企业和政府之间通过互联网可以方便、快捷地进行信息交换。政府一方面作为消费者，可以通过互联网发布自己的采购清单，公开、透明、高效、廉洁地完成所需物品的采购；另一方面，政府对企业宏观调控、指导规范、监督管理的职能通过网络以电子商务方式更能充分、及时地发挥。借助于网络及其他，政府职能部门能更及时、全面地获取所需信息，作出正确的决策，做到快速反应，能迅速、直接地将政策、法规及调控信息传达于企业，起到管理与服务的作用。

(5) 个人消费者与政府之间的电子商务

个人消费者与政府的电子商务(Consumer to Government，C2G)涵盖个人与政府之间的若干事务，如个人公积金的交纳、养老金的领取、个人向政府纳税等。C2G 电子商务网站是政府工作透明化的重要窗口，也是公民了解政府发布的各项信息和政策的重要渠道，如上海市民信箱网(www. smmail. cn)和太原市住房公积金管理中心(www. tygjj. com)。

(6) B2B2C 电子商务模式

B2B2C(Business to Business to Consumer)模式包括两种形式，第一种形式是生产厂商对商家、商家对消费者的交易链条，如出版商将图书出版后，直接将出版的图书交给销售商，销售商在网上销售，消费者可以在网上购买这一商品；第二种形式是生产商同时面对供应商和消费者，如海尔生产商通过海尔招标网采购原材料(B2B)，海尔生产商通过海尔商城销售海尔系列产品(B2C)。

(7) 团购模式

团购模式又叫消费者对企业的集合竞价模式。就是将零散的消费者及其购买需求聚合起来，形成较大批量的购买订单，从而可以得到厂商的批发价和较低的折扣价，商家也可以从大批量的订单中享受到“薄利多销”的优惠，因此，对消费者与商家是双赢的。有的也叫 C2B (Consumer to Business)模式或叫 C2T(Consumer to Team)模式，我国从 2010 年以来发展起来的团购网站有美团网、拉手网等。

(8) O2O 模式

O2O(Online to Offline)模式称为线上购买、线下消费，也即将线下商务的机会与互联网结合在一起，让互联网成为线下交易的前台。这样线下服务就可以利用线上来揽客，消费者可以用线上搜索商品，线下完成交易。该模式最重要的特点是：推广效果可查，每笔交易可跟踪。国内首家社区电子商务开创者九社区是鼻祖，比较具有代表性的网站还有象屿集团下的吉象商城(www.jxmall.com.cn)。该模式将线上会员和实体店会员融为一体，满足消费者的不同需求。随着互联网上本地化电子商务的发展，信息和实物之间、线上与线下之间的联系变得更加紧密。

2. 按电子商务交易涉及的商品内容分类

(1) 间接电子商务

电子商务涉及的商品是有形货物的电子订货，如鲜花、书籍、食品、汽车等，交易的商品需要通过传统的渠道如邮政业的服务和商业快递服务来完成送货，因此，间接电子商务要依靠送货的运输系统等外部要素。

(2) 直接电子商务

电子商务涉及的商品是无形的货物和服务，如计算机软件、娱乐内容的联机订购、付款和交付，或者是全球规模的信息服务。直接电子商务能使双方越过地理界线直接进行交易，充分挖掘全球市场的潜力。直接电子商务与间接电子商务的区别在于前者可以通过网络将商品直接送到购买者手中，也就是说直接电子商务完全可以在网络上实现。

3. 按开展电子交易的信息网络范围分类

按开展电子交易的信息网络范围，电子商务可分为 3 类，即本地电子商务、远程国内电子商务和全球电子商务。

(1) 本地电子商务

本地电子商务通常是指利用本城市内或本地区内的信息网络实现的电子商务活动，电子交易的地域范围较小。本地电子商务系统是利用互联网、内联网或专用网将下列系统连接在一起的网络系统：参加交易各方的电子商务信息系统(包括买方、卖方及其他各方的电子商务信息系统)、银行金融机构电子信息系统、保险公司信息系统、商品检验信息系统、税务管理信息系统、货物运输信息系统、本地区电子数据交换中心系统(实际上，本地区电子数据交换中心系统联结各个信息系统的中心)。本地电子商务系统是开展远程国内电子商务和全球电子商务的基础系统。

(2) 远程国内电子商务

远程国内电子商务是指在本国范围内进行的网上电子交易活动，其交易的地域范围较广，对软硬件和技术要求较高，要求在全国范围内实现商业电子化、自动化，实现金融电子化，交易各方具备一定的电子商务知识、经济能力和技术能力，并具有一定的管理水平和能力等。

(3) 全球电子商务

全球电子商务是指在全世界范围内进行的电子交易活动。参加电子交易的各方通过网络进行贸易，涉及有关交易各方的相关系统，如买方国家进出口公司系统、海关系统、银行金融系统、税务系统、运输系统、保险系统等。全球电子商务业务内容繁杂，数据来往频繁，要求电子商务系统严格、准确、安全、可靠，应制定世界统一的电子商务标准和电子商务(贸易)协议，使全球电子商务得以顺利发展。

四、电子商务的优势

B2B 和 B2C 这两种电子商务模式是电子商务中应用范围最为广泛的形式，深受企业的欢迎。这是因为电子商务与传统商务形式相比，有诸如以下的优势：

1. 树立企业良好的形象

在现代商战中，良好的企业形象对一个企业的生存起着至关重要的作用。在传统的商业模式中树立一个良好的企业形象要经过很长时间的奋斗才可以达到。而在电子商务环境下，却可以在较短时间内做到这一点。企业在 Internet 上建立起自己的网站，通过网站可以把企业自身及产品、服务的优势充分地展现出来，把企业的管理、经营理念和策略向公众很好地进行宣传，并且通过网络(站)与大众形成良好的沟通渠道，随时了解公众需求，及时调整自己的产品及企业的经营战略，为顾客提供受欢迎的产品和优质完善的服务，这一切都将在公众中留下深刻的印象，从而树立起企业的良好形象。而且由于 Internet 是全球覆盖的网络，所以网络上树立的企业形象是广泛的，具有国际性的。这种良好的形象将会给企业带来大量的潜在顾客，对企业市场的拓展发挥着重要作用，因而增加了企业在竞争中的优势。

2. 增强成本竞争优势

(1) 电子商务降低采购成本

在企业采购过程中，信息获取和信息传递是主要工作内容。相对于专用网络，Internet 网络信息传输费用极其低廉，这不仅使大企业在采购过程中所进行的电子数据交换费用大大降低，而且使中小企业也可以通过网络进行采购(由于专用网的接入成本较高，中小企业难以承受，所以中小企业通过专用网络 EDI 进行采购是可望不可即的)。另外，由于 Internet 网络的上网企业众多，所以采用网上招标，可以寻求更理想的供应商，以尽可能低的价格完成物资和劳务的采购。总之，Internet 网上采购在降低采购费用方面的优势是显而易见的。

(2) 电子商务实现无库存生产

企业的库存成本包括仓库场地占用费、建造费、维护费、仓库保管人员的工资以及存货的毁损、变质损失等。大量的库存无论是生产材料还是产品都占用企业大量的资金，这笔资金不能周转使用，其需支付的利息，也增加了企业的成本。因此，减少库存以至实现无库存是企业降低成本必不可少的措施，是企业管理中的重要目标。

在电子商务条件下，互联网全天 24 小时联通，高效迅速的物流配送中心会逐步建立起来。配送中心是集商流、物流、信息流于一体的现代化经营设施。现代化的配送中心一般建有两大系统功能：物流系统作业流程布置、计算机数据处理和通讯的用户需求分析及系统集成。物流配送中心的建立及网络信息技术在企业的备货生产和订单生产的应用，使得企业的原材料无库存及产成品成为可能。

(3) 电子商务降低营销成本

企业市场营销活动包括市场营销研究、市场需求预测、新产品开发、定价、分销、物流、广告、人员推销、销售促进、售后服务等。在当今企业竞争日趋激烈的背景下，越来越多的企业认识到市场营销对企业生存、发展的决定性作用。为了取得竞争优势，企业在市场营销上不得不投入大量的人力、物力和资金，因而如何降低企业营销成本，是企业增加成本竞争优势的重要方面。

对企业市场营销的各个环节作一分析，可以看出它们大量的工作是在收集企业所需的信息，如消费者需求变化、对未来产品的欲望、现行营销策略的反应等，以及将企业的信息，如企业的产品信息、生产信息和企业的营销策略等，尽可能广泛地传播出去，并力争更多的人能接收到且受到影响。因此，电子商务对于降低营销成本有着直接、明显的作用。企业在 Internet 网上建立起自己的商业网站，通过网站可以发布企业的各种信息，如产品的广告、新产品的开发设想、销售策略、服务承诺、产品知识宣传、企业业绩报告等；通过企业网站可以广泛地与大众交流，获取他们对产品、服务、营销策略的意见，以及对新产品的建议和产品定价的看法等。另外，通过网络企业可以足不出户地了解全世界的市场情况，对自己营销策略加以调整，从而使得企业营销成本大为降低。

(4) 电子商务降低企业组织管理费用

首先，利用互联网可以降低交通和通信费用。对于一些业务涉及全球的公司，业务人员和管理人员必须与各地业务相关者保持密切联系，许多跨国公司的总裁有三分之一的时间是在飞机上度过的，因为他们必须不停在世界各地进行周游以了解业务进展情况。现在利用互联网则可以很好解决这些问题，通过网上低廉的沟通工具，如 E-mail、网上电话、网上会议等方式就可以进行沟通。

其次，降低人工费用。通过互联网，传统管理过程许多由人处理的业务，现在都可以通过计算机和互联网自动完成。

第三，降低企业财务费用。借助互联网实现企业管理的信息化、网络化，可以大大降低企业对一般员工、固定资产投入和日常运转费用开支，企业可以节省大量资金和费用，企业财务费用需求大大减少。

第四，降低办公室租金。通过互联网商业企业可以实现无店铺经营，工业企业可以实现无厂房经营，转型为服务型企业。

3. 创造新的市场机会

互联网上没有时间和空间限制。它可以每周 7 天，每天 24 小时运行，它可以联接到世界每一个地方。因此，利用互联网从事市场营销活动可以远及过去靠人进行销售，或者依靠传统销售所不能达到的市场。

(1) 利用网络企业突破时间限制

利用互联网可以实行 7/24(每周 7 天，每天 24 小时)营销模式，同时不需要增加额外的营销费用，因为利用互联网企业的顾客可以自助进行咨询、下订单和采购，无须人工干预，只需要利用计算机自动完成即可。

(2) 可以突破传统市场中地理位置分割

利用互联网，美国著名的网上书店 Amazon. com 很轻松将其市场拓展到世界任何一个地方。而全球第一大零售商 Wal-Mart 要想拓展全球市场,它就必须花费巨大资金进行选择店址、装修店面、建立网络,以及培训员工等准备工作,然后才可能正式营业,而且风险非常巨大,因为一旦市场开发不成功很难从市场中退出。但这对于网上商店来说都是不需要做的事情,需要做的是将产品信息搬上网站,然后顾客可以方便地在网上进行选择和订购就行了。

(3) 吸引新顾客

作为新的营销渠道,互联网对企业传统的营销渠道是一个重要补充,它可以吸引那些在传统营销渠道中无法吸引的顾客到网上订购。网上订购比较方便快捷,而且不受时间和地理位置的限制,对那些在传统营销渠道中受到限制,但又很喜欢公司产品的顾客,无疑可以增加很大吸引力。

(4) 开拓新产品市场

利用电子商务企业可以与顾客进行交互式沟通,顾客可以根据自身需要对企业提出新的要求和服务需求,企业可以及时根据自身情况针对消费者需求开发新产品或提供新服务。如著名的网上书店 Amazon. com 根据顾客的需求,很快将网上商店的商品从书籍扩展到音像制品和玩具等新的产品。

(5) 进一步细分和深化市场

前面提到几种机会都是拓展市场的宽度和广度,利用电子商务企业可以为顾客提供定制营销,最大限度细分市场,满足市场中每一个顾客的个性化需求。如 Dell 公司为最大限度满足顾客的特殊需要,它允许顾客根据自己偏好自行选择电脑配件且组装自己满意的电脑,顾客根据网站上的提示选择电脑配置,然后确定订单,之后只需要付款等待送货上门即可。

4. 缩短产品周期

生产周期是制造产品所需的总时间。制造任何一种产品都与某些固定的开销相联系,这些固定开销不随产量的变化而变化,但与时间有关,固定开销包括设备折旧费、大部分公用设施和建筑物费用以及大部分监督和管理费用。如果制造产品的时间可以缩短,那么由于时间需求减少,每件产品的固定开销就可降低。而电子商务活动可以使生产周期缩短,从而以同等的或较低的费用生产更多的产品。下面以美国汽车制造业为例说明这一问题。

20 世纪 80 年代初,设计制造一款新型汽车,从提出方案到批量生产,美国汽车制造公司一般需要 4～6 年。首先,制造全尺寸的黏土模型,以便了解汽车真正生产出来后会是什么模样。对模型的具体修改需几个月时间。一经批准,将手工制造一辆或几辆样车,看各部分组合是否正确,汽车是否经济。工程师与样车制造者一起细化工程指标。样车造好后,工程师将设计分立组件并设计制造这些组件所需的工具。然后,采购部门将与供应商联系,生产这些工具和部件的样品,以组建试制生产线和组装试样车。如果一切进展顺利,制造工程小组接着将组装汽车,以发现组装中的问题。最后,做一些附加的改进之后,汽车将批量生产。

而在今天,所有涉及设计新平台或汽车的人员(包括设计师、工程师和制造与组装人员)都作为工程小组的一部分,自始至终为上述过程努力。作为计算机化的结果,过去需几周或几个月完成的步骤,现在几天就可以完成了。靠电子化分享信息可使小组中的不同成员为各自的目标而同时工作,而不用等所有成员都完成了前一步再进行下一步的工作。通过使用计算机辅助设计(Computer Aided Design,CAD)、计算机辅助制造(Computer Aided Manufacture,CAM)和计算机辅助工程(Computer Aided Engineering,CAE)技术,整个小组都可以分享计算机文档和使用三维建模技术来设计汽车,并观察没有实物样件的虚拟零件和装配情况。组件的改变可以在不制造工具和部件的样品的情况下进行。

最终设计得到批准后，计算机辅助制造数据装入制造工具和样件的机器中。同样的技术也用在对类似设备的重新布局和装备上。作为一个小组一起工作并分享电子化信息，使研制和制造新汽车的时间缩短了 30 个月左右。

生产周期也可以通过使用现代信息技术来缩短。在使用电子数据交换系统之前，汽车制造公司通过电话、传真或邮件与其供应商交流生产需求和生产计划。这意味着要进行耗时的手工数据录入、照相复制和信息发送，还要一家一家地发给供应商。可能需要几周时间才能把生产计划和需求发送给所有部件生产厂和供应商。为了减少由通信不畅而导致的延误的影响，组装厂手头上要保持有大量的库存零部件。

今天，汽车制造商通过电子数据交换系统与其大供应商交流生产计划与需求。组装厂向供应商电子化地发送一个 8～10 星期的预测或生产计划，详细注明某一具体计划时段每个工厂所需零部件的数量，日生产需求也电子化地发给供应商。当零部件准备就绪并装上拖车后，供应商就通知组装厂部件已经上路。组装厂将根据拖车到达时间安排其生产线。利用接收到的更加精确和及时的信息改变组装程序，大部分北美组装厂每年库存可周转 130 次，比以前高出 7～10 倍。

5. 提高顾客满意程度

(1) 让顾客满意

市场中顾客需求千差万别，而且顾客的情况又各不相同。利用互联网企业可以将企业中的产品介绍、技术支持和订货情况等信息都放到网上，顾客可以随时随地根据自己需要有选择性地了解有关信息，这样克服了在为顾客提供服务时的时间和空间障碍，在顾客服务效率、顾客的订单执行服务、顾客售后服务以及产品等方面让顾客更加满意。

(2) 满足消费者个性化需求

首先，电子商务是一种以消费者为导向，强调个性化的营销方式。电子商务的最大特点在于以消费者为主导。消费者将拥有比过去更大的选择自由，他们可根据自己的个性特点和需求在全球范围内找寻满足品，不受地域限制。通过进入感兴趣的企业网址或虚拟商店，消费者可获取产品的更多相关信息，使购物更显个性。

其次，电子商务具有极强的互动性，是实现全程营销的理想工具。传统的营销管理强调 4P(产品、价格、渠道和促销)组合，现代营销管理则追求 4C(顾客、成本、方便和沟通)。在网络环境下，中小企业可通过电子布告栏和电子邮件等方式，以极低成本在营销的全过程中对消费者进行即时的信息搜集，消费者则有机会对产品从设计到定价(对采用理解价值定价法的企业尤具意义)和服务等一系列问题发表意见。这种双向互动的沟通方式提高了消费者的参与性和积极性，更重要的是它能使企业的营销决策有的放矢，从根本上提高消费者满意度。

第三，电子商务能满足消费者对购物方便性的需求，提高消费者的购物效率。电子商务使购物的过程不再是一种负担，甚至有时还是一种休闲、一种娱乐。消费者可以在网上比较各种同类产品的性能、价格以后，作出购买决定。消费者也无须驱车到很远的商场去购物，省却许多麻烦。在使用过程中发生的问题，可以随时与厂家联系，得到来自卖方及时的技术支持和服务。

第四，电子商务能满足价格重视型消费者的需求。电子商务能为企业节省巨额的促销和流通费用，使产品成本和价格的降低成为可能。而消费者则可在全球范围内找寻最优惠的价格，甚至可绕过中间商直接向生产者订货，因而能以更低的价格实现购买。

(3) 加强与顾客的关系

在现代商战中，良好的顾客关系与企业的成败也是休戚相关的，谁能抓住顾客，及时掌握顾客最新动向信息，谁就能够先发制人，抢得先机。许多企业之所以采用Internet进行商务活动，就是因为它提供了以经济有效的方式和顾客联系沟通的网络站点，让顾客可以搜寻他们所需要的信息。能让顾客了解公司的基本信息和可以提供的商品和服务的状况，这样也就多了一个潜在的顾客，如果这个顾客提供了一些公司以前没有想到过的想法和要求，那么这对于企业的产品或服务的改进大有好处，相当于企业没有付出什么代价，就可以得到宝贵的信息，说不定还同时接触到了一个以后的合作者。从最基本的角度来看，这也改变了公司和顾客之间的关系，公司既是信息获取者，也是信息提供者，为公司和顾客之间的沟通提供了良好的基础。但是聪明的公司不止于此，他们通过网络站点提供一对一的联系，提供智慧型的目录，针对不同个人顾客的购物需求呈现不同的内容，协助个别顾客选择最适合的产品，并提醒顾客可能会有感兴趣的产品特卖。同时网络站点不分日夜地提供全天候技术支持来回答顾客的问题，24小时站点的开放，没有休息时间，等于延长了营业时间，极大地方便了顾客，也使访问人数大大增加，无形中也增加了潜在的顾客。

传统的行销模式无论是直接行销模式，或通过子公司经销模式，还是共同开发模式，均有很难逾越的烦琐环节，信息反馈、产品销售等相对滞后，浪费了时间，丧失了商机。而利用电子商务这个新技术建立新的行销通路，大大地缩短了时间，提高了效率，并增进与顾客的紧密联系。

总之，电子商务可以给顾客提供更为满意的服务，建立企业与顾客的良好关系，从而带来顾客的持续增长，使企业在竞争中保持优势。

五、电子商务的影响

电子商务的不断发展给人们的生活、工作、学习乃至娱乐都带来直接或间接的影响，主要包括以下几个方面：信息传播方式、生活方式、办公方式、消费方式与教育方式。

1. 信息传播方式的改变

首先，Internet已经成为众所周知的方便、快捷的联络方式。诸如电子邮件、网上电话、网上传真、网上寻呼等功能的实现，使Internet不但成为私人之间极好的通信工具，同时又是进行电子商务的极好工具。

其次，Internet也成为新的传播媒介。作为一种广义的、宽泛的、公开的和对大多数人有效的交流方式，Internet具有访问成本低、可随时随地访问、传播便捷以及时空上的独立性。而且网络传播信息有着双向性的特点，客户根据自己的需要获取信息，提出疑问，没有时间、地域的限制。股票信息站点之所以火爆，是因为可以进行股票交易和股票查询。体育站点吸引众多体育爱好者，是它不仅有实时的体育报道，而且允许体育爱好者在其上发表自己的评论。通过网络还可以得到其他双向的信息服务，如通过企业黄页你可以找到商业机会；通过招聘站点可以寻找工作等。同时，在线出版也对传统出版业造成了很大的冲击。与传统的印刷出版物相比，在线出版物具有许多不同的特点。首先，网上出版物的成本极为便宜。在纸张非常紧张、昂贵的情况下，网上出版物的优点就格外明显。其次，网上出版物的另一优点是读者面广。

谁都喜欢多看一些东西，因此，好的网页比好的书报传播得更广，这一现象将随着网络用户的增加而越来越明显。更为重要的是，由于网上出版物使用超文本文件，可以通过链接的方式指向互联网中所有与该网页相关的内容。不管是进行理论研究，还是读新闻，或是寻找商业信息，都可以很方便地找到相关的资料。

2. 生活方式的改变

网络慢慢融入了人们的日常生活，人们可以在它上面发表自己的意见，参加聚会、购物、看电影、玩游戏、看书、收藏、旅游等。不同年龄的人都可以在 Internet 上找到自己活动的领域。孩子们可以通过 Internet 玩游戏，种类繁多的游戏使孩子们爱不释手。青年人利用网络交友，谈恋爱。成年人可以通过网络收集信息，了解有关税收法律改变情况，通过网络处理并填写税收表格，缴纳税费。老年人则利用 Internet 聊天，消磨时光。Internet 正在改变着人们生活的方方面面，同时，也带来一些新的问题。小孩子上网入迷，耗费了宝贵的学习时间。某些网站向青少年灌输不健康的思想，信息污染成为家长必须考虑的新问题。家庭隐私的保护也日益被人们所重视，政府还必须考虑新的网络犯罪问题。

3. 办公方式的改变

电子商务使在家办公成为可能。公司办公的目的是完成任务，电子商务方式保证了及时通信和业务处理，故办公方式可以是灵活的，无论在什么地方、什么时间都可以进行办公业务处理。特别是对于执行独立任务的管理人员来说，可以方便地在家中及时处理事务，不必花更多时间在路上和面对面的交流上。在家办公对于减轻城市交通负担，减少城市污染也将起到良好的效果。

4. 消费方式的改变

电子商务的推广，一方面使家庭购物成为现实，消费者能够真正做到足不出户，就可货比三家；另一方面使消费者的支付方式也将得到很大的转变，消费者只需要拥有一个网络账号，就可以在任何地点、任何时间、每天 24 小时不间断使用银行业务服务，包括储蓄、转账等业务，也包括信用卡、证券、交易、保险和公司财务管理等业务。

5. 教育方式的改变

这几年，网络大学、网上远程教育已经成为人们谈论的一个热门话题。它们都属于现代化远程教育的一种方式，以计算机通信技术和网络技术为依托，采用远程实时、多点、双向交互式的多媒体现代化教学手段，可以实时传送声音、图像、电子课件和教师板书，身处两地的师生能像现场教学一样进行双向视听问答，是一种实现跨越时间和空间的教育传递过程。远程教育是低投入、高产出的。

第三节　电子商务的框架与运作环境

一、电子商务的概念模型

电子商务的概念模型是对现实世界中电子商务活动的一般抽象描述，它由电子商务实体、电子市场、交易事务和信息流、商流、资金流和物流等基本要素构成，如图 1－1 所示。

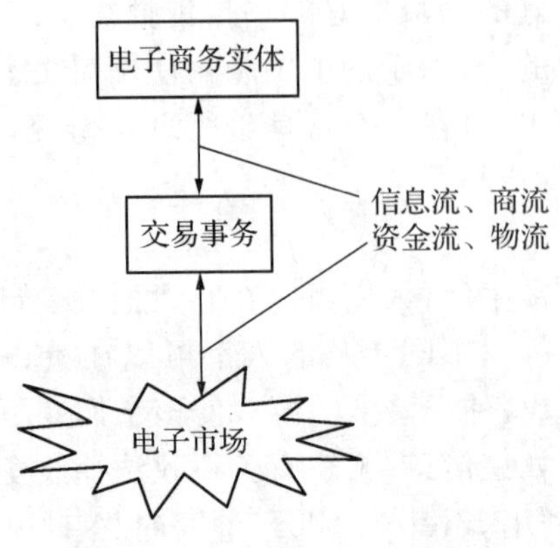

图1-1 电子商务的概念模型

在电子商务概念模型中,电子商务实体是指能够从事电子商务活动的客观对象,它可以是企业、银行、商店、政府机构、科研教育机构和个人等;电子市场是指电子商务实体从事商品和服务交换的场所,它由各种各样的商务活动参与者,利用各种通信装置,通过网络连接成一个统一的经济整体;交易事务是指电子商务实体之间所从事的具体的商务活动的内容,例如询价、报价、转账支付、广告宣传、商品运输等。

电子商务的任何一笔交易都包含着物流、资金流、商流和信息流。其中物流是指商品和服务的配送和传输渠道。资金流是指资金的转移过程,包括付款、转账、兑换等过程。商流是指商品或服务所有权的转移,它的标志是提货单、房产证等法律文书。信息流既包括商品信息的提供、促销营销、技术支持、售后服务等内容,也包括诸如询价单、报价单、付款通知单、转账通知单等商业贸易单证,还包括交易方的支付能力、支付信誉、中介信誉等。

在电子商务的概念模型中,强调信息流、商流、资金流和物流的整合,而信息流作为连接的纽带贯穿于电子商务交易的整个过程中,起着串联和监控的作用。

从电子商务概念模型中不难看出,电子商务实质上是电子商务实体围绕交易事务通过电子市场发生的经济活动关系,产生这些经济活动关系是通过物流、资金流、商流、信息流来实现的。电子商务区别于传统商务的一个重要方面就是电子市场取代了传统的有形市场。对于每个电子商务实体来说,它所面对的是一个电子市场,它必须通过电子市场来选择交易的内容和对象。因此,电子商务的概念模型可以抽象地描述为每个电子商务实体和电子市场之间的交易事务关系。

二、电子商务的一般框架

电子商务的一般框架是指实现电子商务从技术到一般服务所应具备的完整的运作基础。完整的电子商务体系体现于全面的电子商务应用,而这需要有相应层面的基础设施和众多支撑条件构成的环境,这些环境要素从整体上可分为四个层次和两大支柱。其中,电子商务框架结构的四个层次分别是网络层、信息发布与传输层、电子商务服务层、电子商务应用层;两大支柱是指社会人文性的国家政策及法律规范,以及自然科技性的技术标准和网络协议。电子商务的框架结构模型如图1-2所示。

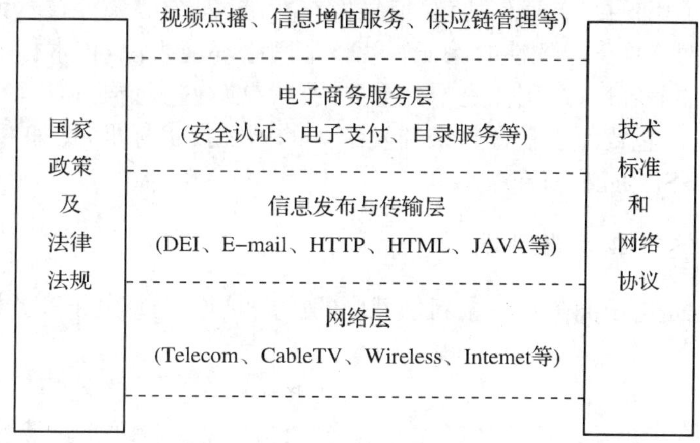

图 1－2　电子商务的一般框架

1. 网络层

网络层指网络基础设施，是实现电子商务的最底层的基础设施。它是信息的传输系统，也是实现电子商务的基本保证。它包括远程通信网、有线电视网、无线通信网和互联网。因为电子商务的主要业务是基于互联网的，所以互联网是网络基础设施中最重要的部分。

2. 信息发布与传输层

网络层决定了电子商务信息传输使用的线路，而信息发布与传输层则解决如何在网络上传输信息和传输何种信息的问题。目前互联网上最常用的信息发布方式是在万维网上用超文本标记语言(hyper text mark-up language，HTML)的形式发布网页。从技术角度而言，电子商务系统的整个过程就是围绕信息的发布和传输进行的。

3. 电子商务服务层

电子商务服务层实现标准的网上商务活动服务，如网上广告、网上零售、商品目录服务、电子支付、客户服务、电子认证(CA 认证)、商业信息安全传送等。其真正的核心是 CA 认证。因为电子商务是在网上进行的商务活动，参与交易的商务活动各方互不见面，所以身份的确认与安全通信变得非常重要。CA 认证中心担当着网上“公安局”和网上“工商局”的角色，而它给参与交易者签发的数字证书，就类似于网上的“身份证”，用来确认电子商务活动中各方的身份，并通过加密和解密的方法实现网上安全的信息交换与安全交易。

4. 电子商务应用层

在基础通信设施、多媒体信息发布、信息传输，以及各种相关服务的基础上，人们就可以进行各种实际应用，如供应链管理、企业资源计划、客户关系管理等各种实际的信息系统，以及在此基础上开展企业的知识管理、竞争情报活动等。而企业的供应商、经销商、合作伙伴及消费者、政府部门等参与电子互动的主体也是在这个层面上和企业产生各种互动。

5. 国家政策及法律、法规

国家政策包括围绕电子商务的税收制度、信息的定价、信息访问的收费、信息传输成本、隐私保护问题等，需要政府制定政策。例如，对于咨询信息、电子书籍、软件等无形商品是否征税，如何征税；税收制度是否应与国际惯例接轨，如何接轨等等。若处理得不好，将严重制约电子商务的发展。法律法规维系着商务活动的正常运作，违规活动必须受到法律制裁。

6. 各种技术标准和网络协议

技术标准定义了用户接口、通信协议、信息发布标准、安全协议等技术细节。它是信息发布、传递的基础，是网络信息一致性的保证。就整个网络环境来说，技术标准对于保证各种硬件设备和应用软件的兼容性、通用性是十分重要的。目前，许多企业和厂商、国际组织都意识到技术标准的重要性，正致力于联合起来开发统一的国际技术标准，比如：EDI 标准、TCP/IP 协议、HTTP 协议、SSL 协议、SET 协议等。

三、电子商务的法律、税收环境

法律、税收问题是电子商务这一全新领域中的前沿问题，也是电子商务框架中重要的社会环境问题。

1. 法律环境

电子商务的出现无论从广度上还是深度上，都给传统的法律和实践带来了严峻的挑战，同时也引发了许多新的法律问题。电子商务涉及哪些法律问题，现行的相关电子商务法有哪些等，这些都是值得商榷的问题。

(1) 电子商务涉及的法律问题

电子商务涉及的法律问题主要有交易的电子合同的法律问题、知识产权问题、个人隐私问题、管辖权问题等。实际上，电子商务涉及的法律问题不只有这些，这些只是最突出的和最主要的，下面就这些问题做一介绍：

第一，电子合同的法律问题。电子合同是数字化的，根本不同于传统的书面合同，这使得电子合同效力的认定及操作问题变得非常复杂。

第二，知识产权问题。电子商务的无形化使知识产权保护更加艰难。网络上的诸如域名、网页上各种各样的文章、图像、声音、软件及网页的商标所涉及的商业秘密等都会牵涉到专利权、商标权、版权、著作权等知识产权问题。因此，保护知识产权与发展电子商务有着密切的联系。

第三，个人隐私问题。计算机和网络技术为人们获取、传递、复制信息提供了方便，但网络的开放性和互动性又给个人隐私保护带来麻烦。在线消费均需要将个人资料传给银行和商家，而对这些信息的再利用成为网络时代的普遍现象。如何规范银行和商家的利用行为，保护消费者的隐私成为一个棘手的问题。

第四，管辖权问题。传统的管辖通常有两大原则：属人管辖和属地管辖。但是网络的超地域性给传统的管辖法律体系造成了极大的冲击，带来了一系列的问题。传统的管辖权确定原则都要求具有一个相对稳定、明确的关联因素，如当事人的国籍、住所、财产所在地等，但在网络空间中这些都变得非常模糊，这导致在确定网络纠纷的管辖时遇到了很大的困难。

(2) 相关的电子商务法

第一，电子合同法。1999 年 10 月实施的《中华人民共和国合同法》第十一条规定："书面形式是指合同书、信件和数据电文(包括电报、电传、传真、电子数据交换和电子邮件)等可以有形地表现所载内容的形式。"这是我国法律首次规定了数据电文可以作为书面形式用于合同的签订。

第二，电子签名制度。《中华人民共和国电子签名法》于 2005 年 4 月 1 日起正式实施，它是我国电子商务领域的第一部法律。这部法律为电子商务的发展创造了良好的法律环境，也为电子认证服务业的发展提供了法律保障，为我国电子商务安全认证体系和网络信任体系的建立奠定了基础。《电子签名法》规定了电子签名具有与手写签名或者盖章同等的法律效力，同时承认电子文件与书面文件具有同等效力。

第三，域名法律保护。2002 年中国互联网络信息中心依据 ICANN 的《统一域名争议解决规则》的基本精神，结合我国实际情况制定了《中国互联网络信息中心域名争议解决办法》，并自此确立了我国的域名保护法律机制。

2. 税收环境

(1) 电子商务与税法

采用电子商务方式进行贸易，其贸易的许多部分及费用的支付都可以经过网络完成，甚至有些可以数字化的产品可直接在网上传送。这就使得关税的征收变得非常困难，并产生了许多非常棘手的问题。概括而言，电子商务涉及的税收问题主要分为两大类。

第一，由电子商务涉税概念的重新认定而引发的问题。即由于电子商务"虚拟化"而出现的"交易空间"概念模糊所引发的有关税收规定的重新界定问题。在现行税收法规中不适用电子商务的规定，几乎都涉及"经营场所"、"经营地点"等物理意义上的概念。而这必将导致税收管辖权重新确定和选择的问题。目前，世界各国确定税收管辖权，有的是以行使属地原则，有的是以行使居民管辖权原则为主，有的是二者并行行使。如果以所得来源地原则进行税收管辖，电子商务的虚拟化会使所得来源地确认困难，属地税收管辖权行使的难度增加。

第二，由电子商务交易"隐匿化"而引发的问题。电子商务的出现，使传统商务的纸质合同、发票、票据、汇款支付等均变成了数字流和信息流，而税收征管电子化相对滞后于网络技术的发展，使税务部门如何追踪、掌握、审计有别于纸质交易凭证的电子数字交易数据，进而对交易隐匿的电子商务进行公平、有效的管理成为必须解决的问题。

(2) 跨国电子商务在税收上的性质问题

第一，电子商务课税的基本原则和标准。在传统贸易方式下，商品的跨国流动是由国际性的贸易公司来完成的，国家对此要征进口环节流转税，如有所得还要征所得税。作为互联网服务的提供者，其实质是为买卖双方提供了一种服务，使国际贸易可以直接在网上完成。但是，互联网上的商品或服务即使是完成了交易，其交易额也难于统计，按交易额的大小来征税也是不现实的，所以征税标准是目前的一个难题。

第二，无形产品交易和服务交易在税务处理上难以区分。由于互联网技术的不断发展，现行增值税法规定的有关商品和服务的分类越来越难以进行。在电子商务中，有形交易与无形交易的性质按现行标准来衡量会变得界定不清。例如，对书或杂志电子版本的交易应作为商品交易还是作为服务交易处理，就是一个新的问题。对软件交易也存在类似的划分不清的问题。由于划分不清，便难以确定其征税地及由谁向哪个税务机构履行缴纳增值税的义务。

(3) 网店如何征税

网店该不该征税是一个问题，如何征税又是一个问题。但是在我国现有的电子商务管理中，对网上交易的规范及管理条款极少。2007 年 3 月 6 日商务部发布的《关于网上交易的指导意见(暂行)》中，对于网上交易参与方作出如下规定：法律规定从事商品和服务交易须具备相应资质，应当经过工商管理机关和其他主管部门审批。然而目前工商登记法规中，没有对"网上交易"这一领域进行规定，但原则上网上交易是需要办理营业执照的，因为按照规定，个人以营利为目的，销售全新的商品，也需要缴税。因此，以营利为目的的网站，应该在工商局注册登记后，才是合法的。

然而，目前淘宝网店分为三种：一是没有进行工商登记的个人卖家；二是已注册公司的个人网店；三是实体店的网上店铺。后两者与线下的实体公司毫无二致，均应依法征税。但对第一种即“纯个人网店”，目前我国尚未出台征税的具体方法。

【本章小结】

通过本章的学习，我们对电子商务有了一个比较全面的认识，掌握了什么是电子商务，电子商务与传统商务有什么区别，电子商务有哪些分类和功能，电子商务的基本框架，了解了电子商务的组成及电子商务的产生和发展，知道了电子商务给社会经济和企业带来的影响。

【课堂讨论】

1. 简述电子商务的概念。
2. 简述电子商务的概念模型。
3. 说明电子商务与传统商务的基本区别。
4. 简述电子商务的优势。
5. 目前电子商务涉及的法律问题主要有哪些？税收问题主要涉及哪些方面？

【技能实训题】

1. 分类搜索旅游电子商务（如携程旅游网）、保险电子商务（如平安保险）、医药电子商务（如海虹医药网）、证券电子商务（如华泰证券）、铝材电子商务（如中国铝型材网）等，浏览并记录相关信息，选择其中一个行业总结该行业电子商务的应用状况。

2. 登录当当网、阿里巴巴、淘宝网，浏览相关信息，归纳它们所属的电子商务活动的类别，并分析这些网站的功能、结构及风格的异同。

第二章　电子商务技术基础

电子商务建立在发达的电子技术基础之上，而高性能的计算机技术，快捷的通信条件，完善的计算机网络系统和现代信息处理技术是电子商务赖以存在的基础。本章从电子技术在电子商务中的应用出发，分别探讨了从事电子商务所必需的计算机技术、通信技术、计算机网络技术和电子商务信息处理技术。

【学习要点及目标】

熟悉 EDI 的工作原理；重点掌握互联网技术的应用；了解网络客户端技术和服务器端技术的相关知识。

第一节　计算机网络技术

一、计算机网络的定义

计算机网络是计算机技术和通信技术相结合的产物，始于 20 世纪 50 年代，近 20 年来得到迅猛发展，在信息社会中起着举足轻重的作用。如今，计算机网络的发展水平不仅反映一个国家的计算机科学技术和通信技术的水平，而且是衡量其国力及现代化程度的重要标志之一。

一台计算机的资源有限，要想实现共享数据和硬件资源，就必须将计算机连接起来形成网络。因此，从组成结构来讲，计算机网络是通过外围设备和连线，将分布在相同或不同地域的多台计算机连接在一起形成的集合；从应用角度来讲，具有独立功能的多台计算机连接在一起，能够实现信息的相互交换，并且共享计算机资源的系统均可称为计算机网络。

二、计算机网络的分类

计算机网络从不同的角度可以分为不同的类型，最常见的是按覆盖范围分类，可以分为局域网、广域网、城域网和因特网。

1. 局域网

局域网(Local Area Network)，简称 LAN，是处于同一建筑、同一大学或者方圆几公里远地域内专用网络。局域网常被用于连接公司办公室或工厂里的个人计算机和工作站，以便共享资源(如打印机)和交换信息。

在局域网中，通常至少有一台计算机作为服务器提供资源共享、文件传输、网络安全与管理服务，其他入网的计算机称为工作站。服务器作为管理整个网络的计算机，一般来说性能较好、运行速度较快、硬盘容量较大，可以是高档计算机或专用的服务器；而工作站作为日常使用的计算机，其配置相对较低。值得一提的是，对等网是一种常见的局域网，通常用于10台以下的计算机联网。这种网络不需要专门的服务器，每台计算机都具有双重身份，既是服务器又是工作站，拥有绝对的自主权。对等网是一种经济实用的网络，只需要少量投入，并且简单设置后即可享受联网的乐趣，常用于家庭、学生宿舍和小型企业中。

2. 城域网

城域网(Metropolitan Area Network)，或者称MAN，基本上是一种大型的LAN，通常使用与LAN相似的技术。它可以覆盖一组邻近的公司办公室和一个城市，既可能是私有的也可能是公用的。MAN可以支持数据和声音，并且可能涉及当地的有线电视网。MAN仅使用一条或两条电缆，并且不包含交换单元，即把分组分流到几条可能的引出电缆的设备。这样做可以简化设计。

把城域网列为单独的一类主要原因是已经有了一个标准并正在实施。这就是分布式队列双总线DQDB(Distributed Queue Dual Bus)。对于那些习惯于使用数字代号的人来说就是802.6(即其定义的IEEE标准号)。DQDB由两条单向总线(电缆)组成，所有的计算机都连接在上面。每条总线都有端点(head-end)，这是一个启动传输活动的设备。目的计算机在发送者右方时使用上方的总线。反之，则使用下方的总线。

城域网的关键之处是使用了广播式介质(802.6，使用两条电缆)，所有的计算机都连接在上面。和其他类型的网络相比，它极大地简化了设计。

3. 广域网

广域网(Wide Area Network)，或者称WAN，是一种跨越大的地域的网络，通常包含一个国家或州。它包含想要运行用户(即应用)程序的机器的集合。我们按照传统的用法称这些机器为主机(host)。有时也称为端点系统(end system)。主机通过通信子网(communication subnet，或简称子网)连接。子网的功能是把消息从一台主机传到另一台主机，就好像电话系统把声音从讲话方传到接收方。通过把网络纯粹通信部分(子网)和应用部分(主机)分开，整个网络的设计就简化了。

在大多数广域网中，子网由两个不同的部件组成，即传输线和交换单元。传输线也称线路(circuit)、信道(channel)和干线(trunk)，在机器之间传送比特。

4. 互联网

互联网(Internet)让网上用户遥远地将信息交流，是一个把世界上互联的电脑连接在一起的网络。信息在网上被观看实际并不是在网内，而是在其他的电脑中。一个浅显的比喻便是电话网络：人们在两个遥远的地点以电话口头上交换信息，而互联网允许用户在遥远的地点联系以电子交换信息。

互联网的物理构成是导线系统，光纤电缆，使这连接成为可能的路由器和电路。许多人观看互联网犹如一个抽象身体漂浮在“网际空间”。这不是实际情形根本。互联网是连接着全世界的电脑网络，而信息是直接从被连接的电脑上获取的。

互联网即广域网、局域网及单机按照一定的通信协议组成的国际计算机网络。互联网最普遍的服务是万维网(WWW)。WWW以超文本标记语言HTML与超文本传输协议HTTP为基础。网页是一种可以在WWW网上传输，并被浏览器认识和翻译成页面显示出来的文件。网页是存放在Web服务器上供客户机用户浏览的页面——HTML文档。网页浏览应用了一种超链接技术。所谓的超链接是指从一个网页指向一个目标的连接关系，这个目标可以是另一个网页，也可以是相同网页上的不同位置，还可以是一个图片，一个电子邮件地址，一个文件，甚至是一个应用程序。超链接在本质上属于一个网页的一部分，它是一种允许我们同其他网页或站点之间进行连接的元素。各个网页链接在一起后，才能真正构成一个网站。

三、计算机网络系统的组成

计算机网络系统是通信子网和资源子网组成的。而网络软件系统和网络硬件系统是网络系统赖以存在的基础。在网络系统中，硬件对网络的选择起着决定性作用，而网络软件则是挖掘网络潜力的工具。

1. 网络软件

在网络系统中，网络上的每个用户，都可享有系统中的各种资源，系统必须对用户进行控制。否则，就会造成系统混乱、信息数据的破坏和丢失。为了协调系统资源，系统需要通过软件工具对网络资源进行全面的管理、调度和分配，并采取一系列的安全保密措施，防止用户不合理地访问数据和信息，以防数据和信息的破坏与丢失。网络软件是实现网络功能不可缺少的软件环境。通常网络软件包括：

(1) 网络协议和协议软件：它是通过协议程序实现网络协议功能。

(2) 网络通信软件：通过网络通信软件实现网络工作站之间的通信。

(3) 网络操作系统：网络操作系统是用以实现系统资源共享、管理用户对不同资源访问的应用程序，它是最主要的网络软件。

(4) 网络管理及网络应用软件：网络管理软件是用来对网络资源进行管理和对网络进行维护的软件。网络应用软件是为网络用户提供服务并为网络用户解决实际问题的软件。

网络软件最重要的特征是：网络管理软件所研究的重点不是在网络中互连的各个独立的计算机本身的功能，而是在如何实现网络特有的功能。

2. 网络硬件

网络硬件是计算机网络系统的物质基础。要构成一个计算机网络系统，首先要将计算机及其附属硬件设备与网络中的其他计算机系统连接起来。不同的计算机网络系统，在硬件方面是有差别的。随着计算机技术和网络技术的发展，网络硬件日趋多样化，功能更加强大，更加复杂。

(1) 线路控制器(Line Controller，LC)：主计算机或终端设备与线路上调制解调器的接口设备。

(2) 通信控制器(Communication Controller，CC)：用以对数据信息各个阶段进行控制的设备。

(3) 通信处理机(Communication Processor，CP)：作为数据交换的开关，负责通信处理工作。

(4) 前端处理机(Front End Processor，FEP)：负责通信处理工作的设备。

(5) 集中器(Concentrator，C)、多路选择器(Multiplexor，MUX)：通过通信线路分别和多个远程终端相连接的设备。

(6) 主机(Host Computer，HOST)。

(7) 终端(Terminal，T)。

随着计算机网络技术的发展和网络应用的普及，网络结点设备会越来越多，功能也更加强大,设计也更加复杂。

四、计算机网络的功能

一台计算机的资源是有限的,实现资源共享的信息交流,必须将计算机连接形成网络。一般来说,计算机网络主要有以下功能:

1. 数据通信

这是计算机网络最基本的功能。计算机提供的数据通信服务包括电子邮件、传真、电子数据交换、电子公告牌、远程登录和信息浏览等。

2. 资源共享

网络上的计算机彼此之间可以实现资源共享,包括硬件、软件和数据。信息时代的到来,使资源的共享具有重大的意义。首先,从投资考虑,网络上的用户可以共享使用网上的打印机、扫描仪等,这样就节省了资金。其次,现代的信息量越来越大,单一的计算机已经不能将其储存,只有分布在不同的计算机上,网络用户可以共享这些信息资源。再次,现在计算机软件层出不穷,在这些浩如烟海的软件中,不少是免费共享的,这是网络上的宝贵财富。任何连入网络的人,都有权利使用它们。资源共享为用户使用网络提供了方便。

3. 远程传输

计算机应用的发展,已经从科学计算到数据处理,从单机到网络。分布在很远位置的用户可以互相传输数据信息,互相交流,协同工作。

4. 提高计算机系统的可靠性和可用性

可靠性是指网络中的计算机可以互为后备,一旦某台计算机出现故障,其任务可由网络中其他计算机取而代之。可用性是指当网络中某些计算机负荷过重时,网络可将新任务分配给较空闲的计算机完成,以提高每一台计算机的可用性。

5. 负荷均衡

负荷均衡是指工作被均匀地分配给网络上的各台计算机系统。网络控制中心负责分配和检测,当某台计算机负荷过重时,系统会自动转移负荷到较轻的计算机系统去处理。

由此可见,计算机网络可以大大扩展计算机系统的功能,扩大其应用范围,提高可靠性,为用户提供方便,同时也减少了费用,提高了性能价格比。

计算机网络技术的发展和应用,已使得现代的办公手段、经营管理等发生了变化。目前,已经有了许多 MIS 系统、OA 系统等,通过这些系统可以实现日常工作的集中管理,提高工作效率,增加经济效益。

6. 实现分布式处理

网络技术的发展,使得分布式计算成为可能。对于大型的课题,可以分为许许多多的小题目,由不同的计算机分别完成,然后再集中起来,解决问题。

五、网络的拓扑结构

网络的拓扑结构是指网络中的通信线路和节点间的几何排序,并用以表示网络的整体结构外貌,也反映了各组成模块之间的结构关系。拓扑结构有很多种,主要有环型结构、星型结构、总线型结构、树型结构、网状结构及任意型结构等,最常用的是星型结构、环型结构和总线型结构。

1. 星型结构

图 2-1(a)是星型结构,由一个中心主节点和一些与它相连的从结点组成。主节点可以与从结点直接通信,而从结点之间必须经中心点转接才能通信。星型结构是一种较新的网络拓扑结构,具有分组转发速度快的优点。同时,又不必像直接连接方式那样浪费线路资源和加重用户主机负担。星型结构的典型例子是 ATM 交换机组成的计算机网络。ATM 交换机是星型结构网络控制中心,计算机通过相应的 ATM 网络接口设备与其连接,并由 ATM 交换机控制和转发数据分组。

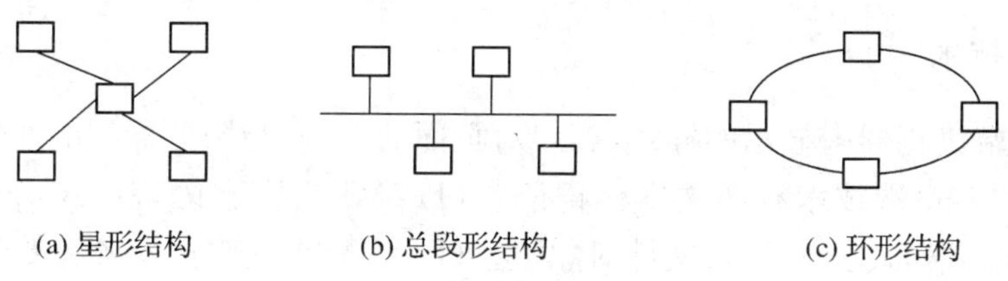

图 2-1　网络拓扑结构

2. 总线型结构

图 2-1(b)是总线型结构。它是局域网中最常用的一种拓扑结构。它在逻辑上由一根共享的电缆以及与其连接的计算机组成。计算机和总线结构需要有相应的 BNC 接头以及相应的网络接口卡 NIC 与局域网连接。这些网卡设置有发送与接收分组的缓冲区以及进行发送和接收等处理的低层协议程序和执行这些程序的 CPU。总线形局域网的代表是以太网,它是 20 世纪 70 年代初期由美国 Xerox 公司首先研制成功的。以太网是当前最大和最流行的局域网。经过 40 年的发展,总线形网络在物理形态上发生了较大的变化。而且,总线以太网也在向星型结构的交换式以太网转化,或总线和星型综合构成传统的以太网。

3. 环型结构

图 2-1(c)是环型结构。它是一种常用的局域网结构。环型结构是用电缆或光纤把一台台计算机串联起来形成一个圆环。环型结构的计算机网络必须使用 NIC、光纤或同轴电缆等连接而成。从外形上看,环型局域网并非是在物理上呈现给人们一个环的形状,而是有令牌环网和 FDDI 网。令牌环网是 IBM 公司于 20 世纪 70 年代初期开发成功的,主要用于厂矿企业等数据传输较大的地方。由于令牌环网造价较高,用户使用比较少。FDDI 网的传输速率较高,达 100MB/S。在快速以太网、千兆以太网等高速网络出现之前受到广泛欢迎,许多企业网都用它作为主干网,以此为基础与其他局域网连接。

此外,随着移动通信技术的不断成熟和发展,特别是手机和手提电脑的上网,任意形拓扑结构逐渐成为一种常用拓扑结构形式。

第二节　Web 技术

Web 是建立在互联网基础上的应用技术。Web 主要由 Web 服务器、Web 浏览器,以及一系列协议和约定组成,使用超文本、多媒体技术,以便人们在网上漫游,进行信息浏览和信息发布,它不仅提供传统的收发电子邮件、阅读电子新闻、下载免费软件、访问 Gopher 和 Wais 资源等功能，还能提供网上聊天、BBS、讨论组、网上购物等许多新的功能。

客户/服务器(client/server)模型是典型的 Web 应用系统模型。“客户/服务器”一词在20世纪80年代首先被提出，指个人用户和计算机系统之间通过 Web 的信息交互传递模式。“客户”是指信息服务的索取方，“服务器”指服务的提供方。Web 应用中的每一次信息交换都要涉及客户端和服务端。根据软件的不同设置，一台计算机可以是客户也可以是服务器。随着 Web 科技的发展，“客户/服务器”软件框架成为一种灵活、分布式和模块化的 Web 应用系统结构。Web 开发技术大体上也可以被分为客户端技术和服务端技术两大类。

一、客户端技术

信息在客户端浏览器中显示的样式，客户对页面的控制、与服务器端的通信等均由客户端技术实现，常用的客户端技术有超文本标记语言(HTML)、脚本语言(JavaScript)、可扩展标记语言(XML)、级联样式表(CSS)、文件对象模型(DOM)等，这些技术各有专长各有适用的领域，本书只简要介绍前三种。

1. 超文本标记语言

超文本标记语言(Hypertext Markup Language，HTML)是构成 Web 页面的主要工具，是用来表示网上信息的符号标记语言，是标准通用语言(SGML)的一个简化的实现。

超文本标记语言文档制作不是很复杂，且功能强大，支持不同数据格式的文件嵌入，这也是万维网盛行的原因之一，它具备简易性、可扩展性、平台无关性等特点。

网页编写工具软件实现了超文本标记语言文档编写“所见即所得”，使用起来十分方便。目前，常用的页面设计工具主要有 FrontPage 软件和 Dreamweaver 软件等。

FrontPage 是微软公司出品的一款网页制作入门级软件。FrontPage 使用方便、简单，会用 Word 就能做网页。Dreamweaver 是美国 MacroMedia 公司开发的集网页制作和网站管理于一身的所见即所得网页编辑器，它是针对专业网页设计师特别开发的视觉化网页开发工具，利用它可以轻而易举地制作出跨越平台限制和浏览器限制的充满动感的网页。Dreamweaver 还集成了程序开发语言，对 ASP、PHP、JSP 的基本语言和连接操作数据库都是完全支持的。

2. 脚本语言

通过超文本标记语言符号的描述就可以实现文字、表格、声音、图像、动画等多媒体信息的检索。然而采用这种技术存在一定的缺陷，那就是它只能提供一种静态的信息资源，缺少动态的客户端与服务器端的交互。

脚本语言(JavaScript)的出现，可以使得信息和用户之间不只是一种显示和浏览的关系，而是实现了一种实时的、动态的、可交互式的表达方式。因此，静态的超文本标记语言页面将可提供动态、实时信息，并对客户操作进行反应。脚本语言脚本正是为满足这种需求而产生的语言。它深受广大用户的喜爱和欢迎，它与万维网的结合有效地实现了网络计算和网络计算机的蓝图。

脚本语言是一种新的描述语言，它可以被嵌入到超文本标记语言的文件之中。脚本语言可以做到回应使用者的需求，而不用任何的网络来回传输资料，所以当一位使用者输入一项资料时，它不用经过传给服务器端处理再传回来的过程，而直接可以被客户端的应用程序所处理。

3. 可扩展标记语言

可扩展标记语言(Extensible Markup Language,XML)是专为 Web 应用而设计的,它是标准通用标记语言(Standard Generalized Markup Language,SGML)的一个优化子集,是由万维网联盟(W3C)于 1998 年 2 月发布的一种标准。它以一种开放的自我描述方式定义了数据结构,在描述数据内容的同时能突出对结构的描述,从而体现出数据之间的关系。这样所组织的数据对于应用程序和用户都是友好的、可操作的。

可扩展标记语言的精髓是允许文档的编写者制定基于信息描述、体现数据之间逻辑关系的自定义标记,确保文档具有较强的易读性、清晰的语义和易检索性。因此,一个完全意义上的可扩展标记语言文档不仅仅是“格式良好的”,而且还应该是使用了一些自定义标记的“有效的”可扩展标记语言文档。它必须遵守文档类型定义 DTD 中已声明的种种规定。

DTD 是 Document Type Definition 的缩写,是作为可扩展标记语言标准的一部分发布的。目前大多数面向可扩展标记语言的应用,都对可扩展标记语言、DTD 做了很好的支持,可扩展标记语言、DTD 的工具也相对较为成熟,当前大多数与可扩展标记语言模式相关的算法研究都是基于可扩展标记语言、DTD 展开的。

二、服务器端技术

随着电子商务的发展,静态网页越来越不能满足客户的需求,动态网页技术应运而生,逐渐成为电子商务系统中 Web 服务端的基本实现方式。

1. 公共网关接口

公共网关接口(Common Gateway Interface,CGI)是运行在网络服务器上的可执行程序,它的作用就是接收从客户端传过来的请求信息,然后运行服务器端的应用程序或数据库,最后再把结果转换为 HTML 代码并传送到客户端。

公共网关接口可以由许多编程语言来设计,如 C/C++、Java、Delphi、Visual Basic、Perl 等,但必须遵守一定的规则,由于公共网关接口设计复杂、移植性差、功能有限等原因,现在已经较少使用。

2. ASP

ASP(Active Server Pages)也是在服务器端执行的程序。ASP 由微软公司推出,实际上是一种在服务器端开发脚本语言的环境。利用它可以开发动态、交互、高性能的 Web 服务器端的应用程序。因为脚本是在服务器端运行的,所以 Web 服务器完成所有处理后,将标准的 HTML 页面送往浏览器。ASP 只能在可以支持的服务器上运行,用户不可能看到原始脚本程序的代码,用户看到的仅仅是最终产生的 HTML 内容。

3. JSP

JSP(Java Server Pages)是由 Sun Microsystems 公司倡导、许多公司参与并一起建立的一种动态网页技术标准。JSP 技术有点类似 ASP 技术,它是在传统的网页超文本标记语言文件中插入 Java 程序段和 JSP 标记,从而形成 JSP 文件。用 JSP 开发的 Web 应用是跨平台的,既能在 Linux 下运行,也能在其他操作系统上运行。自 JSP 推出后,众多大公司都支持 JSP 技术的服务器,如 IBM、Oracle、Bea 公司等,所以 JSP 迅速成为商业应用的服务器端语言。

4. PHP

超文本预处理语言(Hypertext Preprocessor,PHP)是一种超文本标记语言内嵌式的语言，是一种在服务器端执行的嵌入超文本标记语言文档的脚本语言，语言的风格类似于C语言，被广泛运用。超文本预处理语言具有非常强大的功能，所有的公共网关接口的功能超文本预处理语言都能实现，而且支持几乎所有流行的数据库及操作系统。

三、Web技术的特点

1. Web是图形化的和易于导航的(navigate)

Web非常流行的一个很重要的原因就在于它可以在一页上同时显示色彩丰富的图形和文本。在Web之前Internet上的信息只有文本形式。Web可以提供将图形、音频、视频信息集合于一体的特性。同时，Web是非常易于导航的，只需要从一个连接跳到另一个连接，就可以在各页各站点之间进行浏览了。

2. Web与平台无关

无论你的系统平台是什么，你都可以通过Internet访问WWW。浏览WWW对你的系统平台没有什么限制。无论从Windows平台、UNIX平台、Macintosh还是别的什么平台我们都可以访问WWW。对WWW的访问是通过一种叫作浏览器(browser)的软件实现的。如Netscape的Navigator、NCSA的Mosaic、Microsoft的Explorer等。

3. Web是分布式的

大量的图形、音频和视频信息会占用相当大的磁盘空间，我们甚至无法预知信息的多少。对于Web没有必要把所有信息都放在一起，信息可以放在不同的站点上。只需要在浏览器中指明这个站点就可以了。使在物理上并不一定在一个站点的信息在逻辑上一体化，从用户来看这些信息是一体的。

4. Web是动态的

最后，由于各Web站点的信息包含站点本身的信息，信息的提供者可以经常对站上的信息进行更新。如某个协议的发展状况，公司的广告等。一般各信息站点都尽量保证信息的时间性。所以Web站点上的信息是动态的、经常更新的。这一点是由信息的提供者保证的。

5. Web动态的特性还表现在Web是交互的

Web的交互性首先表现在它的超链接上，用户的浏览顺序和所到站点完全由他自己决定。另外通过FORM的形式可以从服务器方获得动态的信息。用户通过填写FORM可以向服务器提交请求，服务器可以根据用户的请求返回相应信息。

第三节　电子数据交换(EDI)技术

一、EDI系统概述

二十世纪六七十年代，以微电子技术、通信技术、计算机技术为核心的高新技术得到迅速的发展，信息技术逐渐在各个领域普及应用。工业、交通与通信的发展和生产社会化促进了经济全球化；产业结构的调整、资本的大量转移、跨国公司的涌现，推动了国际贸易的发展。全球贸易额的上升带来了各种贸易单证与纸面文件的激增。正是在这种背景下，以计算机网络通信和数据标准化为基础的EDI应运而生。20世纪60年代末，在美国和欧洲几乎同时出现了电子数据交换，并显示出强大的生命力。

1. EDI 的定义

EDI(Electronic Data Interchange)中文名称是“电子数据交换”。联合国国际贸易法律委员会对 EDI 的定义为：“EDI 是利用符合标准的结构化的信息从计算机之间的电子传输。”

国际标准化组织对 EDI 的定义为：“将商业或行政事务处理按照一个公认的标准，形成结构化的事务处理或报文数据格式，从计算机到计算机的数据传输方法。”

2. EDI 的内容

EDI 是商业贸易伙伴之间，将按照标准/协议规范化和格式化的经济信息通过电子数据网络，在单位的计算机系统之间进行自动交换和处理。EDI 是电子贸易活动的一种工具，将贸易文件如订单、发票、货运单据、报关单和进出口许可证，按统一的标准制成计算机能识别和处理的数据格式，在计算机之间进行传输。由此可见，EDI 具有以下几个要求：

(1) EDI 是在企业(制造商、供应商、运输公司、银行等)之间传输商业文件数据。

(2) 传输的文件数据必须采用共同的标准并具有固定格式。

(3) 传输数据的通信网络一般是增值网或专用网。

(4) 数据时从计算机到计算机自动传输，不需要人工介入的操作。

二、实现 EDI 的技术支持

1. 软硬件的技术支持

企业之间要实现“无纸化贸易”，也就是各自的计算机能相互交换数据，需要硬件和软件两方面的支持。硬件就是指计算机和计算机通信网络；软件就是指一种标准化的协议。由于各个企业所采用的数据库模式不一定相同，为保证企业之间能“看懂”对方传来的数据文件，就需要大家都遵循一个统一的标准，企业根据这个标准来编制具有统一格式的单证，如银行单证、海关单证、保险单证、运输单证等。目前大多国家认可的是 EDIFACT，EDIFACT 是联合国欧洲经济委员会制定的一套国际标准，它主要用于行政、商业和运输业。

2. EDP 的支持

EDP(Electronic Data Process)中文译为电子数据处理，它是指企业内部业务处理的自动化，如使用计算机来进行人事、财务、销售、进货等自动化管理。只有当企业内部实现了 EDP，企业和企业之间才能真正实现 EDI。

三、EDI 的基本组成

贸易文件通过企业计算机编制或从数据库中调出，通过 EDI 软件中的连接软件系统联通，连接软件将文件或数据传入翻译软件，翻译软件将企业内部格式的文件或数据转换成 EDI 标准格式的文件，然后通过通信软件从 EDI 网络发出；对方企业的 EDI 系统收到信息，按相反的程序将 EDI 文件转化为企业内部格式的文件。要实现 EDI 必须具备三个要素：

1. 数据标准化

EDI 标准是由各企业、各地区代表共同讨论制定的电子数据交换共同标准，可以是各组织之间的不同文件格式通过共同的标准达到批次之间文件交换的目的。EDI 标准是实现 EDI 的关键，EDI 标准有国际标准、国家标准和行业标准。国际标准是 UN/EDIFACT 标准。国家标准包括 EDI 基础标准、单证标准、报文标准、EDI/FACT 标准、EDI 通信标准、EDI 安全保密标准、EDI 网络管理标准以及 EDI 应用相关代码标准。

2. EDI 软件与硬件

EDI 的相关软件包括:转换软件、翻译软件和通信软件。

(1) 转换软件。可以帮助用户将原有计算机系统的文件转换成翻译软件能够解读的文件,或是将翻译软件接受的文件转换成计算机系统中的文件。

(2) 翻译软件。将文件翻译成 EDI 标准格式,或将接收到的 EDI 标准格式文件翻译成平面文件。

(3) 通信软件。将 EDI 标准格式的文件外层加上通信信封,再送到 EDI 系统交换中心的邮箱,或由 EDI 系统交换中心将接收到的文件取回。

EDI 的硬件设备主要包括计算机和调制解调器。

(1) 计算机。目前所使用的计算机,无论是个人计算机、工作站、小型机还是服务器均可使用。

(2) 调制解调器。使用 EDI 进行电子数据交换需通过网络,而采用电话网络进行通信是很普遍的方法,因此调制解调器是必备的硬件设备。调制解调器的功能和传输速率,应根据实际需求而选择。

3. 通信网络

商务信息的交流和传递,主要采用 PSTN(电话交换网)、PSDN(分组交换网)、DDN(数字数据网)、ISDN(综合业务数字网)、VAST(甚小口径卫星地面站)、FRN(帧中继网)和数字移动通信网等。

四、EDI 的实现过程

EDI 的实现过程就是用户将相关数据从自己的计算机信息系统传送到有关交易方的计算机信息系统的过程,该过程因用户应用系统以及外部通信环境的差异而不同。在有 EDI 增值服务的条件下,这个过程分为以下几个步骤:

(1) 将要发送的数据从信息系统数据库调出,转换成平面文件(亦称中间文件);

(2) 将文件翻译为标准 EDI 报文;

(3) 发送 EDI 信件;

(4) 从 EDI 信箱收取信件;

(5) 拆开信件并翻译为平面文件;

(6) 转换文件并送到接受方信息系统中进行处理。

由于 EDI 服务方式不同,平面转换和 EDI 翻译可在不同位置(用户端、EDI 增值中心或其他网络服务点)进行,但基本步骤应是上述六步。其中后三部是前三部的逆过程。

为了理解 EDI 如何工作,下面以订单回复为例,介绍一个简单的 EDI 应用过程。

第一步:制作订单。

购买方根据自己的需求在计算机操作,在订单处理系统上制作出一份订单,并将所有必要的信息以电子传输的格式存储下来,同时产生一份电子订单。

第二步:发送订单。

购买方将此电子订单通过 EDI 系统传送给供货商,此订单实际上是发向供货商的电子信箱,先存放在 EDI 交换中心上,等待来自供货商的接受指令。

第三步:接收订单。

供货商使用邮箱接受指令,从 EDI 交换中心自己的电子信箱中收取全部邮件,其中包括来自购买方的订单。

第四步:签发回执。

供货商在收妥订单后,使用自己计算机上的订单处理系统,为来自购买方的电子订单自动产生一份回执,经供货商确认后,此电子订单回执被发送到网络,再经由 EDI 交换中心存放到购买方的电子信箱中。

第五步:接收回执。

购买方使用邮箱接受指令,从 EDI 交换中心自己的电子信箱中收取全部邮件,其中包括供货商发来的订单回执。整个订货过程至此完成,供货商收到订单,购买方则收到了订单回执。

五、单证、报文及报文的处理过程

1. 单证

单证是指所有贸易文件、票据、单证和许可证等的统称。单证一般由栏目和相应的数据构成。例如一张普通的发票,包括的栏目有客户名称、日期、交易内容、金额、开票人、受款人等,各栏目都应填写相应的数据,并且同类发票,其栏目应具有相同的格式。常用的单证有发票、合同、银行汇票、信用证、订货单等。

2. 报文

报文是具体单证在计算机通信网络中信息表示的形式。报文有很严格的格式,它一般以首标开始,尾标结束,其主题由段构成,段又由若干数据元构成,这一系列的数据元表达了贸易过程的详细信息,如贸易双方的名称、时间、地点、贸易发生额等。报文是 EDI 系统在计算机通信网络中所处理的主要对象。

3. 报文的处理过程

(1) 报文的生成。EDI 系统生成报文处理要按照上面所说的固定格式外,其内容还需要根据某种具体的贸易业务来确定。但一般情况下,报文大多是以屏幕格式的形式生成,所以用户只需要按系统提示像填单一样操作即可,无须考虑系统内部的技术问题。

(2) 报文的传输。企业传输报文给贸易伙伴,都是先将报文通过网络传到 EDI 系统的服务器上,然后再传由服务器的主系统进行相应的处理,最后发给贸易对方。

(3) 报文的存储。对于一个完善的 EDI 系统来说,自动保存所有的报文是必要的,这样可以方便日后查询。如果某些报文的内容涉及企业的内部管理系统,那么这些报文还应能自动地存储到企业的内部数据库中去,使内部数据库可以得到及时更新。

六、EDI 所能处理的单证类型

(1) 贸易单证。主要有订货单、发货单、装箱单、发票、尺码单等。

(2) 海关单证。主要有海关发票、报关单、海关收据、海关放行通知、进出口统计报表等。

(3) 银行单证。主要有银行汇票、汇款通知、银行本票、信用证、付款单等。

(4) 保险单证。主要有保险单、保险人发票、承保单、保险申请报表等。

(5) 商检单证。主要有卫生检疫证书、动物检疫证书、植物检疫证书等。

(6) 运输单证。主要有提货单、空运单、到货通知、运费收据、联运提单等。

七、EDI在我国的应用

1. "金关工程"的应用系统

"金关工程"是由原国家经贸委负责领导开发的外贸处理信息化系统,主要包括配额许可证管理系统、出口退税管理系统、出口收汇和进口付汇核销管理系统、进出口统计系统。

2. 海关的电子通关系统

海关是处理国际贸易单证最多的单位。其电子通关系统的开发和逐步推广与完善,使原来一些很复杂的单证文件和报关手续的处理简单化了,大大提高了工作效率和经济效益。

3. 商检应用系统

商检是国际贸易过程中不可缺少的一环。商检机构与各外贸仪器、口岸、海关、保险机构等单位都有紧密的联系,处理各类单证的工作量自然很大。1993年国家商检局提出了商检EDI应用系统的三个阶段任务:技术标准和通信设备、开发商检应用系统、逐步推广商检应用系统。

4. 远洋运输应用系统

中国远洋运输公司是我国涉外运输的龙头,它与世界各国的数以万计的企业有着贸易往来,其单证处理量非常人所能想象。中远公司从1990年就已开始开发EDI货运单证应用系统,之后又有进口货运EDI系统、综合远洋航运EDI应用系统等,极大地提高了工作效率。

【本章小结】

电子数据交换是电子商务的雏形,互联网是电子商务应用的重要通信网络基础,而万维网技术提供了电子商务应用的环境。因此,本章主要围绕实施电子商务所需的技术基础,概括地介绍了电子数据交换的工作原理,互联网系统的组成及使用的协议,并针对互联网应用进行了总结概括,介绍了常用的电子商务网站建设的客户端技术和服务端技术。电子商务是一种技术含量很高的商务活动,需要多方面的配合和共同努力,才能真正实现健康和稳定发展,体现出其应用价值。实践证明,良好的技术基础对电子商务的发展是十分关键的。

【课堂讨论】

1. 计算机网络主要是哪几种类型?其工作原理是什么?
2. EDI的工作过程是怎样的?EDI主要应用在哪些领域?举一例说明EDI的应用流程。
3. 互联网提供的服务主要有哪些?企业电子商务系统由哪几部分组成?
4. WWW的传输协议是什么?URL的含义是什么?
5. 什么是Web页?客户端和服务器端分别有哪些开发技术?

【技能实训题】

登录宁波港口EDI中心(www.npedi.com/edi/ediweb/index.jsp),分析该中心主要用在什么领域,主要的服务内容有哪些。

第三章　电子商务安全

随着 Internet 的发展，电子商务已经逐渐成为人们进行商务活动的新模式。越来越多的人通过 Internet 进行商务活动。电子商务的发展前景十分诱人，而其安全问题也变得越来越突出，如何建立一个安全、便捷的电子商务应用环境，对信息提供足够的保护，已经成为商家和用户都十分关心的话题。

【学习要点及目标】

了解电子商务面临的安全威胁；明确电子商务安全的需求；熟练应用保障电子商务安全的方法与技术，实现电子商务交易活动的顺利进行；熟知电子商务安全不断完善的管理政策与法规制度。

第一节　电子商务安全需求概述

电子商务的安全问题主要体现在以下两方面：一是安全技术问题，电子商务是通过网络传输商务信息来进行贸易活动的，有一个安全的网络环境是实现电子商务的最基本要求，而网络安全需要相应的安全技术来保障，如数据加密、电子签名等技术手段的采用。二是复杂的管理问题，电子商务安全不仅涉及公司内部复杂的网络环境管理，还面临着企业网与互联网相连时性能、安全、可靠性等方面的挑战。

一、电子商务面临的威胁

电子商务活动过程中，信息在互联网络中的传输使得电子商务存在着各种各样的安全隐患。随着政府对网络安全问题集中治理力度的不断加大，我国的基础网络安全问题有了明显的改善。虽然基础网络安全有了一定的进步，但仍是制约我国电子商务发展的重要因素之一。

1. 个人电脑面临的威胁

在个人上网时，通常会遇到的威胁有以下几种：被他人盗取用户密码、信用卡账号等；计算机系统被木马攻击；用户在浏览网页时，被恶意程序进行攻击；个人计算机受计算机病毒感染；被黑客攻击等。

2. 网络安全威胁

近年来，网络威胁呈现多样化，除计算机病毒、垃圾邮件外，危害更大的是黑客攻击、间谍软件、网络钓鱼等。

(1) 黑客攻击

黑客攻击是计算机面临的最大威胁,它可以分为两种,一种是网络攻击,即以各种方式有选择地破坏对方信息的有效性和完整性;另一种是网络侦探,即在不影响网络正常工作的情况下,进行截获、窃取、破译,以获得对方重要的机密信息。

(2) 搭线窃听

搭线窃听是非法者常用的一种手段,即将导线搭到无人值守的网络传输线路上进行监听,通过信号的处理和正确的协议分析,部分或完全掌握通信的内容。

(3) 伪装身份

入侵者通过嗅探、口令猜测等非正常技术手段,获得正确的账号和密码,然后伪装成合法用户。

(4) 信息泄密、篡改、销毁

很多机密文件放在未经加密或没有严格限制内部人员查阅的地址内,一旦黑客进入网络就很可能使信息泄密,或造成有价值的信息丢失、被篡改或销毁。

(5) 间谍软件袭击

据 2005 年中国互联网网络安全报告数据显示,近 90%以上的用户遭受间谍软件的袭击。虽然许多杀毒软件厂商对间谍软件的清除狠下工夫,但是由于目前还没有一款完全意义上的针对间谍软件的安全工具,对于间谍软件的彻底清除还远远没有达到用户的需求。

(6) 网络钓鱼

网络钓鱼(phishing)是威胁互联网安全的主要攻击方式。“网络钓鱼者”在实施网络诈骗的犯罪活动过程中,经常采取假冒网站、木马和黑客技术等几种手法相配合的方法,还有的通过手机短信、QQ 等即时通信工具进行各种各样的不法活动。

二、电子商务的安全性要求

一般而言,电子商务安全的要求主要体现为:交易的认证性、交易的保密性、交易的完整性、交易的不可否认性以及一些其他附加要求。只有真正满足这些方面的电子商务才可以称得上是安全的电子商务。现实生活中,发生的很多电子商务安全事件,往往都是违背了最基本的安全要求。之所以这样,主要还是因为我们对外界风险的防范意识不足。因此,有必要对电子商务的安全要求再一次进行厘清,从其具体内容、典型风险、应对策略等方面进行深入解读,力争塑造一个系统的电子商务安全要求架构,同时真正用之于实践,使网上交易行为更加安全。

1. 交易的认证性

交易的认证性是指在交易开始之前,买卖双方能够认证对方的身份,即可以识别对方的身份是真实的。

电子商务是在网络上进行的电子交易,买卖双方实际上都是在和虚拟的对方进行交易。在这种情况下,可能存在的风险是对方的身份是否与其在网络上声称的一致,是否存在着诈骗的可能。在现实社会中都无法避免诈骗现象,在网络的世界里,买卖的双方更是可能相距千里,甚至在不同的国家,在这种情况下,辨别交易双方的实际身份就显得更为重要。

身份认证是证实对方身份是否真实的过程。身份认证一般包含识别和认证两个方面。识别是向系统申明身份的过程，一般通过用户名、账户等完成。认证比识别更高一层，认证主要是提供一种方法验证其申明的正确性。交易的认证性类似现实社会中的“中间人”或者“担保人”，交易的双方都可能对对方不信任，但是只要他们都信任“中间人”——CA，由 CA 来确认双方的身份，那么买卖双方就可以取得彼此的信任了。这种认证是需要一定的手段来进行保证的，一般是通过数字证书进行身份的验证，因为数字证书有良好的安全性。有些时候还可以要求有硬件(如 IC 卡、USB KEY 等)来进行验证。

2. 交易的保密性

交易的保密性，国外也称为交易的隐私性，是指交易双方的信息在网络传输或者存储中不被他人窃取或获取后无法破译。交易保密性是在交易信息可用的情况下，保障信息安全的重要手段。

在传统的商务交易中，敏感性的数据，例如商务合同、信用卡号码、交易机密等可以通过文件的封装或者其他可靠的途径来传递，以此来保证数据的安全。而在开放的 Internet 上，TCP/IP 采用 IP 报文交换方式，因而存在数据被窃取的可能。所以，电子交易过程中要保证交易数据的隐秘，就显得尤为重要。

电子商务的保密性主要是通过“数据不被窃取、窃取不可破译”的思路来设计的。具体来说，“数据不被窃取”，可以通过防火墙、IPSec 等手段实现，而“窃取不可破译”，则主要通过各种加密手段来进行保证，如采用 DES、RSA 加密等方法。

在交易的保密性中，还包括了交易的不可跟踪性。即在进行电子交易的时候，其他人无法通过对消费者采用支付手段的分析，发现消费者的身份。这一点对数字现金等领域的应用很重要。

3. 交易的完整性

交易的完整性是指交易信息未经授权不能进行改变的特性，即交易数据在传输或存储过程中不被恶意或意外的删除、改变、伪造、乱序、重放、插入等损坏。

交易的保密性固然能够保证交易数据在传输过程中不被窃取，但是不能保证传输过程中可能发生某种意外或者非授权情况下的破坏，同时也难以保证数据传输的顺序统一。而完整性在一定程度上可以弥补这些缺陷。各种原因都有可能导致交易各方信息的差异，并影响到交易各方的决策。例如，在交易中的扣款过程，需要在双方的账号上进行操作，如果交易不完整，只在一方账号上进行了操作，那么产生的结果是难以预料的。因此，交易的完整性是电子商务应用的基础。完整性一般通过消息摘要、数字签名等技术实现。

4. 交易的不可否认性

不可否认性也称不可抵赖性，主要指交易的双方不能否认彼此之间所进行的信息交流。

在传统的交易过程中，就算双方并不见面，例如邮购过程，双方对交易的行为是很难抵赖的，因为有足够的证据(如邮购中的单据、凭证等)来证明买方或者卖方的行为。而网络上的交易，由于采用的是电子化的信息，如果没有相关的手段进行保证，确实很难证明某笔订单是来自某个买家的，如常见的网络购物中的“送货上门、货到付款”。

电子商务中的抵赖行为有多种，具体如下：

(1) 发信者事后否认曾经发送过某条信息或内容。

(2) 收信者事后否认曾经收到某条信息或内容。

(3) 购买者下单后不承认。

(4) 商家卖出商品后不承认原有的交易等。

电子商务交易的不可否认性虽然不能像传统交易那样通过签订“白纸黑字”的合同、盖章来加以确认,但是可以采取类似的思路,通过使用数字签名来加以确认。通过数字签名,将具体用户信息与对应操作和交易信息进行绑定,使用户必须为他们的行为负责,这样也为法律提供了可信证据。

5. 其他安全需求

除了以上主要的安全需求之外,电子商务安全的需求还包括如下方面:

(1) 有效性。指交易信息、数据在约定的交易期限内是有效的。交易信息的有效性是整个交易进行的重要基础,它为保密性提供了基本条件。在传统的商业贸易中,我们通过各种合同条文及纸质单据来保证交易的有效性。但在网上交易的过程中,没有了纸质单据对有效性的长效证明,而交易的双方又处于不同的时空点,所以,交易的有效性往往成为制约交易进行的重要问题。比如,A 给 B 发送了一份报文:“请在 2009 年 12 月汇款叁万元,A”,报文在传递过程中经过 C 的手,C 将 12 月改为 8 月,这样,整个报文信息就失去了有效性。

(2) 可用性。是指当用户需要使用硬件、软件、数据等方面的资源时,这些服务是可用的。可用性一般用系统正常使用时间和整个工作时间之比来度量。影响资源可用性的原因主要是硬件故障、软件缺陷、病毒及拒绝服务攻击等恶意行为引起的运行中断事件。所以,为确保资源的可用性,工作人员必须清楚资源不可用的原因,通过对中断事件的合理分析,最大限度地减小对运营的影响。

(3) 合法性。保证各方的业务符合可适用的法律法规。法律法规是对一切事物的标准规范,在法治社会里,只有符合法律法规的行为才能得到执行与落实,网上交易也是如此。与传统的交易方式相比,网上交易的合法性更加难以确保,一方面是由于网上交易本身具有的时空异质性,另一方面,关于网上交易的相关立法现在还不完善,尤其在我国,电子商务法律方面还处于起步阶段。因此,保障网上交易的合法性就成为发展电子商务的重要制度保障。只有建立健全电子商务法律法规体系,用户及商家在进行网上交易时才能明确什么是合法的、什么是非法的,才能在交易矛盾发生时有章可循。

第二节　电子商务安全技术

电子商务安全技术在电子商务系统中的作用非常重要,它守护着商家和客户的重要机密,维护着商务系统的信誉和财产,同时为服务对象和被服务对象提供极大的方便,因此,只有采取了必要和恰当的技术手段才能充分提高电子商务系统的可用性和推广性。

一、电子商务的安全体系结构

电子商务的安全体系结构是保证电子商务中数据安全的一个完整的逻辑结构。它是由网络服务层、加密控制层、安全认证层、安全协议层、应用系统层五个部分组成(如图3-1所示)。下层是上层的基础,为上层提供技术支持,上层是下层的扩展与递进。各层次之间相互依赖、相互关联构成统一整体,各层通过控制技术递进,实现电子商务系统的安全。

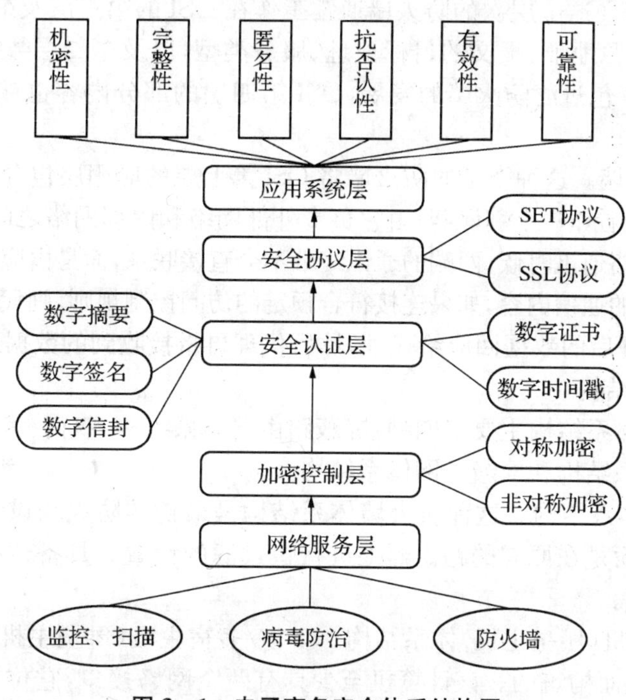

图3-1　电子商务安全体系结构图

二、电子商务的几种安全技术

前面提到电子商务安全从整体上可分为两大部分:计算机网络系统安全和商务交易安全。计算机网络安全与商务交易安全是密不可分的,两者相辅相成,缺一不可。下面将介绍电子商务中主要采用的几种安全技术:

1. 防火墙技术

(1) 防火墙基本概念

概括地说,防火墙是位于两个(或多个)网络之间执行安全策略的一组组件的集合。它包括硬件和软件,目的是保护内部网络不被Internet用户侵扰。因此,防火墙应该满足如下的基本条件:① 内部网络和外部网络之间的所有信息流都应该经过防火墙。② 只有符合防火墙安全策略的信息流才能通过防火墙。③ 其自身要具有较高的可靠性,不易受到各种网络攻击的影响。④ 人机交互界面良好,用户使用方便,系统管理员可以方便地对防火墙进行配置。同时,为了实现保护内部网络的目的,必须为防火墙制定安全策略。

所谓安全策略是指明确地定义允许使用或禁止使用的网络服务,以及这些服务的使用规定。例如:"除非明确允许,否则就禁止"的安全策略,除了那些被明确允许的服务和应用程序之外,堵塞了外部网络和内部网络之间的所有数据传输;再如:"除非明确禁止,否则就允许"的安全策略,除了那些被明确禁止的服务和应用程序之外,允许外部网络和内部网络之间所有数据传输。

(2) 防火墙的类型

从 OSI 分层模型角度，防火墙可以分为两类，包过滤防火墙和应用代理(网关)防火墙。同时，由这两类防火墙可以推导和演绎出其他可能的变化。

① 包过滤防火墙。这个层次的防火墙通常工作在 OSI 的第三层及第三层以下，它可控的内容主要包括报文的源地址、报文的目标地址、服务类型，以及第二层数据链路层的 MAC 地址等。除此以外，随着包过滤防火墙的发展，OSI 第四层的部分内容也被包括进来，如报文的源端口和目的端口。

② 应用代理防火墙。这种类型的防火墙将 OSI 第七层的应用层包含了进来。在某种意义上，可以把这种防火墙看作一个翻译器，由它负责外部网络和内部网络之间的通讯，当防火墙两端的用户打算进行网络通讯时候，两端的通讯终端不会直接联系，而是由应用层的代理来负责转发。代理会截获所有的通信内容，如果连接符合预定的访问控制规则，则代理将数据转发给目标系统，目标系统将处理后的数据回应给代理，然后代理再将接收到的数据送回客户机。

(3) 防火墙体系结构

目前，防火墙的体系结构主要有四种：屏蔽路由器体系结构、双宿/多宿主机(堡垒主机)体系结构、屏蔽主机体系结构和屏蔽子网体系结构。

① 屏蔽路由器体系结构。这种防火墙体系结构是最初的防火墙设计方案。它并没有采用专门的硬件设备，而是在原有的路由器上进行包过滤的设置。具备这种包过滤技术的路由器称为"屏蔽路由器"。

② 双宿/多宿主机(堡垒主机)体系结构。双宿/多宿主机(堡垒主机) 体系结构是围绕具有双重宿主的计算机而构筑的。该计算机至少具有两个网络接口，它位于外部网络和内部网络之间。内部网络和外部网络均可与双宿主主机通信，但内部网络和外部网络之间不可直接通信，它们之间的数据流完全被双宿主主机切断。

③ 屏蔽主机体系结构。屏蔽主机体系结构又称为主机过滤结构。在这种结构中需要配一台堡垒主机和一个有过滤功能的屏蔽路由器。屏蔽路由器连接外部网络，堡垒主机安装在内部网络上。通常在路由器上设置数据包过滤规则，并使堡垒主机成为从外部网络唯一可直接到达的主机。入侵者要想入侵内部网络，必须过屏蔽路由器和堡垒主机两道屏障，所以屏蔽主机结构比双重宿主主机结构具有更好的安全性和可用性。

④ 屏蔽子网体系结构。尽管用户尽最大的努力保护堡垒主机，但由于它的地位特殊，所以它仍是内部网络上最容易受侵袭的计算机。在屏蔽主机体系结构中，如果攻击者能够侵入堡垒主机，他就可以毫无阻挡地进入内部网络。因为该结构中在堡垒主机与其他内部网络中的主机之间没有特殊的防御手段，内部网络对堡垒主机不做任何防备。

2. 数据加密技术

(1) 数据加密的概念

数据加密的基本过程就是对原来为明文的文件或数据按某种算法进行处理，使其成为不可读的一段代码，通常称为密文，使其只能在输入相应的密钥之后才能显示出本来内容，通过这样的途径来达到保护数据不被非法人窃取阅读的目的。该过程的逆过程为解密即将该编码信息转化为其原来数据的过程。

(2) 数据加密的算法

加密技术按照密钥的公开与否可以分为两种体系，第一是对称密钥体系，这里加密密钥和解密密钥是相同的。为了安全性，密钥要定期改变。对称算法速度快，所以在处理大量数据的时候被广泛使用，其关键是保证密钥的安全。典型的算法有DES及其各种变形。在众多的对称密码中影响最大的是DES密码。第二是公开密钥体系，分别存在一个公钥和私钥，公钥公开，私钥保密。公钥和私钥具有一一对应的关系，用公钥加密的数据只有用私钥才能解开，其效率低于对称密钥体系。最有影响的公钥加密算法是RSA，足够位数的RSA能够抵抗到目前为止已知的所有密码攻击。

① 对称加密技术

对称加密技术使用DES(Data Encryption Standard)算法，发送者和接收者拥有相同的密钥，密钥的长度一般为64位或56位。这种加密方法解决了信息的保密问题，但又引出了新的问题。设想发送者用对称密钥对报文加密后发送给接受者，接受者必须要有相同的密钥才能解密，但是如何将密钥传送给接受者呢？显然不能通过网络传送。因此对称加密技术在实际应用中存在以下问题：

第一，在首次通信前，双方必须通过除网络以外的另外途径传递统一的密钥。

第二，当通信对象增多时，需要相应数量的密钥。

第三，对称加密是建立在共同保密的基础上，在管理和分发密钥过程中，任何一方的泄密都会造成密钥的失效，存在着潜在的危险和复杂的管理难度。

② 非对称加密技术(公-私钥加密技术)

为了克服对称加密技术存在的密钥管理和分发上的问题，产生了非对称加密技术。

非对称加密技术采用RSA算法，是由Rivest、Shanir和Adleman三人发明的。加密和解密使用两把密钥，一把称公钥，另一把称私钥。两把密钥实际上是两个很大的质数，用其中的一个质数与明文相乘，可以加密得到密文；用另一个质数与密文相乘可以解密，但不能用一个质数求得另一个质数。非对称加密技术将加密算法和公钥公开，可以放在网页上供人下载，也可公开传送给需要通信的人，私钥只有自己知道，严密保管。通信时，发送方用接收者的公钥对明文加密后发送，接收方用自己的私钥进行解密，这样既解决了信息保密问题，又克服了对称加密中密钥管理与分发传递的问题。

3. 网络安全技术

计算机网络安全是电子商务安全的基础，一个完整的电子商务系统应建立在安全的网络基础设施之上，网络安全技术涉及的方面比较多，如操作系统安全、身份认证技术、访问控制技术、防火墙技术、虚拟专用网VPN技术和系统漏洞检测、黑客跟踪技术等。

① 身份认证技术

身份认证技术的目的是证实被认证对象是否属实和是否有效，其基本思想是通过验证被认证对象的属性来达到确认被认证对象是否真实有效的目的。被认证对象的属性可以是口令、问题解答或指纹、声音等生理特征，常用的身份认证技术有口令、标记法和生物特征法。

② 防火墙技术

防火墙就是在网络边界上建立相应的网络通信监控系统，主要是通过对网络之间传输的数据包和链接方式按照一定的安全策略对其进行检查，来决定网络之间的通信是否被允许，防止外部网络用户以非法手段通过外部网络进入被保护网络。防火墙技术主要有包过滤技术、代理服务技术和状态监控技术三类。

③ 虚拟专用网 VPN 技术

VPN 技术是在公用网络中建立专用的数据通信网络技术。这是 Internet 交易的一种专用网络，它可以在两个系统之间建立安全的信道（或隧道），用于电子数据交换。VPN 技术通过 IP 隧道等方法来保证企业协作网中企业间数据和企业内部网的远程分支机构或异地职工对中央系统的远程访问数据的安全传递。它与信用卡交易和客户发送订单交易不同，同为在 VPN 中，双方的数据通信量要大得多，而且通信的双方彼此都很熟悉。这意味着可以使用复杂的专用加密和认证技术，只要通信双方认可，没有必要为所有的 VPN 进行统一的加密和认证。现有的或正在开发的数据隧道系统可进一步增强 VPN 的安全性，从而能够保证数据的机密性和可用性。

4. 安全认证技术

安全认证技术是为了满足电子商务系统的安全性要求而必须采用的安全技术。安全认证的主要作用是进行信息认证，信息认证的目的，一是确认信息发送者的身份；二是验证信息的完整性，即确认信息在传送或存储过程中未被篡改过。

常用的安全认证技术主要有数字摘要、数字信封、数字签名、数字时间戳、数字证书等。

① 数字摘要

数字摘要也称 Hash 编码法，是采用单向 Hash 函数对文件中若干重要元素进行某种变换运算得到固定长度的摘要码，并在传输信息时将之加入文件一同送给接收方，接收方收到文件后，用相同的方法进行变换运算，若得到的结果与发送的摘要码相同，则可断定文件未被篡改，反之亦然。

② 数字信封

数字信封是利用加密技术来保证只有规定动作的特定收信人才能阅读信的内容。

③ 数字签名

在现实日常生活中，通常用对某一文档进行签名来保证文档的真实有效性，防止其抵赖。在网络环境中，可以用电子数字签名，为电子商务提供不可否认服务。

将 Hash 函数和公钥算法结合起来，可以在提供数据完整性的同时保证数据的真实性。完整性保证传输的数据没有被修改，而真实性则保证是由确定的合法者产生的 Hash，而不是由其他人假冒，把这两种机制结合起来就可以产生数字签名。数字签名相对于手写签名在安全性方面具有这样的好处：数字签字不仅与签名者的私有密钥有关，而且与报文的内容有关，不能将签名者对一份报文的签名复制到另一份报文上，同时也能防止篡改报文的内容。

④ 数字时间戳

在书面合同中，文件签署的日期和签名一样均是防止文件被伪造和篡改的关键性内容。而在电子交易中，同样需对交易文件的日期和时间信息采取安全措施，而数字时间戳服务就是提供电子文件发表时间的安全保护。数字时间戳服务（DTS）是网络安全服务项目，由专门的机构提供。时间戳是一个经加密后形成的凭证文档，它包括三个部分：需加时间戳的文件的摘要，DTS 收到文件的日期和时间、DTS 的数字签名。

⑤ 数字证书

数字证书又称数字凭证，是用电子手段来证实一个用户的身份和对网络资源的访问的权限。在交易支付过程中，参与各方必须利用认证中心签发的数字证书来证明各自的身份。数字证书是用来唯一确认安全电子商务交易双方身份的工具。由于它由证书管理中心做了数字签名，因此任何第三方都无法修改证书的内容。任何信用卡持有人只有申请到相应的数字证书，才能参加安全电子商务的网上交易。数字证书一般有四种类型：客户证书、商家证书、网关证书及 CA 系统证书。

第三节　电子商务安全交易协议

当涉及电子商务安全问题的标准时，一般会提到电子商务安全五协议，也就是安全套接层(SSL)协议、安全电子交易协议(SET)、安全超文本传输协议(S-HTTP)、安全交易技术(STT)协议和安全电子邮件管理(S-MIME)协议，简称“5S”。它们都是在电子商务活动中常用的电子商务系统安全交易标准。在实际工作中，充分深入地了解这些协议各自的主要用途是很重要的。

1. 安全套接层协议

安全套接层(Secure Sockets Layer，SSL)协议是 Netscape 公司推出的一个安全通信协议。SSL 协议采用公开密钥技术，其目标是在服务器和客户机两端同时实现支持、保证两个应用之间通信的保密性和可靠性。目前，SSL 协议已经成为 Internet 上保密通信的标准。现行的 Web 浏览器普遍将 HTTP 协议和 SSL 协议相结合，从而实现安全通信，如表 3-1 所示。

表 3-1　SSL 协议栈

SSL 握手协议	SSL 更改密码规格协议	SSL 警报协议	HTTP
SSL 记录协议			
TCP			
IP			

SSL 协议是在 Internet 基础上提供的一种保证机密性的安全协议，它能使客户机/服务器应用之间的通信不被攻击者窃听，并始终对服务器进行认证，还可以选择对客户机进行认证。SSL 协议要求建立在诸如 TCP 这样的可靠传输层协议之上。SSL 协议的优势是它独立于应用层协议，高层的应用层协议(如 HTTP、FTP、Telnet)能透明地建立于 SSL 协议之上。SSL 协议在应用层协议通信之前就已经完成加密算法、通信密钥的协商，以及服务器认证工作，在此之后，应用层协议所传输的数据都会被加密，从而保证通信的私密性。

2. 安全电子交易协议

安全电子交易(Secure Electronic Transaction，SET)协议是由 MasterCard 和 Visa 以及其他一些业界的主流厂商设计发布的一种基于信息流的协议。它主要用于保证在公共网络特别是 Internet 上进行银行卡支付交易的安全性，能够有效地防止电子商务中的各种诈骗。它是目前已经标准化并且被业界广泛接受的基于信用卡的支付机制。

SET 主要通过使用各种密码技术对交易数据及支付信息进行加密，以确保信息的保密性，并使用数字证书来验证参与交易各方的身份，因而保护了进行交易的各方(包括持卡人、商家、银行)等的安全。SET 协议通过证书机制以及数字签名、双重数字签名等技术手段,不但可以为不可否认性提供重要证据,而且还保证了商家无法看到持卡人的相关信息、银行无法看到订单信息等功能,更好地保护了各方利益。1997 年 5 月,SET 规范 1.0 版正式发布,它是面向 B2C 模式的,针对使用信用卡(包括借记卡)来进行网络支付而制定的,涵盖了信用卡在电子商务交易中的交易协定、信息保密、资料完整性等各个方面。

3. 安全超文本传输协议

安全超文本传输(S-HTTP 或 SHTTP)协议是利用密钥对文本进行加密,通常只用于 Web 业务,保障 Web 站点之间进行交换信息传输的安全性。SHTTP 是对 HTTP 扩充安全特性、增加了报文的安全性而产生的,它是基于 SSL 技术的。该协议向 Internet 的应用提供完整性、可鉴别性、不可抵赖性及机密性等安全措施。

HTTP 是一个客户端和服务器端请求和应答的标准(TCP)。客户端是终端用户,服务器端是网站。通过使用 Web 浏览器、网络爬虫或者其他的工具,客户端发起一个到服务器上指定端口(默认端口为 80)的 HTTP 请求。我们称这个客户端为用户代理(user agent)。应答的服务器上存储着一些资源,比如 HTML 文件和图像。我们称这个应答服务器为源服务器(origin server)。在用户代理和源服务器之间可能存在多个中间层,比如代理、网关或者隧道(tunnel)。事实上,HTTP 可以在任何其他互联网协议上,或者在其他网络上实现。HTTP 只假定其下层协议提供可靠的传输,任何能够提供这种保证的协议都可以被其使用。

浏览器通常利用 HTTP 协议与服务器通信,收发信息未被加密、安全敏感的事务,如电子商务或在线财务账户等信息,浏览器与服务器必须加密。https: URI scheme 与 S-HTTP 二者在 20 世纪 90 年代中期均已被定义来满足这一需求。不过占据浏览器市场的网景及微软公司支持 https 远胜 S-HTTP,使得 https 成为安全万维网通信的事实标准。

HTTP 的发展是万维网协会(World Wide Web Consortium)和 Internet 工程任务小组(Internet Engineering Task Force)合作的结果,他们最终发布了一系列的 RFC,其中最著名的就是 RFC 2616。RFC 2616 定义了 HTTP 协议中一个现今仍被广泛使用的版本——HTTP1.1。

4. 安全交易技术协议

安全交易技术协议(Secure Transaction Technology,STT)是由微软公司提出的,STT 将认证和解密从浏览器中分离开来,用以提高安全控制能力。微软在 Internet Explorer 中采用了 STT 技术。

MasterCard、Netscape、IBM 在之后开发了 SEPP(安全电子支付协议),使两大信用卡组织 MasterCard 和 Visa 分别支持独立的网络支付解决方案。几个月后,这些机构联合开发了 SET(安全电子交易协议)。

5. 安全电子邮件管理协议

安全电子邮件管理(S-MIME)协议,也称为电子邮件扩充标准格式。S-MIME 是安全的多功能互联网电子邮件扩充协议,是一种在互联网安全电子邮件管理环境中采用加密报文语法对电子邮件安全性进行处理的规则,主要用于电子邮件的收发业务或者电子邮件的使用业务,也可以用于 Web 业务。S-MIME 是在 RFC1521 所描述的多功能 Internet 电子邮件扩充报文基础上添加数字签名和加密技术的一种协议。MIME 是正式的 Internet 电子邮件扩充标准格式,但它未提供任何安全服务功能。S-MIME 的目的是在安全电子邮件管理协议上定义安全服务措施的实施方式。S－MIME已成为业界广泛认可的协议，如微软公司、Novel公司、Lotus公司等都支持该协议。

【本章小结】

通过本章的学习，明白在计算机互联网络上实现的电子商务交易必须具有保密性、完整性、不可否认性、真实性和可靠性等特性。电子商务系统应具备强大的加密、认证系统，完成用户和信息的识别和鉴别，确保联网交易和支付的可靠性、真实性、完整性，提供便捷的密钥管理，满足电子商务对计算机网络安全与商务安全的双重要求，使电子商务安全的复杂程度比大多数计算机网络更高。

【课堂讨论】

1. 电子商务活动中存在哪些安全威胁？电子商务的安全需求可归纳为哪几方面？
2. 简述防火墙的安全策略。
3. 对称加密和非对称加密有哪些异同点。
4. 数字签名有什么作用？简述数字签名的形成过程。
5. 什么是数字证书？数字证书包括哪些内容？数字证书有什么作用？
6. 目前常用的电子商务安全交易协议有哪些？说出SSL协议和SET协议的区别。

【技能实训题】

1. 利用所学数字证书和相关知识，登录www.wosign.com或其他认证中心，下载个人数字证书或者安全电子邮件证书，进行数字证书的安装和导入/导出；并下载Foxmail软件（或者Outlook Express软件）。要求两名同学一组，按照实训指导，利用数字证书发送和接收安全电子邮件。

2. 访问http://www.bjca.org.cn/index.htm北京数字证书认证中心。你可以为自己申请个人数字证书，或为某个公司申请企业数字证书。你也可以在其他数字认证网站进行个人或公司数字证书的申请。

第四章　B2B 电子商务

B2B 电子商务即企业对企业的电子商务，也称批发电子商务。B2B 电子商务的涉及面十分广泛。B2B 电子商务是指企业通过信息平台和外部网站将面向上游供应商的采购业务和面向下游代理商的销售有机联系在一起，从而降低彼此之间的交易成本，提高客户满意度的商务模式。B2B 电子商务是目前电子商务市场的主流部分。

【学习要点及目标】

了解 B2B 的相关知识；重点掌握 B2B 的电子化采购和电子化交易系统；掌握 B2B 的交易过程，了解水平 B2B 和垂直 B2B 的区别。

第一节　B2B 概述

一、B2B 电子商务的概念与特点

1. B2B 电子商务的概念

B2B(Business to Business)电子商务，也称企业对企业的电子商务或商家对商家的电子商务，是指企业与企业之间通过互联网或私有网络等现代信息技术手段，以电子化方式开展的商务活动。通俗地说，就是进行电子商务交易的供需双方，以电子化方式开展的商务活动。进行电子商务交易的供需双方都是商家，它们使用互联网技术或各种网络商务平台，完成商务交易活动中的供求信息发布、商务洽谈、订货及确认订货、合同签订、货款支付、票据的签发及传送和接收、货物的配送及监控等过程的全部或部分。

同样是 B2B 电子商务，从事产品经营的制造业或商业部门，主要是企业供应链伙伴之间的电子商务活动，而从事服务经营的部门，B2B 电子商务涉及的内容就十分广泛，如商机信息服务、金融服务、广告服务、设计服务等。

2. B2B 电子商务的特点

(1) 交易金额较大

企业与企业之间的交易规模大，一般是大额交易，不像以普通消费者为交易对象的 B2C、C2C 一样，多以日用、休闲、娱乐等消费品为主，往往是单笔交易，购买数量金额都较小。企业间的电子商务相对于 B2C 和 C2C 来说交易的次数少，但每次的交易金额都比较大，而且企业间电子商务交易对象比较集中。

(2) 交易操作规范

企业之间的电子商务活动，一般涉及对象比较复杂，因此，对合同格式要求比较规范和严

谨，注重法律的有效性。企业与企业之间开展电子商务的条件比较成熟，企业 B2B 电子商务模式是未来电子商务发展的主流，具有巨大的发展潜力。

(3) 交易过程复杂

企业间的电子商务活动，一般涉及多个部门和不同层次的人员，因此，信息交互和沟通比较多，而且对交易过程控制比较严格。

(4) 交易对象广泛

相对而言，B2C、C2C 交易一般集中在生活消费品方面，而在 B2B 交易平台上交易的商品覆盖种类广泛，既可以是原材料，也可以是半成品或产成品。B2B 只是一个交易平台，将交易双方汇聚在一起撮合双方的交易，交易品的种类也不受网络交易的限制。

二、B2B 电子商务的类型

1. 根据 B2B 交易平台的构建主体划分

根据 B2B 交易平台的构建主体分类，可以分为基于企业自有网站的 B2B 和基于第三方网站的 B2B。

(1) 基于企业自有网站的 B2B

一般而言，为了提高效率，减少库存，降低采购、销售、售后服务等方面的成本，或者其他原因，大型企业和它的用户或供应商之间的交易需要通过互联网来完成，因此建立了 B2B 网站，实现了企业间的电子商务。事实上，大型企业 B2B 网站的交易额在全部企业间电子商务交易总额中占有支配地位。可以利用这种系统的企业主要是用户、供应商、合作伙伴及其他与企业经营活动有关的部门或机构。

(2) 基于第三方网站的 B2B

中介 B2B 网站自己既不是拥有产品的企业，也不是经营商品的商家，并不参与交易，而只是提供一个平台，将销售商和采购商汇集在一起撮合形成交易。

2. 根据 B2B 交易的贸易类型划分

(1) 内贸型 B2B 电子商务

内贸型 B2B 电子商务指国内供应者与采购者进行交易服务为主的电子商务市场，交易的主体和行业范围主要在同一国家内进行。

(2) 外贸型 B2B 电子商务

外贸型 B2B 电子商务指提供国内与国外供应者与采购者交易服务为主的电子商务市场。相对内贸型 B2B 电子商务市场，外贸型 B2B 电子商务市场需要突破语言文化、法律法规、关税汇率等各方面的障碍，涉及的 B2B 电子商务活动流程更复杂，要求的专业性更强。例如，中国制造网(Made-in-China. com)，是一个面向全球提供中国产品的 B2B 电子商务服务平台，旨在利用互联网将中国制造的产品介绍给全球采购商，独有的“Made in China”域名对中外商家而言非常直观、形象，具有很强的亲和力和天生的知名度，而它的信息平台和商业服务更为中国对内、对外贸易的发展提供了强有力的支持。

三、B2B 电子商务的优势

B2B 电子商务具有以下优势：

(1) 降低商务成本,提高商务效率

传统的企业间的交易往往要耗费企业的大量资源和时间,无论是销售还是采购都要占用大量产品成本。而网络的便利及延伸性使企业扩大了活动范围,企业跨地区跨国界发展更方便。通过B2B交易方式买卖双方能够在网上完成整个业务流程,从建立最初印象,到货比三家,再到讨价还价、签单和交货,最后到客户服务。B2B使企业之间的交易减少许多事务性的工作流程和管理费用,降低了企业经营成本。

(2) 强化供应链管理,优化生产计划

通过B2B平台可以获悉一个产品在不同区域的需求情况,可以进一步预计和控制市场供求信息,从而对库存和物流控制进行明确的规划和管理,让企业获得较大的经济效益。

B2B的发展方向是创造高效率的无形市场,缩减企业库存,实现零库存状态下的JIT生产(即时生产)。例如,通过B2B交易平台可以得知自己产品的销售情况。

点击率高的、价格上涨的产品就可适当扩大生产规模;反之,则要更新换代,及时转产。

(3) 缩短产销周期,增加商务机会

在目前的专业化分工时代,一个产品从设计到生产再到销售是许多企业相互协作的结果。通过电子商务可以减少因信息交流手段落后而产生的信息滞后和差错现象,从而大大加快企业资金流、物流的流动,缩短企业的整个生产销售周期。

传统的交易受到时间和空间的限制,而基于互联网的电子商务则是一周7天、一天24小时无间断运作,网上的业务可以开展到传统营销人员和广告促销所达不到的市场范围。

四、我国B2B电子商务的现状与发展趋势

1. 我国B2B电子商务的现状

据Emarketer最新研究报告,目前世界上80%以上的电子商务交易额发生在企业之间,这个比例在未来几年内还会继续增长。

(1) 市场规模增长迅速

首先,随着电子商务的日益普及,越来越多的企业会选择电子商务以提高交易效率、降低交易成本、提升企业竞争力;其次,处在供应链主导地位的大企业信息化水平的不断提高,对供应链上下游合作伙伴的电子商务应用水平的要求也越来越高;再次,物流配送、信用认证、电子支付、法律法规等各方面环境的日益完善,为中国B2B的发展也提供了良好的环境。

据中国电子商务研究中心监测数据显示,截至2012年6月,中国B2B电子商务市场交易规模达2.95万亿元,同比增长13%,增速同比下降。图4-1所示为2008—2013年中国B2B电子商务交易规模。

(2) 八大B2B服务商市场份额占一半以上

据中国电子商务研究中心监测数据显示,2012年上半年B2B电子商务服务商营收(包括线下服务收入)份额中,统计的八大服务商市场份额共为67.1%,阿里巴巴继续排名首位,市场份额为41.5%,市场份额呈下降趋势。而环球资源、我的钢铁网、慧聪网、中国制造网、环球市场集团、网盛生意宝、敦煌网分列二至八位。

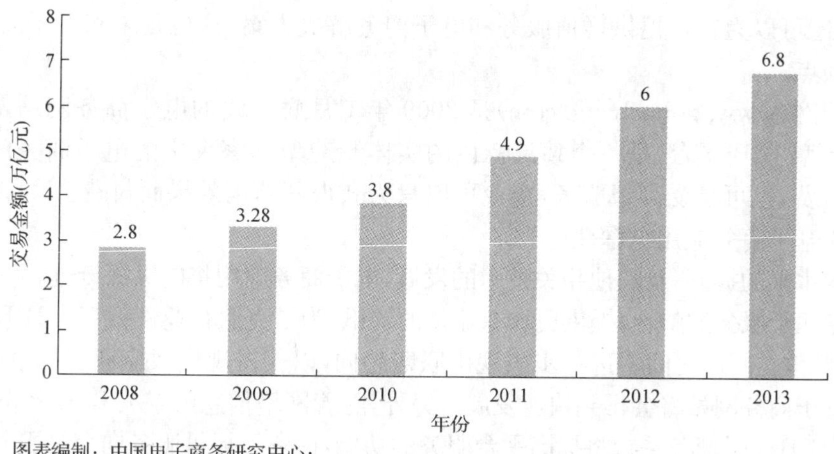

图 4－1　2008—2013 年中国 B2B 市场交易规模

(3) 中小企业用户规模增长迅速

据中国电子商务研究中心监测数据显示，截至 2012 年 6 月，国内使用第三方电子商务平台的中小企业用户规模(包括同一企业在不同平台上注册但不包括在同一平台上重复注册)已经突破 1 650 万。图 4－2 所示为 2008—2013 年使用第三方电子商务平台的中小企业用户的规模。

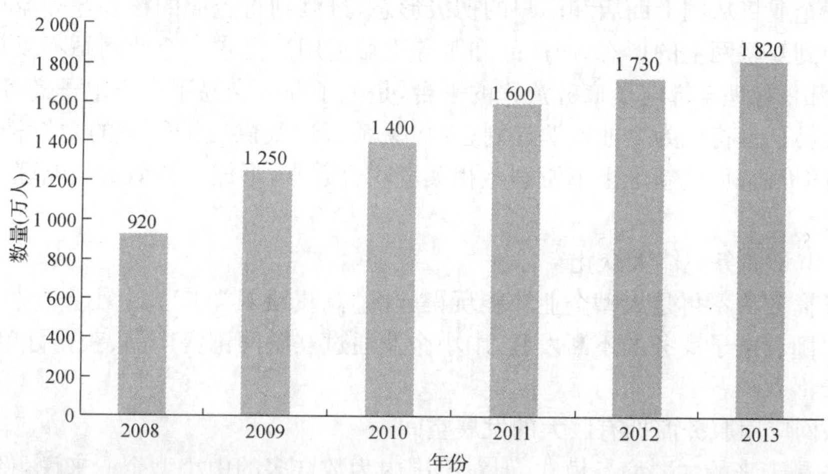

图 4－2　2008—2013 年使用第三方电子商务平台的中小企业用户的规模

2. 我国 B2B 电子商务的发展趋势

艾瑞咨询认为，未来中国 B2B 电子商务将向纵深化和多样化的方向发展，B2B 电子商务平台将不断创新商业模式，开展差异化竞争。

(1) B2B 电子商务模式多样化

目前，中国主流 B2B 电子商务平台的商业模式比较单一，以综合类信息服务平台为主。未来中国将会出现各种电子商务模式并存的局面，呈现多样化的特征。同时，随着电子商务平台商业模式的转变和服务的优化，电子商务平台的收费模式也将走向多元化，除了信息费和交易佣金之外，还可以为客户提供增值服务和电子商务解决方案，这也是未来电子商务网站的一个很大的赢利点。

世界工厂网(www.gongchang.com)是 2009 年 1 月底上线的电子商务网站，是一个基于免费使用的新型 B2B 平台，是一个独具特色的实体制造型厂家聚集的电子商务门户网站，企业不缴纳会员费，也可享受高级服务，企业可以只为获得其营销效果而付费。

(2) B2B 电子商务应用纵深化

随着技术水平的提高，及其他相关技术的发展，电子商务应用将向纵深挺进。垂直类电子商务网站更加专注于服务的整合，提供更加专业化的资讯，为了克服行业性垂直类 B2B 电子商务网站的规模限制，该类网站之间将进一步表现出联盟趋向，以获得规模效应和协同效应。因此，未来的垂直类电子商务网站将会得到快速发展。另外，随着网络信息的扩充和 B2B 电子商务搜索的完善，未来 B2B 电子商务平台将提高平台服务的功能，由资讯提供服务向交易服务转变。

2009 年 3 月 9 日，阿里巴巴中国交易市场升级为在线采购批发大市场，正式启用新域名 www.1688.com，寓意中小企业"1688，一路发发"。"1688 平台"启用后，覆盖服装、小商品、五金、机械等几乎现有企业的 6 000 多个行业，拥有 50 多万诚信通优质供应商，包含 1.5 亿多万条商品信息，打通"购物上淘宝，批发上 1688"的电子商务前端，与淘宝网、支付宝等兄弟公司共同实现了阿里集团在电子商务产业链的协同作战。

(3) B2B 电子商务流程整合化

电子商务企业将从网上商店和门户的初级形态，过渡到将企业的核心业务流程、客户关系管理等都延伸到互联网上的形态，使产品和服务更贴近用户需求。企业网站不仅是交易平台，而且是涵盖营销、管理全部电子商务流程的平台，是电子商务交易平台＋电子商务服务平台的组合。B2B 交易平台将成为企业资源计划、客户关系管理及供应链管理的中枢神经。企业将创建、形成新的价值链，把新老上下游利益相关者联合起来，形成更高效的战略联盟，共同谋求更大的利益。

(4) B2B 电子商务主体大众化

B2B 电子商务将不再是大型企业才能玩得起的"高贵玩具"，广大中小企业将成为电子商务的主力军。随着电子商务的不断发展，中小企业通过互联网销售产品、获得订单的愿望将越来越强烈。

(5) 互联网应用服务商拥有巨大的发展空间

电子商务是未来的主要商务模式，但对于国内为数众多的中小型企业来说，将面临建设投入大、运营成本高、见效周期长、效果不理想、缺乏标准化的应用系统、软硬件需不断升级等一系列难题，这就使互联网应用服务商有着巨大的发展空间。它们主要提供互联网战略咨询服务、通用性 B2B 网站平台租用服务、B2B 网站投资与研究服务。此类服务商在未来几年内将快速发展。

第二节　企业自建网站的 B2B

一、企业自建网站的 B2B 概述

企业自建网站的 B2B 交易模式是一种以传统企业为中心的 B2B 电子商务网站，也叫面向

制造业或面向商业的垂直 B2B 网站。这种模式一般是以有经营实体依托的传统企业网站为基础，它们建立网站的目的主要是自用，即利用这一网站实现供应链管理和客户关系管理的优化，以实现本企业采购、营销和企业形象宣传等商务目的，其赢利来源主要是本企业产品的销售。如海尔 B2B 平台、联想 B2B 平台等。

面向制造业或面向商业的垂直 B2B 可以分为两个方向，即面向上游企业的基于采购商的 B2B 和面向下游企业的基于供应商的 B2B。

1. 基于供应商网站的 B2B 交易

这种模式的 B2B 类似于 B2C 电子商务，主要是供应商基于自有网站与其下游的企业用户开展的以电子化分销或网络直销为核心的各种商务活动。例如，Cisco 与其分销商之间进行的交易。该模式得以成功运行的关键是供应商拥有良好的声誉和大批忠实的客户。

2. 基于采购商网站的 B2B 交易

这种模式的 B2B 是采购商基于自有网站与其上游供应商开展各种商务活动，即电子化采购或网络采购活动。例如，戴尔电脑公司通过网站与其上游的芯片和主板制造商开展的商务交易活动；从 2000 年 10 月 11 日起，海尔集团的所有原材料采购都通过海尔电子商务 B2B 网上采购平台(www. ihaier. com)进行。

二、基于供应商网站 B2B 交易的程序

B2B 电子商务通用的交易过程包括交易前准备、交易谈判和签订合同、办理交易进行前的手续、交易合同的履行和索赔等 4 个阶段。

基于供应商网站 B2B 交易的程序如图 4－3 所示。基于供应商网站的 B2B 交易类似于 B2C 电子商务，其一般程序是：第一，供应商利用自己网站的信息发布平台发布买卖、合作、招投标等商业信息。第二，采购商登录供应商网站，会员注册后查询有关商品信息。第三，如果采购商属于商业企业，一般需要提出经销申请，供应商进行资格审查后授予经销资格。第四，购销双方通过网站信息交流平台在商务谈判的基础上，采购商下订单，供应商接受订单；如有必要双方还需签订合同。第五，货款结转和物流配送。第六，信息反馈与销售跟踪。

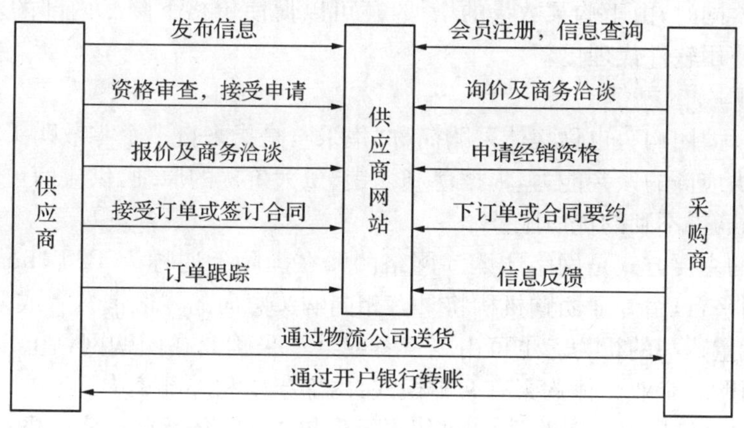

图 4－3　基于供应商网站的 B2B 交易流程

三、基于采购商网站的网络采购

网络采购是指企业通过互联网发布采购信息、接受供应商网上投标报价、网上开标及公布采购结果的全过程。网络采购的主要目标是对于那些成本低、数量大或者对业务影响大的关键产品和服务订单实现处理和完成过程的自动化。

电子化采购作为一种先进的采购方式,其优点主要体现在:大大减少了采购所需要的书面文档材料,减少了对电话传真等传统通信工具的依赖,提高了采购的效率,降低了采购的成本;利用网络开放性的特点,使采购项目形成了最有效的竞争,有效地保证了采购质量;可以实现电子化评标,为评标工作提供方便;由于能够对各种的电子信息进行分析、整理和汇总,可以促进企业采购的信息化建设;能够使采购程序的操作和监督更加规范,大大减少采购过程中的人为干扰。

1. 网络采购方式

基于采购商网站的网络采购方式通常有以下几种。

(1) 网上招投标

招投标是在市场经济条件下进行大宗货物的买卖,工程建设项目的发包与承包,以及服务项目的采购与提供时,所采取的一种交易方式。主要有公开招投标和邀请招投标两种形式。

① 公开招投标是指招标人以招标公告的方式邀请不特定的法人或者其他组织投标。

② 邀请招投标是指招标人以投标邀请书的方式邀请特定的法人或者其他组织投标。邀请招标的投标人不少于3家。

(2) 集中目录采购

集中目录采购是指一些大企业预先编制集中采购目录,纳入集中采购目录的项目必须由企业集中采购,未纳入集中采购目录的项目,采购人可以自行独立采购。其具体做法是,将供应商目录集中到公司服务器上,以实现采购的集中化。通过搜索引擎,购买者可以找到所需要的产品,明确存货情况和送货时间,并填写电子订货单。集中目录采购的另一个优点是可以减少供应商的数量,同时,由于购买数量的增加,还可以促使价格下降。内部的电子目录可以人工更新,也可以使用软件代理更新。

(3) 团体采购

团体购买简称"团购",也称集体采购简称"集采",是指来自多个零散购买者的订单被集中到一起,加大与供应商的谈判能力,根据薄利多销、量大价优的原理,供应商可以给出更低的团购价格和单独采购得不到的优质服务。

当前,团购的主要方式是网络团购。网络团购在国际上通称为B2T(business to team),是指通过互联网平台,由专业团购机构将具有相同购买意向的零散消费者或采购商集合起来,向厂商进行大批量购买的行为。也可由消费者或某一采购商在团购网站上发布团购信息,自行发起并组织团购。企业团体购买有两种模式:内部集中和外部集中。

① 内部集中。最早出现团购是公司为了降低成本而集合所有子公司进行采购,全公司范围内的订单都通过网络来集中采购,并自动添补,除了获得经济规模,即许多商品以低价购得外,企业交易管理费用也大大降低。

② 外部集中。外部集中是指企业参加一些第三方机构组织的团购活动。许多小企业也

希望得到批量购买折扣，但无法找到其他公司加入以增加购买量，它们就可以参加一些第三方机构组织的团购活动，以获得更好的价格、选择和服务。

(4) 易货交易

易货交易是指在不使用金钱的基础上交换货物和服务的行为。其基本思想是企业以自己剩余的东西交换自己需要的东西。企业可以为自己的剩余物资做广告，但成功交易的机会非常小，所以需要中介的帮助。中介可以使用人工搜寻-匹配方式，或建立一个电子易货交易所。在易货交易所里，企业将剩余物资提交给交易所，得到积点，然后使用这些积点来购买自己需要的产品。流行的易货交易对象有办公场地、闲置设备和劳动力、产品，甚至还有横幅广告。电子易货的特点是：客户越多，速度越快，佣金越低。

2. 网络采购平台的构建

(1) 协同招投标管理系统

协同招投标管理系统是一个协同的、集成的招标采购管理平台，使各种类型的用户(包括组织者、采购业主、投标商和审批机构等)都能够在同一信息门户中一起协同工作，摆脱时间和地域限制。协同招投标管理系统，以招投标法为基础，融合了招投标在我国的实践经验，实现了整个招投标过程的电子化管理和运作，可以在线实现招标、投标、开标、评标和决标等整个复杂的招投标流程，使招标的理念和互联网技术完美结合，从时间、价格和质量上都全面突破了传统的招投标方式，最大限度地实现招标方的利益。

(2) 企业竞价采购平台

企业竞价采购平台是一个供应商之间以及供应商与采购商之间互不见面的网上竞价采购管理平台。

(3) 电子目录采购系统

电子目录采购系统是一套集办公自动化、产品目录管理、供应商管理以及电子采购于一体的综合解决方案。可以帮助用户快速、有效地实现内部采购供应系统的商业运作流程，搭建符合其自身需求的涵盖招标采购、竞价采购、商务谈判在内的各种采购方式的在线采购平台，并能有效地管理供应商和产品目录。

3. 网络采购系统

网络采购系统通常包括采购申请、采购审批和采购管理 3 个功能模块。

(1) 采购申请模块

采购申请模块一般具备的功能有：接受生产部门和关键原材料供应部门提交的采购申请；接受企业资源计划(Enterprise Resources Planning，ERP)系统自动提交的原材料采购申请；接受管理人员、后勤服务人员提出的采购低值易耗品、计算机软硬件或服务方面的申请等。

(2) 采购审批模块

采购审批模块一般具备的功能有：系统能够根据预设的审批规则自动审核并批准所接收到的各种申请；对所接收到的采购低值易耗品的申请，直接到仓库管理系统检查库存；对于未获通过的申请，立即通知或邮件通知申请者，申请由于何种原因未获批准，修改申请或重新申请；通过自动审批无法确定是否批准或否决的申请，邮件通知申请者的主管领导，由领导登录采购系统，审批申请；对于已通过的采购申请，邮件通知申请者，并提交给采购管理模块。

(3) 采购管理模块

采购管理模块一般具备的功能有:接受采购管理部门制订年度或月份采购计划,制订供应商评估等规则;对所接收的采购申请,依据设定规则确定是立即采购还是累积批量采购;对已经生成的订单,依据设定规则立即发给供应商,或者留待采购部门再次审核修改;所有订单,依据预设的发送途径向供应商发出;自动接受供应部门再次审核修改;自动接受供应商或承运商提交的产品运输信息和到货信息;任何有权限的用户都可以查询所提交申请的执行情况;订购物资入库或服务完成后,系统自动生成凭证向财务管理部门提交有关单据;订购产品入库完成后,系统自动邮件通知申请者或采购管理部门电话通知申请者,申请已执行完毕;依据设定规则,系统在发出订单时或者产品验收入库后,自动向供应商付款,或者采购管理部门依据有关单据人工通知财务部门对供应商付款。

第三节　基于第三方网站的 B2B

一、基于第三方网站 B2B 概述

基于第三方网站的 B2B 是指由第三方提供一个称为 B2B 交易市场的电子商务交易服务平台,交易双方只要注册成为该网站会员,就可以借助该平台进行交易,平台的提供者并不参与交易,而是发挥中介服务作用。

基于第三方网站的 B2B 也称电子交易市场,是以中立的第三方立场为买卖双方提供服务。建立一个完善的电子交易市场必须要将大型采购商(买方采购系统)与供应商(卖方销售系统)的相应软件与企业内部系统等进行整合,其中电子交易市场的主要功能有以下几种:

(1) 提供供求信息服务

买方或卖方只要注册后就可以在电子交易市场发布自己需要采购的信息,或者发布企业需要出售的供应信息,并根据发布的信息来选取企业潜在的供应商或者客户。网上发布的信息一般是图片或者文字信息,随着互联网的发展,发布的信息将越来越丰富。

(2) 提供附加信息服务

为企业提供需要的相关经营信息,如行业信息、市场动态等;为买卖双方提供网上交易沟通渠道,如网上谈判室、沟通软件、商务电子邮件等;提供信息传输服务,如根据客户的需求,定期将客户关心的买卖信息发送给客户。

(3) 提供电子目录管理服务

提供产业所需要的不同的供应商产品目录管理系统,使得购买者方便取得相关的产品资料,以利于采购的进行。

(4) 提供与交易配套的服务

提供网上签订合同服务、网上支付服务、物流配送及其他实现网上交易的服务。

(5) 提供客户关系管理功能

为企业提供网上交易管理,包括企业的合同、交易记录、企业的客户资料等信息托管服务。许多电子化交易市场专门开发出客户管理软件帮助企业管理客户的资料。

(6) 提供定价机制服务

在交易市场平台上，主办者提供一些交易手段，如正向拍卖、逆向拍卖、协商议价、降价拍卖等多种交易，以满足消费者各方面的需求，在交易过程中形成市场价格。

(7) 提供供应链管理服务

供应链管理服务可分为两大部分：供应链规划和供应链执行。供应链规划包括供应链网络设计、需求规划与预测、供给规划、配销规划等；供应链执行包括仓储管理系统、运输管理系统、库存管理、订单管理等。

二、基于第三方网站 B2B 交易机制

基于第三方网站的 B2B 交易中，参与主体主要包括认证机构、采购商、供应商、第三方 B2B 中介网站、物流配送中心、网上银行等。

(1) 供应商的主要业务有产品目录制作和发布、产品数据维护、在线投标、在线洽谈、网上签约、订单处理、在线业务数据统计等。

(2) 采购商的主要业务有在线招标、在线洽谈、网上签约、订单处理、支付货款、货物接受、在线业务数据统计等。

(3) 第三方 B2B 中介网站的主要业务是后台管理，即由 B2B 服务平台的管理者对在平台上进行的商务流程的管理活动。后台管理的主要内容有注册会员管理、系统运营维护、产品管理、订单管理、信息发布等。

(4) 认证机构是电子商务认证授权机构(CA)，是负责发放和管理数字证书的权威机构，主要业务是作为电子商务交易中受信任的第三方，承担电子商务公钥体系中公钥的合法性检验的责任，以保证用户之间在网上传递信息的安全性、真实性、可靠性、完整性和不可抵赖性。

(5) 物流配送中心的主要业务是接受客户服务申请，按照客户指令，为客户完成商品的配送任务。

(6) 网上银行的主要业务是为 B2B 电子商务交易中的供应商、采购商、物流商等角色提供资金收付方面的服务。

企业可以在网络上发布信息，寻找贸易机会，通过信息交流比较商品的价格和其他条件，详细了解对方的经营情况，选择交易对象。在交易过程中，可以迅速完成签约、支付、交货、纳税等一系列操作，加快货物和资金的流转。

三、基于第三方网站 B2B 交易流程

基于第三方网站 B2B 交易的基本流程如下：

(1) 第三方电子商务网站构建交易平台，设计交易流程，制定交易规则，提供其他相关服务。

(2) 交易双方分别申领、下载与安装 CA 证书。

(3) 交易双方在第三方交易平台进行会员注册。

(4) 第三方交易平台管理员对交易双方进行资格审查与信用调查后，审核通过交易双方的会员注册申请。

(5) 交易双方经第三方交易平台审核通过具备会员资格后，通过第三方交易平台发布各自的供求信息。

(6) 第三方交易平台后台审核并颁发各会员发布的供求信息，同时在交易平台提供大量详细的交易数据和市场信息。

(7) 交易双方根据第三方交易平台提供的信息，选择自己的贸易伙伴，进行商务谈判，最终签订交易合同。

(8) 交易双方在第三方交易平台指定的银行办理收付款手续；如果选择网上银行收付，交易双方应该预先在网上银行开设账户，并存入足够的款项。

(9) 物流配送部门将卖方货物送交买方。

(10) 交易双方对对方信用作出评价，如有问题可通过平台进行投诉。

四、第三方 B2B 电子商务网站分类

1. 按照第三方 B2B 电子商务网站面向的行业范围划分

B2B 交易市场可以进一步划分为垂直 B2B 交易市场和综合 B2B 交易市场两种。

(1) 垂直 B2B 交易市场

垂直 B2B 交易市场也称行业性 B2B 电子商务网站，如中国化工网、全球纺织网、全球五金网等。此类网站的优点是针对一个行业做深、做透，有着较强的专业性，其缺点是受众过窄、难以形成规模效应。

垂直 B2B 电子化交易市场的特点是专业性强，此类电子交易市场的创办者大都是该行业的从业者，拥有丰富的行业背景资源，谙熟行业的细枝末节。垂直 B2B 电子化交易市场吸引的都是针对性较强的客户，所以更容易集中行业资源，吸引行业内多数成员的参与，同时也容易引起国际采购商和大宗买主的关注，因此，垂直 B2B 电子化交易市场越来越成为企业间电子商务备受推崇的发展模式。

煤炭网(www.coal.com.cn)创立于 2003 年，致力于为更多煤炭企业在线电子商务交易服务，提高市场配置资源的效率，降低企业交易成本，规避信用风险，努力打造最适合中国煤炭行业电子商务交易平台，为煤炭产业链相关的生产商、贸易商及终端用户提供网上交易全面解决方案。

(2) 综合 B2B 交易市场

综合类 B2B 电子商务网站，主要是指这种网站的行业范围很广，很多行业都可以在同一网站上开展商务活动。典型的综合类 B2B 电子商务网站如阿里巴巴、慧聪网等。这类网站一般注重在广度上下工夫，在品牌知名度、用户数、跨行业、技术研发等方面具有行业垂直类 B2B 网站难以企及的优势，不足之处在于用户虽多但却不一定是客户想要的用户，在用户精准度、行业服务深度等上略有不足。

综合类 B2B 电子商务网站可以产生很多的利润流。例如，广告费、竞价排名、分类目录、交易费用、拍卖佣金、软件使用许可费、会员费、其他服务费等，也可以自己开展电子商务，从商务活动中直接获利。

慧聪网(www.hc360.com)作为国内 B2B 电子商务服务提供商，依托其核心互联网产品买卖通及雄厚的传统营销渠道——慧聪商情广告与中国资讯大全、研究院行业分析报告为客户提供线上、线下的全方位服务，为中小企业搭建诚信的供需平台，提供全方位的电子商务服务。目前慧聪网的注册用户超过 1 500 万，买家资源 1 300 万，覆盖行业 70 余个，每天均有十万个以上的企业发布供应、采购、招标、代理等重要信息，日均商机发布量达数十万条。供应商

通过该网站可以完成交易的前期工作，并获得来自采购者的长期采购订单。

2. 按照第三方 B2B 电子商务网站的发展阶段划分

(1) 第一代 B2B 电子商务

第一代 B2B 电子商务是建立一个网络交易中心，提供交易或信息发布平台，网络交易中心从事贸易撮合、促成交易，并为用户提供网上交流的条件。第一代电子商务模式主要以网上信息发布和推广为主，相当于把传统的广交会搬到网上变成 365 天的网上广交会，其交易方式和传统的贸易方式并没有太大的差别，其赢利模式主要是收取会员费，代表性网站如阿里巴巴、慧聪网等。

(2) 第二代 B2B 电子商务

第二代 B2B 电子商务与以提供信息流服务为主的第一代 B2B 电子商务相比，B2B 电子商务平台实现了信息流、物流、现金流及商流的统一，强调赢利与潜在价值，强调对电子商务的整合应用。

以敦煌网为例，运营模式以在线贸易为核心，以交易佣金为主营收入。如果是卖家，敦煌网注册、验证、开店铺、发布产品、交易都是全免费。如果是买家，注册不收费，购买时需要支付敦煌网一部分佣金。

3. 按照第三方 B2B 电子商务网站的服务内容划分

按照第三方电子商务网站服务模式的不同，可以划分为信息服务型、交易服务型和资源整合型 3 类。目前，市场上存在的主要是信息服务型和交易服务型。

(1) 信息服务型 B2B 电子商务网站

信息服务型 B2B 网站主要是提供一个信息发布平台给中小企业，缩短了中小企业与大型企业在信息获取方面的差距，拓宽了中小企业的销售渠道。其赢利模式主要是收取会员费。从 1999 年阿里巴巴成立至今，我国市场上出现了大量提供信息服务的 B2B 电子商务平台，在信息服务方面，各家 B2B 电子商务企业逐渐延伸出自己的特色服务。

(2) 交易服务型 B2B 电子商务网站

交易服务型 B2B 网站可以帮助客户实现在线交易，实现信息流、物流、资金流和商流的统一解决。与信息服务型网站相比，交易服务型网站需要解决好物流和支付等问题。目前，大宗产品在线交易服务类 B2B 电子商务网站有金银岛，属于小额批发交易服务类 B2B 电子商务网站，外贸类的有敦煌网和全球速卖通，内贸类的有 1688.com。此类 B2B 交易平台的赢利模式主要是收取交易佣金。

(3) 资源整合型 B2B 电子商务网站

资源整合型 B2B 电子商务网站为用户提供全方位的电子商务解决方案，实现贸易活动中每一个环节的资源整合，核心电子商务企业可以实现与银行、物流企业、海关等机构的对接。这是第三方 B2B 电子商务网站发展到成熟阶段的主流模式。

4. 按照第三方 B2B 电子商务网站的运营模式划分

(1) 供应商集中模式

在这种模式下，B2B 电子化交易市场将供应商的产品目录标准化，加上索引，集中起来提供给购买者。这种任务可以由互联网服务提供商(ISP)或者一些大型电信企业来完成。目录集中后提供给潜在的购买者。这种模式遇到的主要问题就是如何不断吸引新的供应商并将该系统推向购买者。

(2) 购买者集中模式

在这种模式中,购买者的询价单会被 B2B 交易市场集中在一起,然后提供给众多供应商,随后供应商可以进行投标。购买者(通常都是小企业)可以从批量折扣中获益。供应商获得的好处是可以接触更多的购买者。集中模式可以使购买者节约搜寻和交易费用,同时接触更多的供应商,供应商则获得了交易费用的节省和更大的客户群。与其他电子交易市场一样,这种模式成功的关键在于找到一个集中的交易场所。

(3) 电子化采购联盟

电子化采购联盟是目前最流行的 B2B 行业联盟模式,其基本思想是一批公司集中在一起对采购流程进行优化,对供应商施加压力要求降低价格。这种模式可以分为以下两种类型。

① 垂直电子化采购联盟。大多数电子化采购联盟都是垂直的,即所有的参与者属于同一个行业,航空、航运、医疗、采矿和零售等许多电子化交易市场都属于这种类型,在每个电子化交易市场中可能有数万个供应商。

② 水平电子化采购联盟。在这种电子化采购联盟中,所有者和经营者是来自不同行业的大公司,它们的合作是为了改进应用于绝大多数行业的 MRO(Maintenance, Repair & Operations,通常是指在实际生产过程不直接构成产品,只用于维护、维修和运行设备的物料和服务,即非生产原料性质的工业用品)产品的供应链,并形成这种产品的电子化采购联盟。

(4) 电子化销售联盟

电子化销售联盟不像购买联盟那样流行。大多数电子化销售联盟是垂直的,参与的供应商面对数千个潜在购买者。

5. 按照是否以传统交易市场为依托来划分

(1) 纯电子化交易市场

纯电子化交易市场是指由网络公司作为第三方组建并运营的电子交易市场,如阿里巴巴、中国化工网等。

(2) 传统交易市场建设的电子交易市场

传统商品交易市场可以充分利用计算机和网络技术建立电子交易市场,一方面,传统的交易市场给电子交易市场带来人气;另一方面,传统交易市场也可以充分利用电子交易市场组织商品的拍卖、商品采购、商品抛售等活动,从而发挥其市场功能,促使某些专业批发市场迅速成为全国乃至外向型的国际市场,如浙江义乌小商品城、广西食糖批发市场等。

【本章小结】

本章主要介绍了企业间 B2B 的相关内容。企业间 B2B 根据 B2B 网站构建主体的不同可以分为基于企业自有网站的 B2B 和基于第三方网站的 B2B 两类,根据 B2B 交易的贸易类型可以分为内贸型 B2B 电子商务和外贸型 B2B 电子商务两类。

【课堂讨论】

1. 电子采购平台的构建主要包括哪些系统?
2. 什么是网上招标?网上招投标的流程是什么?
3. 试着比较水平 B2B 网站和垂直 B2B 网站的异同点。

【技能实训题】

1. 进入海尔B2B采购网(www.ihaier.com)和海尔的招投标网(www.haierbid.com),试着为某一企业进行网上采购和网上投标。

2. 登录114啦网址导航网站(www.114la.com/hangye)、中国网库网(www.99114.com)、龙之向导(www.dragon-guide.net)等导航网站浏览几个典型的行业性电子商务网站。重点实践全球纺织网(www.tnc.com.cn)、中国化工网(china.chemnet.com)等垂直门户网站。

第五章　B2C电子商务

B2C电子商务指的是企业针对个人开展的电子商务活动的总称，如企业为个人提供在线医疗咨询、在线商品购买等。目前我国网民超6.82亿人，其中未成年网民占到1/3，未来消费的主流人群都将选择网络这种方式来购物。艾瑞咨询预计我国网购市场规模2015年将达到8 561亿元，2016年将达到9 200亿元，年增长速度在85％以上，成为互联网新经济最强大的增长引擎。

【学习要点及目标】

了解B2C电子商务的模式，了解传统企业和网络企业如何融合；重点掌握B2C网上交易的流程及B2C网站的前台和后台管理功能；掌握B2C电子商务的赢利模式与成功的关键；了解B2C与C2C电子商务相比的优势和劣势。

第一节　B2C分类

企业与消费者间(Business to Consumer，B2C)电子商务是按交易对象划分的一种电子商务模式，它是以互联网为主要手段，由商家或企业通过网站向消费者提供商品和服务的一种商务模式。具体是指通过信息网络，以电子数据流通的方式实现企业或商业机构与消费者之间的各种商务活动、交易活动、金融活动和综合服务活动，是消费者利用互联网直接参与经济活动的形式。

1. 从企业与消费者买卖关系分类

按照企业与消费者买卖关系可以分为卖方企业对买方个人的电子商务及买方企业对卖方个人的电子商务两种模式。

(1) 卖方企业对买方个人的电子商务模式

卖方企业对买方个人的电子商务模式是常见的B2C模式，即商家出售商品和服务给消费者个人的电子商务模式。我国这种方式中比较典型的代表是当当网和京东商城等。

(2) 买方企业对卖方个人的电子商务模式

买方企业对卖方个人的电子商务模式是企业在网上向个人求购商品或服务的一种电子商务模式。这种模式应用最多的就是企业在网上招聘人才。如智联招聘为招聘企业和求职个人提供了沟通平台。

2. 从交易客体分类

可以把 B2C 电子商务分为无形商品和服务的电子商务模式，以及有形商品和服务的电子商务模式。前者可以完整地通过网络进行，而后者则不能完全在网上实现，要借助传统手段才能完成。

(1) 无形商品和服务的电子商务模式

计算机网络本身具有信息传输和信息处理功能，无形商品和服务（如电子信息、计算机软件、数字化视听娱乐产品等）一般可以通过网络直接提供给消费者。无形商品和服务的电子商务模式主要有网上订阅模式、广告支持模式和网上赠予模式。

① 网上订阅模式

消费者通过网络订阅企业提供的无形商品和服务，在网上直接浏览或消费。这种模式主要被一些商业在线企业用来销售电子刊物、有线电视节目等，还有一些在线服务商提供服务、在线娱乐等。

② 广告支持模式

在线服务商免费向消费者提供在线信息服务，其营业收入完全靠网站上的广告来获得。这种模式虽然不直接向消费者收费，但却是目前最成功的电子商务模式之一。如百度等在线搜索服务网站主要是依靠广告收入来维持经营活动的。

③ 网上赠予模式

网上赠予模式经常被软件公司用来赠送软件产品，以扩大其知名度和市场份额。一些软件公司将测试版软件通过互联网向用户免费发送，用户自行下载试用，也可以将意见或建议反馈给软件公司。用户对测试软件试用一段时间后，如果满意，则有可能购买正式版本的软件。一些杀毒软件公司（如瑞星杀毒软件、金山杀毒软件的测试版）一般就采取这种方式。

(2) 有形商品和服务的电子商务模式

有形商品是指传统的实物商品，有形商品和服务的查询、订购、付款等活动在网上进行，但最终的交付活动不能通过网络实现，还是用传统的方法完成。根据网上商店经营主体的不同，主要分为以下两类。

① 独立 B2C 网站

独立的 B2C 网站主要由企业自行搭建网上商店平台，企业拥有较强的资金和技术实力，能够自行完成电子商务前台系统和后台系统的构建。此类网上商店又可以细分为新生网上商店、传统商店自办网上商店、开展直销业务的厂商 3 种主要经营模式。

第一，新生网上商店。新生网上商店是完全的虚拟企业，在网下没有实体商店，其典型代表是亚马逊网上书店，此类网上商店开辟了一种新的商业形式。

第二，传统商店自办网上商店。传统商店因生存所迫纷纷上网经营，如沃尔玛、苏宁电器、国美电器等。目前，已开设网上店铺的传统零售企业多采用互补性的经营策略。一方面通过建立企业网站，树立企业形象和推广企业产品，起到广告宣传和信息发布的作用，从而扩大网下店铺的销售；另一方面采用“错位经营”的手法，使网上业务与网下业务尽量不重合，并通过网络平台提供售后服务和技术支持。

第三，开展直销业务的厂商。此类网上商店由生产制造商开设，实现的是最原始的直销方式，但网络平台使这一古老的销售方式发生了变化，给这些传统企业带来更大的商机。典型网站有戴尔(DELL)、海尔、联想等。一般情况下，生产制造商的电子商务网站是B2B2C的混合模式。

② B2C电子化交易市场

B2C电子化交易市场也称为B2C电子商务中介商或B2C的电子市场运营商，是指在互联网的环境下利用通信技术、网络技术等手段把参与交易的买卖双方集成在一起的虚拟交易环境。一般由专业中介机构负责电子市场的运营，电子市场运营商一般不直接参与电子商务交易。B2C电子化交易市场，作为新型的电子商务中介商，其经营的重点是聚集入驻企业和消费者，扩大交易规模，形成一定的商业"马太效应"，提升电子化交易市场的人气。如天猫、新浪商城、招商银行信用卡商城等都属于B2C电子化交易市场。

3. 从B2C网购模式角度分类

目前B2C电子商务模式主要是从网购模式角度来分类的。从B2C网购模式角度来分类，可以把B2C分为综合平台商城、综合独立商城、网络品牌商城、连锁购销商城、导购引擎型等。

(1) B2C网购模式的比较

B2C网购模式主要以某一代表平台为例，从销售的商品、商城的优势、商城的劣势等方面来比较。

(2) 国内主要B2C电子商务企业简介

① 天猫商城——综合平台商城

天猫商城(www.tmall.com)原名淘宝商城，其模式是做网络销售平台，卖家可以通过这个平台卖各种商品，买家通过此平台购买卖家发布的商品，天猫商城卖家可以通过这个平台卖各种商品，买家通过此平台购买卖家发布的商品，天猫商城不直接参与商品的销售。自2008年4月10日建立淘宝商城以来，众多品牌包括Kappa、Levi's、Esprit、JackJones、乐扣乐扣、苏泊尔、联想、惠普、迪士尼、优衣库等均开设了官方旗舰店。

2011年6月16日，原淘宝正式分拆为淘宝集市、淘宝商城与一淘搜索。2012年1月11日，淘宝商城正式更名天猫商城。

天猫商城提供比普通店铺更加周到的服务，如七天无理由退换货、正品保障、标准化的限时送达服务等都是天猫提出的独特服务项目。与天猫商城类似的还有QQ商城等。

② 京东商城——综合独立商城

京东商城(www.jd.com)是中国电子商务领域的综合网络零售商，在线销售家电、数码通信、电脑、家居百货、服装服饰、母婴、图书、食品、在线旅游等12大类百万种商品。京东商城自2004年初正式涉足电子商务领域以来，一直保持高速增长。

京东商城的模式类似于现实生活中的沃尔玛、乐购、家乐福类的大型超市，引进各种货源进行自主经营。京东先通过向各厂商进货，然后在自己的商城上销售。

京东商城主要以产品、价格、服务为核心，致力于为消费者提供质优的商品、优惠的价格，同时领先行业推出"211限时达"、"售后100分"、"全国上门取件"、"先行赔付"等多项专业服务。与京东商城类似的还有当当网等。

③ 凡客诚品——网络品牌商城

凡客诚品(www. vancl. com)创办于2007年,它选择自有服装品牌网上销售的商业模式。凡客诚品目前已涵盖男装、女装、童装、鞋、配饰、家居六大类商品。凡客诚品的模式类似于现实生活中的美特斯邦威、特步等服装专卖店,主要是自产自销、打造自有品牌的经营模式。

凡客诚品在打造“互联网快时尚品牌”的过程中,已经开始深度整合更多的时尚资源,采取开放的众包设计平台方式,和西班牙、瑞士、斯洛文尼亚、英国、法国、加拿大、德国、日本、韩国等多个国家的一线设计师建立了合作关系,正在依托互联网品牌力量集聚全世界的一流设计师资源。目前凡客诚品支持全国1 100个城市货到付款、当面试穿、30天无条件退换货等服务。与凡客诚品类似的还有珂兰钻石、梦芭莎等。

④ 苏宁易购——连锁购销商城

苏宁易购(www. suning. com)是苏宁电器旗下新一代B2C综合网上购物平台,采用实体+网销的模式,现已覆盖传统家电、3C电器、日用百货等品类。

销售模式:除同城销售外,还可实现异地购物、异地配送。并且所购买商品的出库城市和收货城市一致并在主城区时,苏宁易购将免费配送。

⑤ 导购引擎型

导购引擎型的网站使购物的趣味性、便捷性大大增加。有许多网站和工具可以帮助在线消费者进行购物前的导购;一些网站将价格比较作为主要任务;一些网站提供服务、信用、质量和其他因素的评估。同时诸多购物网站推出了购物返现,少部分推出了联合购物返现,这些网站可以帮助消费者在线购物前更好地了解网上市场,也能满足大部分消费者的需求。

导购引擎型网站主要有购物门户网站和比较购物网站两类。

第一类,购物门户网站。许多购物门户站点提供产品或电子零售商的选择建议和评级。一些网站提供交互式工具,可以根据浏览者的选择标准进行定制化的比较;其他一些网站只提供标准化的静态表格和链接供浏览者选择参考。

第二类,比较购物网站。比较购物网站是一个专业的垂直购物信息搜索引擎,通过对海量商家和商品信息进行采集和整理,向消费者提供全面、准确的资讯,同时提供同一商品在不同商家的价格等出售信息,帮助消费者进一步掌握购物的主动权。该类网站有效地节约了消费者挑选商品的时间,节约更多的购物成本,促使商品的流通效率得到进一步提高。

比较购物网站不仅为在线消费者提供商品导购便利,也为在线销售商推广产品提供了机会,实际上就类似于一个搜索引擎的作用,并且基于网上购物的需要,从比较购物网站获得的搜索结果比通用搜索引擎获得的信息更加集中也更全面,如价格比较网站除了产品价值信息之外,还包含对在线销售商的评价等,同时信息也更准确,如一淘网(www. etao. com)等。

第二节 传统企业和网络企业的结合

一、网上商店与实体店比较

网上商店较实体店具有无可比拟的优点,如交易虚拟化、销售成本低、交易效率高等。网上商店与现实商店主要特征的比较可以用表 5-1 说明。

表 5-1 网上商店与实体店主要特征比较

项 目		网上商店	实体店
基本组成	商店名称	域名	店名(招牌)
	商店地址	网络地址(IP 地址)	地理位置(区、街、号等)
	商店装修	网站设计	铺面、货架、购物环境
	商店更新	商品信息更新	货架的整理
	货币结算	一般为电子支付	一般为现金
	商品送达用户	邮购、快递公司、专门送货	现场交易、送货上门
服务特点	营业时间	全天 24 小时	一般为 9:00—22:00
	服务对象	全球、无国界的顾客	某一地理范围内的顾客
	个性化服务	一对一、交流较多	较单一、交流少
	销售成本	低	高

二、网上商城与实体店的结合

网上商城与实体店的结合是指一些网络公司在网上开店的基础上,下网开实体店或者体验店,具体来说有以下几种模式:

1. 网店成功开店后下网开实体店

网店成功开店后下网开店,做到网上和网下相结合。如京东商城的自提点、红孩子落地开实体店等。

京东商城 1998 年进入电子商务领域,随着网络销售额的迅速增长、网上业务的进一步拓展,在第三方物流配送不能满足京东的需求的情况下,2009 年以来,京东开始着手组建自己的物流配送中心。截至 2012 年 8 月,京东商城已在全国 309 个城市建立了自己的分公司,京东提供上门自提、货到付款、POS 机刷卡和售后上门服务。京东在北京、天津、上海、成都、哈尔滨等城市的高校建立校园营业厅,用户下单时支付方式选择校园营业厅自提,即可在相应的校园营业厅付款提货,无须支付运费。京东网上商城的业务正在逐渐拓展到网下,网上商城与实体店结合是一些网上商城的发展趋势。2013 年以来,苏宁助力红孩子快速落地开实体店,力争把苏宁红孩子打造成线上、线下同步发展的母婴零售品牌。

2. O2O 网上购买、网下享受消费模式

随着互联网本土化电子商务的发展,信息和实物之间、线上和线下之间的联系变得更加紧

密，O2O 让电子商务网站进入一个新的阶段。O2O 是指网上寻找消费品，然后到现实的商店中体验和消费的一种商业模式。

（1）珂兰钻石（www.kela.cn）网上销售与网下体验店。珂兰钻石网上销售的商品包括女戒、时尚钻饰、珍珠等种类，为满足消费者的需求，珂兰钻石在北京等城市开辟了体验中心。实体店只是网络商城的一个补充，商品展示还是以网络为主。目前，该公司已经有 28 家体验店，体验店遍布北京、上海、深圳、杭州、广州、石家庄、太原等全国各大城市。

（2）钻石小鸟（www.zbird.com）是钻石行业中最早采用“鼠标＋水泥”营销模式的商家。2004 年钻石小鸟开始采用网上销售与网下体验店营销模式，体验店开张当月商品销量增加了 5 倍。

目前，部分网上商城开设家居体验馆，消费者在 B2C 网站上购买家居，然后到网下的家居体验馆去看家具。手机行业也有少数网络商家选择开辟体验店的营销模式。

3. 网上团购与网下团购相结合

团购（group purchase）作为一种新兴的电子商务模式，通过消费者自行组团、专业团购网站、商家组织团购等形式，提升用户与商家的议价能力，并最大限度地获得商品让利，引起消费者及业内厂商甚至资本市场关注。

（1）我国团购网站的发展现状

近几年来，我国团购网站发展迅速，据中国电子商务研究中心和权威团购门户“领团网”团购数据显示，截至 2012 年 12 月底，全国团购网站累计诞生总数高达 6 177 家，累计关闭 3 482 家，“死亡率”达 56%，运营中 2 695 家，低于 2010 年底的 3 200 家。

中国团购市场 2010 年兴起，到 2011 年即开始进入淘汰期，大量中小团购网站倒闭或者被收购。中国团购市场在 2012 年真正地进入了严冬阶段，在这一阶段，各大团购企业都面临着资本寒流和网民对团购热情消退的双重考验。

（2）团购网站的运营模式

团购涉及的主体为网站、会员、商家。团购网站的运营模式是在 3 个主体的相互关系中运营发展的。

第一，商家在团购网站上自主管理发布信息，包括商品介绍、促销、签单地点等信息。

第二，团购网站的会员浏览商家发布的信息，并筛选感兴趣的商品信息，有的团购网站需要用支付宝等支付工具完成网上支付。

第三，团购网站会员直接到实体店面现场选择商品或消费，并根据网站公布的价格折扣签单购买或确认购买。

（3）团购网站赢利模式

目前在团购类网站中相对成熟的赢利模式主要有以下 6 种。

① 商品直销。以“团购”的名义直接在网站上发布商品信息进行直接销售，这里的货源可以是自己进货或跟商家合作代销，直接获得商品销售利润。商品直销是在网站运作中实现基本赢利的传统方式。

② 活动回扣。网站作为商家与买家的中间桥梁，组织有共同需求的买家向商家集体采购，事后商家向网站支付利润回报。团购的商品小到生活用品，大到电器、建材、装修、汽车、房

产等。现在一些大型团购网站号称有千人团购会甚至有万人团购会，这种大规模的采购其产生的利润回报之大可想而知。

③ 商家展会。可以不定期举办商家展览交流会，商家可以借此机会进行新产品的推广、试用，可以面对面与客户交流、接受咨询与订单并借此了解客户的需求与建议。网站向商家收取展位费以获得收益。

④ 广告服务。团购类网站除了具有区域性特征外，其受众一般都是具备消费、购买能力和购买欲的人群，对于商家来说定位精准、目标明确、成本低廉，故必将成为商家广告宣传的最佳平台。

⑤ 售会员卡。“VIP 会员”是用来凸显用户“尊贵身份”的常见方式，在年轻人，特别是学生人群中非常受欢迎。团购网站可以通过发放会员卡的形式来让用户提升“身份”，网站可以为持卡会员提供更低廉的商品价格、更贴心的服务，可以让持卡会员直接在合作的商家实体店铺进行“团购”。

⑥ 分站加盟。当网站发展到一定影响力，可以提供授权给加盟者成立分站，为加盟者提供网络平台、运作经验、共享网站品牌等，网站在获得加盟费的同时也扩大了自身规模和影响力。

三、传统实体店开设网上商城

随着我国电子商务发育条件的成熟，许多实体店纷纷网上开店，利用实体店的品牌效应在网上开店或者进行网上交易。

1. 传统实体店进军电子商务的时机成熟

(1) 电子商务硬件条件日趋成熟

随着网络技术日益成熟，网络安全基本得到保证，网银支付、电话支付、手机支付等网络支付方式得到相当程度的普及，信用机制也逐步健全，国家和银行机构对个人信用的监管机制逐步得到完善。这些都在客观上为实体零售进入电子商务扫清了障碍。

(2) 消费者网上消费习惯的逐步形成

随着网络的发展，有一部分人群更偏向于网购。2011 年国内网购规模继续高速发展，总额达 8 090 亿元，占全国社会商品零售总额的 4.4%，网购人数达到 2.12 亿人，网购在国内网民中的渗透率提高至 41.5%。

(3) 实体零售企业进入电子商务具有先天的行业优势

以电器产品为例来说明，电器产品属于耐用消费品，消费者对其物流配送、质量保证、售后服务水平要求很高，实体零售企业在行业经验、供应链、物流服务、售后和品牌方面都已经形成了优势和规模，进入电子商务只相当于扩充了一个新的销售渠道，既有优势都能得到很好的继承，所投入成本相对较低。

(4) 实体零售企业进入电子商务也是自身创新发展的需要

传统企业需要不断进行品类丰富、展示创新的探索，在保证自身专业经营的同时，可以利用电子商务平台对既有产品结构进行延伸。

2. 传统实体店开展电子商务的模式

随着电子商务环境的日益优化，传统实体店进军电子商务成为必然。

(1) 在第三方平台上开网店

这种模式可以借助已经成熟的第三方购物平台销售自己的产品，以期增加销售额、培养网络运营人才，为进一步拓展打基础。这对刚刚起步的传统零售商比较合适，不管产品是代理还是自由品牌，均可以通过投入有限的资源来尝试进行网上零售。如在天猫商城、QQ 商城等建立自己的企业旗舰店。

(2) 搭建内部服务平台

通过电子商务技术，为加盟店、批发客户提供高效的要货途径和新型沟通渠道。相对于竞争激烈的电子商务市场，这类只给内部客户使用的网站解决了传统软件不好解决的信息发布和互动问题，能有效提高内部运作效率，但这类模式只能依附于实体渠道。如哎呀呀饰品连锁(www. aiyaya. com)，在全国已拥有数千家连锁店，遍及全国多个省、市、自治区。

(3) 打造实体会员服务平台

为实体门店的会员提供综合服务平台，不仅仅提供积分功能，更要从与会员之间的互动平台来设计和考虑。

(4) 自有品牌商组建虚拟渠道

这个模式适用于自有品牌商，开展电子商务的目标不仅仅是建立品牌在虚拟空间的销售渠道，还是建立品牌在虚拟空间的品牌影响力，从而建立品牌与消费者互动通道。如通过天猫商城、京东商城、当当等销售，也可以同时自建官方商城提供服务，还可以通过网络分销，借助外力去快速占领市场。如李宁(www. e-lining. com)是中国体育用品顶尖的品牌商之一，2008 年底正式成立电子商务公司，并建立淘宝官方旗舰店和独立的官方商城，并着手建立网上分销和代理体系。

(5) 利用传统连锁店的品牌效应建立独立网购平台

利用传统连锁店的品牌优势打造一个属于自己的虚拟购物渠道品牌，即独立的官方网站，在平台上为目标客户提供尽可能丰富的品类或某一个品类的众多品种。如苏宁电器建立 B2C 购物平台“苏宁易购”(www. suning. com)，国美电器建立“国美网上商城”(www. gome. com. cn)，美宜佳便利店建立“美宜佳生活馆”(www. myj. com. cn)等。

第三节　B2C 交易流程和基本功能

一、交易流程

图 5-1 所示为 B2C 后台管理流程和 B2C 网上购物流程示意。

1. B2C 网上购物流程

客户注册会员→商品搜索选购→下订单(放进购物车)→收银台→选择送货方式→在线支付或汇款→购物完成→订单查询→等待收货。

注意：可以在订购过程中注册开户；送货方式和支付方式也可以在注册会员时选择。

2. B2C 后台管理流程

B2C 后台管理流程一般有以下几步：

（1）网上客户下订单→订单受理→查询商品库存。

（2）库存有货→生成销售单；库存无货→采购→生成采购单→确认入库→生成销售单。

（3）确认出库→发货确认→结算。

（4）库存综合查询。

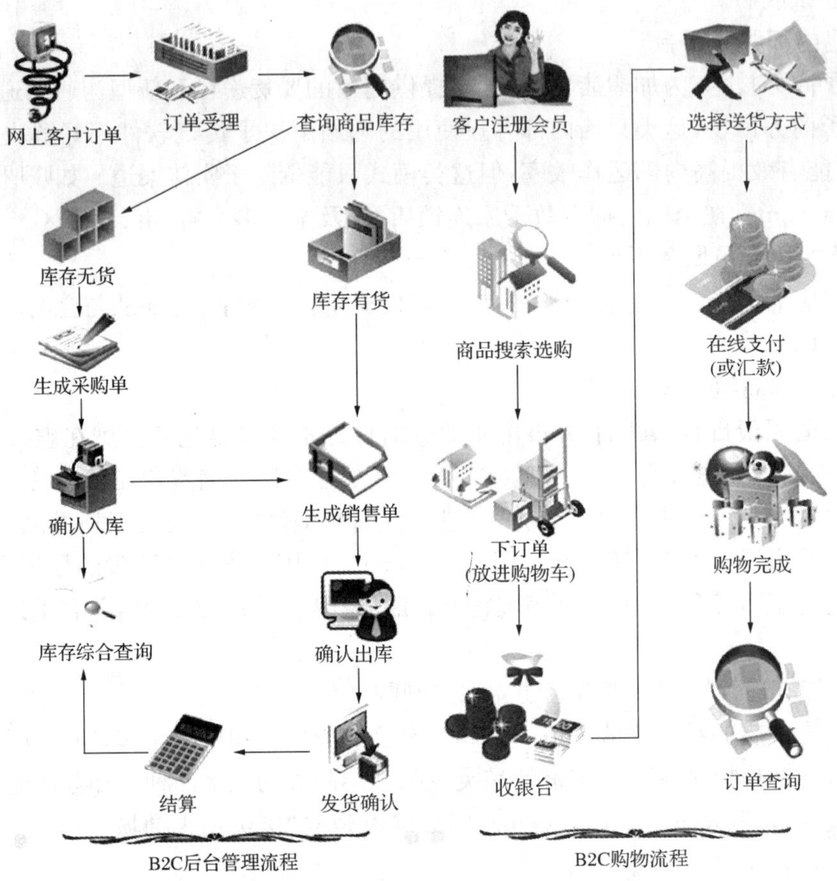

图 5－1　B2C 后台管理流程和 B2C 的购物流程

3. B2C 电子商务的主要环节

（1）物流配送

物流配送是指在经济合理的区域范围内，根据用户的要求，对物品进行拣选、加工、包装、分割、组配等作业，并按时送达指定地点的物流活动。

现阶段 B2C 电子商务采用的物流配送模式基本分为以下 3 类。

① 网站自建配送体系

网站自建配送体系是指网站在其目标市场上设置的送货点和自提点。即网站在网民较密集的地区设置仓储中心和配送点，网站根据消费者购物清单和消费者家庭住址信息，由消费者所在地附近的配送中心或配送点配货并送货上门。如京东商城是自建配送体系，同时在一些地区设立自提点。

② 第三方物流

第三方物流(third party logistics,3PL)即由供给需求方之外的第三方部分或全部利用供给方的资源通过合约向需求方提供物流服务,亦称为外包、合同物流。如中远物流、锦程物流等。

③ 联盟方式

物流联盟是指多个经济组织为实现特定的物流目标和达到共赢的目的而采取长期联合与合作的一种模式,强调分工合作与相互依存,介于自营与外包之间。联盟各方可以是B2C企业与传统企业之间的合作,也可以是B2C企业与物流企业之间的合作,还可以是B2C企业与B2C企业之间的合作。如当当网上商店,采用自建物流中心与第三方物流配送相结合,既保证了对物流的控制,又避免了大量建设配送网点。

(2) 支付方式

支付方式决定了资金的流动过程,目前在B2C电子商务方式中主要的支付方式有电子支付、货到付款及其他支付方式等。

① 电子支付

电子支付主要指利用银行卡完成的支付。B2C网站接受银行卡支付的条件是:必须和相应的银行签约为特约网站。目前电子支付方式主要为网上支付、第三方支付、电话支付、移动支付等。电子支付具有方便、快捷、高效、经济的优势。

② 货到付款

货到付款是最原始的方式。商家将商品交给客户,客户查验货物后以现金的方式支付给商家。这种支付方式的最大优点是不依赖于任何支付系统,很适用于偶尔购物的普通消费者。但是,目前货到付款已经不仅仅是当面支付现金,有的网上商城可以在客户收到货物后用POS终端刷卡了。2012年3月,阿里巴巴旗下中国最大第三方支付企业支付宝宣布,全线介入货到付款市场,支付宝首期投入5亿元启动物流POS战略,将为线下提供30 000台POS终端。

③ 其他支付方式

其他支付方式包括银行转账、现金账户支付、现金抵用券支付、礼品卡支付、红包支付等。

(3) 安全认证

安全认证包括消费者身份确认及支付确认。在B2C电子商务模式中消费者身份确认大多数采用电话和电子邮件确认。

二、基本功能

B2C网站的基本功能,包括前台功能和后台管理功能。

1. B2C网站的前台功能

(1) 产品展示

一般B2C企业目前多采取利用网站前台展示产品的方式。可以采用多种方式展示产品资料:多级产品目录区、产品资料图片列表区、推荐产品区、商品搜索区、热销商品排行榜,产品详细资料页显示产品大图、侧视图、详细文字介绍、规格型号价格等多种属性,产品的评论、产品投票评分、总浏览次数统计、相关产品链接、本类别产品的销售排行榜等。

(2) 会员中心

提供给会员注册、登录、会员密码管理等基本功能。会员管理中心汇集了会员在本网站上所能做的所有操作功能，包括：创建订单，查询已提交订单的处理状态，查询历史订单，查询交易流水；查询当前账户余额，在线付款(充值)；维护会员信息(多个送货地址、联系方式、密码)；查询商品历史，处理收藏夹的商品内容；阅读站内所发文章(论坛发帖)与回复信息等。

(3) 订单服务

顾客填写完成订单之后，提交订单，然后顾客开始关注订单的处理过程。首先是厂商对订单的内容进行确认，然后对这张订单的款项进行确认，最后是对商品交付的确认。在 B2C 的领域，不考虑欠货、欠款等情况。在订单完成货品交付之后，这张订单成为历史订单，供查询、统计、参考。

(4) 非会员购物流程

非会员购物是会员购物的简化流程。未登录的会员可在非会员商品区浏览商品，加入产品到购物车，然后去收银台结算。与会员购物在结算上的差别是，必须在收银台填写送货地址、付款方式等信息。非会员购物不能享受会员功能，如使用商品收藏夹、订单查询等功能。

(5) 新闻阅读

在前台按需创建多个文章资讯分类，前台显示每类资讯的前几条，单击后打开新闻阅读页面。单击“全部新闻”进入资讯频道显示该分类所有文章目录，同时列出其他分类的导航。

例如，苏宁网上商城(苏宁易购)的前台功能主要有产品展示及商品对比功能、我的易购、新闻阅读等。

2. B2C 网站的后台管理功能

(1) 会员管理

会员的审核与账号清理、会员密码查询与更改、会员预付款充值、会员消费扣款(从预付款中扣除费用)等功能。

(2) 产品管理

产品类别的管理，包括大类、小类、子分类的管理，产品资料上传、图片上传、删除管理，管理推荐产品，设置产品的属性、关联产品，设置产品的排名，管理产品的评论等。

(3) 价格管理

定义价格级别(非会员价、会员价、金牌会员价等)，产品价格设置，促销规则定义(数量折扣、捆绑销售、赠品)等。

(4) 文章管理

文章分类目录的维护，自定义资讯的分类，文章内容管理：上传、修改、删除、推荐、置顶、文章移动等。

(5) 订单管理

顾客在前台提交了订单之后，可以在后台查询订单的处理进程。网站系统的后台订单处理包括订单审核、财务处理、物流处理等内容。

① 未确认订单。由于网上购物的特殊性，并非所有提交订单的会员都是真实需要购买商品的。因此，一般在系统中应增加“未确认订单”的管理，可以通过电话、邮件等方式和会

员联系，当会员正式确认需要购买商品时再确认订单，订单就进入了“待处理订单”的列表中。

② 待处理订单。“待处理订单”显示已经确认但未付款或未配送的订单。包括订单配送确认和收款确认步骤。进行收款确认时，系统自动发送邮件给客户，告知款已收到；进行配送确认时，系统发邮件告知客户货已经送出；完成了付款确认和配送确认后，可以将订单存档。

③ 已完成订单。显示存档的历史订单，供日后查对之用。

④ 订单查询统计。用来按时间统计销售额等资料。

(6) 销售统计分析

为网站的运营团队提供详尽的分析报表，为经营者的广告投放、网站阵列方式作出指导依据，包括日、周、月、季营收(销售、预售、实收)报表，商品销售报表(汇总/明细)，商品类别销售报表(汇总/明细)。

(7) 网站统计分析

对来访者 IP、地区、来访时间进行跟踪统计，提供图形化的统计分析工具，对本站内的商品访问进行统计。可以利用一些流量统计网站来完成，如数据专家、雅虎统计等。

(8) 站点管理

优秀的网上商城绝非一成不变，应该能够根据市场需求进行相应的改进。如某个 B2C 商城解决方案如下：

① 站点结构管理。网站主导航栏的设置、网页布局的设置，均可按要求重新设置。

② 站点样式管理。网站的主体风格、色彩搭配、图片等要素均可按要求调整。

③ 站点数据管理。数据的安全备份与恢复。

④ 站点安全管理。严密的权限策略、操作员权限配置。

(9) 其他管理

物流进程监控管理、网店的内容管理、网店的功能管理、服务管理等。

第四节　B2C赢利模式与关键因素

一、B2C赢利模式

经营 B2C 电子商务网站的企业其收益模式是不同的，一般有以下几种收益模式：

1. 广告费

大多数 B2C 网站都把收取广告费作为一种主要的赢利形式，如今广告收益简直是一切电子商务企业的主要赢利根源。这种方式成功与否的关键是其网页能否吸引大量的访客、网络广告能不能受到关注。

2. 交易费

一些 B2C 网站通过网上销售产品，赚取采购价与销售价之间的差价和交易费，从而获取更大的利润。有形商品和服务的电子商务模式大都属于这种模式，如亚马逊、当当网、海尔商城等。

3. 产品租赁

产品租赁行业在 B2C 网站也特别盛行，如通过玩具租赁、汽车租赁、图书租赁等来赚取租赁费。

4. 拍卖

一些专门的面对个人的拍卖网站，通过拍卖产品收取中间费。如汉唐收藏网为收藏者提供拍卖服务来收取中间费。

5. 出租虚拟店铺

B2C 电子化交易市场主要的收入来源就是出租虚拟店铺，如网上南京路。一部分 B2C 网站在销售本产品的同时，也去出租虚拟店铺，来赚取中介费。如天猫（原淘宝商城）这一 B2C 平台，收取加入商家一定的费用，并根据提供服务级别的不同收取不同的服务费和保证金。

二、B2C 关键因素

近年来，虽然 B2C 电子商务在我国发展非常迅速，但目前许多 B2C 电子商务企业因不能赢利而面临生存危机。B2C 电子商务采取适合企业发展的赢利对策，是促进 B2C 电子商务可持续发展的关键所在。决定一个 B2C 电子商务企业取得成功的要素应该包括以下几点：

1. 物流问题

在 B2C 电子商务模式中，物流是必不可少的关键因素。一般中小 B2C 网站与第三方物流企业合作，这样选择合适的物流企业尤为重要。但是，现在很多大型 B2C 网站在全国各大城市设立分公司据点，建立自己的物流配送队伍。进货渠道的好坏决定了进货成本，而销售渠道物流决定了商品能否顺利到达需要的顾客手中，并得到顾客的认可。如京东商城、苏宁易购等 B2C 网站都建立了自己的物流配送体系。

2. 诚信与安全保障

根据中国互联网络信息中心调研，许多人之所以不能接受电子商务这种购物模式，首先就是因为担心诚信与安全保障。综观当前我国 B2C 典型成功案例，几乎所有的网站都提供退换货保障，当当网还提出了假一罚二、差价退换等机制，以提高消费者的信任度；货到付款是 B2C 不同于 C2C 的一个特有支付方式，也有效地规避了传统消费者对网上商户的不信任；B2C 网站的品牌效应有效地降低了消费者的风险感知程度。所以，诚信与安全保障成为 B2C 网站的关键成功因素之一。

3. 特色经营

B2C 的另一个关键成功因素就是特色经营。通过对 B2C 行业内的 40 多家比较成功的电子商务企业的了解发现，只有做出特色才能取得成功。美国沃尔玛在线的特色是“大而全”，凡是在线下能买到的在线上也一定能买到，并且折扣也不比线下低；京东商城和新蛋的特色在于它们在数码产品这一专业化的领域做到了产品全和折扣低；红孩子和 PPG 的特色在于选择了细分市场和目标客户，而用心去做好市场的深度；云网、莎啦啦鲜花网等都是选择了特色商品；饭统网和携程旅行网是选择了特色的领域。总之，只有在产品定位和客户定位上下工夫，灵活经营，寻找特色，才能在 B2C 电子商务里找到一条合适的赢利道路。

4. 网站黏着度

黏着度是指用户对于网站的依赖度，对于一个网站而言，黏着度越高，说明用户的忠诚度越高，这样的用户一般不容易流失，而且通常黏着度越高的网站，赢利能力越强，商业价值越高。在电子商务网站中，有一类商品促使网民经常登录此网站，比如淘宝的话费充值业务。因此，需要B2C电子商务公司对自己平台上的商品进行价值分析，结合相关顾客分析，对商品的质量、价格和结构等方面进行优化，增强平台的吸引力。B2C电子商务平台的服务贯穿于购买前、购买中及购买后，黏着度的高低将与平台所提供的服务密切相关。例如，社区服务能满足顾客的社交需求，降低其购物感知风险等。

5. 有效控制成本

事实上，B2C本质上是一种零售业，零售业相当程度代表低利润。所以，首要条件是解决成本控制问题。据调查，顾客之所以选择网上买书，很大一个原因就是价格低，而当当网、卓越网之所以成功就是因为有效控制成本使之维持了低价。

6. 商业能力的合理应用

从目前的趋势看，越是了解传统行业市场的货源调配、顾客管理、市场营销，具备实战经验，就越能在电子商务新时代中脱颖而出。

商业能力包括对市场的了解，对供货商的选择，是否了解消费者消费心理和行为习惯，能否刺激消费者的购物欲望等，而这些是传统的商家比较擅长的。这就是为什么美国的沃尔玛在线2001年推出网上零售以来，已经迅速发展成为仅次于eBay和亚马逊的美国第三大在线销售商，而中国的百联、苏宁、国美开展网上商城以来也产生了不错的经营业绩。

7. 创造成功的网络商店品牌

创造一个好的品牌对网络零售商来说是至关重要的。在虚拟的网络世界里，顾客可以不受任何时间和空间限制地从一个商店转到另一个商店，他们在网络上感受到的品牌所代表的商店和商品都是无形的。优秀的品牌可以使顾客建立起对网络零售商的信任感，这种信任感反过来又给网络零售商造就了广阔的空间去进一步提高产品质量和服务。所以，在虚拟世界中过硬的品牌更容易取得成功。

三、B2C与C2C的比较

1. B2C的优势

中国电子商务已经达到一定的规模，根据艾瑞咨询的研究数据显示，2011年三季度中国网络购物市场各细分领域都实现了不同程度的增长，B2C增速较C2C增速高，其中C2C(不含C2C推出商城)的增长为9.4%，B2C(含C2C推出商城)的增长率为19.5%。

(1) 消费者的信赖程度

淘宝C2C就像是传统中的大卖场，负责把摊位租给各个商家，B2C更像是一个自营商店，所有的货源、销售尽在掌握，提供一体化的购物、配送、安装、售后体验，虽然价格贵一点但是仍然能够获得消费者的青睐。此外，在消费者的直观印象中，企业级卖家的信用和实力也是高于个人卖家的。

(2) 商品质量

C2C 对商家行为的控制力度有限，可能出现商家之间的价格战，也容易出现售后服务掉链子的情况，甚至商家采取欺骗、推诿的态度处理问题。B2C 的商品质量相对 C2C 来说有保障。

(3) 用户消费体验

直接线上选购然后货到付款，省时、省力且配送速度也足够满意。而目前淘宝推行货到付款很费力，而且需要很高的额外费用，任何一个环节"掉链子"都可能消磨掉用户对购物的耐心，不同的商家选择不同的快递配送速度差异巨大。背后凸显的是 C2C 模式对商家的控制力不足，以及消费者购物体验差异巨大的缺陷。

(4) 在保证商品质量的前提下 B2C 比 C2C 价格优势更大

打击假冒伪劣商品是必然，相关部门对于电子商务市场的相关法律、法规也会越来越完善，像出售商品需要各种证书的一些政策也在打压个人卖家的生存空间。

在保证商品质量的前提下，苏宁易购、国美等家电巨头集中采购的价格优势越加凸显，C2C 平台上的个人商家面临很大的挑战。

所以 B2C 必然会超越 C2C，淘宝也就是因为看到了这一趋势才做天猫，但应该清楚，只是超越，不是替代，我们认为 C2C 模式将来在电子商务二手交易市场依然会具有很大的发展潜力。

2. B2C 发展中存在的弊端

(1) 商品种类有限，同质化严重

B2C 网站商品种类有限，而 C2C 网站上产品种类是 B2C 网站产品种类的 10 倍，C2C 可选余地非常大。对于 B2C 商家来说，如何做到这一点，是一个很大的挑战。

(2) B2C 网上商店不一定具备成本优势

B2C 网上商店在达到规模市场之前，不具备成本优势。B2C 网上商店要承担包括税负在内的管理费用等成本，而 C2C 这部分费用相对少得多。

(3) B2C 交易缺乏弹性

B2C 在服务方面，退换货、交易地点等受到限制，同时 B2C 在与消费者沟通的过程中，存在局限性，消费者心理作用不一样。C2C 通过沟通工具，可以享受一定的讨价还价的过程，而 B2C 无法提供。

(4) B2C 管理的环节多

B2C 需要有效地管理采购、库存、交易平台、配送、支付各个环节，要考虑的问题特别多。如果商品种类多，就会给采购和销售带来极大的困难，仓库地点、数量和配送等的选择，都应该仔细考虑。例如，如何平衡配送成本和回款安全之间的关系，以及单次购买数量和价值有限，是否使用第三方物流来配送等。

【本章小结】

通过本章的学习，基本掌握 B2C 网站的前台功能和后台管理功能；B2C 电子商务的主要赢利来源于广告费、交易费、产品租赁、拍卖、出租虚拟店铺等；B2C 成功的关键在于物流问题、安全保障、特色经营、网站黏着度、有效控制成本、商业能力的合理应用、创造成功的网络商店品牌，并且掌握传统企业如何和网络企业融合的内容等。

【课堂讨论】

1. 学习了B2C的有关知识后，谈谈如何使B2C网站获得更大的经济效益。

2. B2C电子商务网站成功的关键因素有哪些？举例说明。

3. 通过体验B2C网站，结合实际，谈谈如何避免网上购物时上当受骗。

【技能实训题】

1. 以当当网(www. dangdang. com)为例，说明B2C网上购物的具体操作方法。

2. 访问某一B2C站点，至少找出3个个性化和定制化的特色，指出这些特色是否会鼓励你从该网站购买更多的商品？列出这些特色，讨论它们是如何帮助企业增加销售的。试着在该网站购物，写出对该站点的整体印象(从网上查询信息、购物、网上支付、收到所购物品等环节方面谈)。网上支付、收到所购物品等环节方面谈)。

3. 进入其中某个购物搜索引擎网站，比较同一时间、同一商品不同网站的价格。

4.. 分别进入天猫、京东商城、凡客诚品、苏宁易购、钻石小鸟网站，分析这些网站经营模式的异同点和每个网站的营销特色。

第六章　C2C 电子商务

C2C 的意思就是个人与个人之间的电子商务。比如一个消费者有一台电脑，通过网络进行交易，把它出售给另外一个消费者，此种交易类型就称为 C2C 电子商务。目前，我国的 C2C 电子商务平台主要有淘宝、拍拍、易趣等，而淘宝已成为我国最大的 C2C 电子商务交易平台。C2C 电子商务平台使数量巨大、地域不同、时间不一的买方和卖方通过一个平台找到合适的对家进行交易，在传统领域要实现这样大的工程几乎是不可想象的。

【学习要点及目标】

了解拍卖的相关知识；重点掌握 C2C 网上拍卖的流程、管理和收益；掌握在线零售顾客的特征；了解我国目前网络购物的现状。

第一节　拍卖的基础知识

从 2006 年起，淘宝网在中国 C2C 网上零售市场一家独大的局面既已形成。据中国电子商务研究中心（100ec. cn）监测数据显示，截至 2012 年 12 月，实际运营的个人网店数量达 1 365万家，同比减少 15.7%，自 2008 年来首次出现下滑。其中，淘宝网现有职业卖家 600 多万，每天停运或倒闭网店数量近万家。图 6 - 1 为 2008—2013 年中国个人网店数量规模增长图。

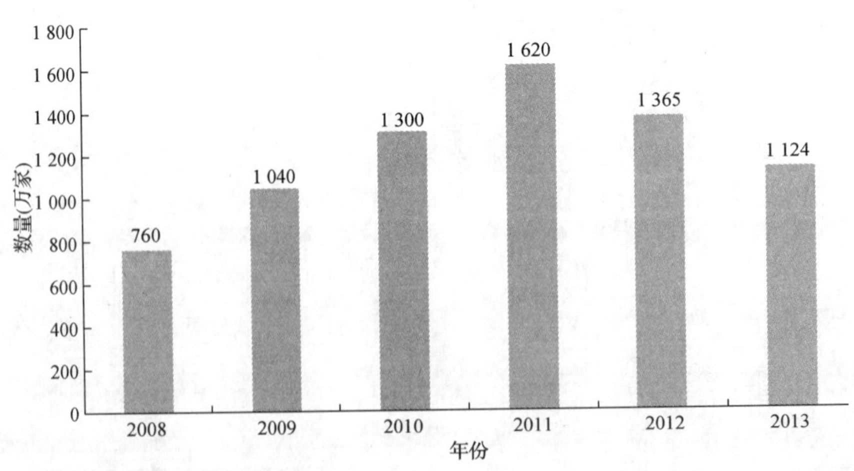

图 6 - 1　2008—2013 年中国个人网店数量规模增长图

从数据中我们可以看到个人网店数量的增长率开始放缓。随着网购市场的竞争日益激烈，个人网店的优胜劣汰日渐明显。未来个人网店也将在发展过程中不断完善与规范，进入相对稳定的阶段。

根据中国电子商务研究中心《2012年度中国网络零售市场数据监测报告》显示，截至2012年12月，淘宝集市占C2C交易额的96.4%，拍拍网占3.4%，易趣网占0.2%。淘宝集市依然处于"垄断地位"。C2C典型应用是网上拍卖、网上二手交易等。在美国，有35%的网上购物者通过网上拍卖购物，美国的eBay已成为全球无可争议的网上拍卖"领头羊"。

一、网络拍卖的形式

《中华人民共和国拍卖法》(简称《拍卖法》)明确规定，拍卖(auction)是指以公开竞价的形式，将特定物品或者财产权利转让给最高应价者的买卖方式。

拍卖主体是指依照《拍卖法》和《中华人民共和国公司法》(简称《公司法》)设立的从事拍卖活动的企业法人，包括竞买人、买受人、委托人和拍卖人。

竞买人是指参加竞购拍卖标的的公民、法人或者其他组织。

买受人是指以最高应价购得拍卖标的的竞买人。

委托人指委托拍卖公司拍卖物品或者财产权利的公民、法人或者其他组织。

拍卖人是指依照《拍卖法》和《公司法》设立的从事拍卖活动的企业法人。在网络上，拍卖人一般是指C2C电子商务搭建的拍卖平台，如eBay、淘宝等。

网络拍卖(auction online)是指网络服务商利用互联网通信传输技术，向商品所有者或某些权益所有人提供有偿或无偿使用的互联网技术平台，让所有者或某些权益所有人在其平台上独立开展以竞价、议价方式为主的在线交易模式。

网络拍卖的基本运作方式是：卖家在拍卖网站上展示欲出售物品的图片及资料，供人挑选。买主可以随时登录到拍卖网站上，挑选自己想购买的物品，出价竞标，实时查看整个拍卖过程。这种以竞拍方式进行的网上交易，能让卖家争取到公平的市场价格，让买家找到相对廉价的所需物品。

关于网络拍卖网站的形式，目前大多数观点认为它大致分为以下两种：

1. 专业拍卖网站

这类网站一般是传统拍卖公司为实现其现实空间(实际生活)中的既有业务而在网络空间上的延伸。这种形式中包括拍卖公司之间进行联合开展拍卖业务而合作建立的网站。如"中拍网"，是多个拍卖公司进行联合并通过重组"拍得网"而创立的拍卖网站；"嘉德在线"是由中国嘉德国际拍卖有限公司与日本软体银行、中国香港电讯盈科共同开拓网上拍卖业务所组建的专业性拍卖网站。虽然目前专业拍卖网站还为数不多，但由于有明确的目标市场，因此，它们比平台式拍卖网站更具优势。

专业的拍卖网站通常是以B2B2C方式进行的，对于企业来说不仅提高了效率，拓展了销售渠道，节省了时间和销售成本，更重要的是，它开辟了一种全新的经营模式。企业可通过这类拍卖网站处理积压的产品、不合格的次品、陈旧的设备等传统销售渠道难以处理的物品，还可在网上预先发布新产品，这不仅能够预测产品的市场趋势，还能保留竞价的记录为新产品正式发布提供价格参考。

【小贴士】

B2B2C 模式

B2B2C 是一种新的网络通信销售方式，是英文“Business to Business to Customer”的简称。第一个 B 指广义的卖方(成品、半成品、材料提供商等)，第二个 B 指交易平台，即提供卖方与买方的联系平台，同时提供优质的附加服务，C 指买方。卖方不仅仅是公司，它可以包括个人，即一种逻辑上的买卖关系中的卖方。平台绝非简单的中介，而是提供高附加值服务的渠道机构，拥有客户管理、信息反馈、数据库管理、决策支持等功能的服务平台。买方同样是逻辑上的关系，可以是内部的，也可以是外部的。B2B2C 定义包括了现存的 B2C 和 C2C 平台的商业模式，更加综合化，可以提供更优质的服务。

2. 平台式拍卖网站

这类拍卖网站是在网络拍卖中提供交易平台服务和交易程序，为众多买家和卖家构筑一个网络交易市场，由卖方和买方在该平台上进行网络拍卖。这类网站拍卖服务主要采用 C2C 或 B2C 模式，我国以淘宝网为首要代表。网站的经营目标是促成用户之间的在线交易，网站并不作为买家或是卖家的身份参与买卖行为的本身，它只提醒用户应该通过自己的谨慎判断确定登录物品及相关信息的真实性、合法性和有效性。用户登录到网站后，即可通过页面或电子邮件进行交易或跟踪拍卖的进程。

平台式拍卖网站最终的赢利一般取决于物流是否顺畅，以及价格是否合理等，这就需要精确的设计和规划。从技术角度看，提供竞买过程的跟踪和管理是网上拍卖的关键。笔者认为平台式拍卖网站从广义角度可以分为实物交易平台和智慧交易平台。

(1) 实物交易平台

该类平台网站交换商品的种类很多，从汽车、电脑到服饰、家居用品，分类齐全，除此之外还设置了网络游戏装备交易区、虚拟货币交易区等。如淘宝网、拍拍网等。

(2) 智慧交易平台

威客网一般交易的是企业或个人的智慧，是常见的智慧交易平台。威客的英文 Witkey 是由 wit(智慧)和 key(钥匙)两个单词组成，也是 the key of wisdom 的缩写，是指那些通过互联网把自己的智慧、知识、能力、经验转换成实际收益的人，他们在互联网上通过解决科学、技术、工作、生活、学习中的问题从而让知识、智慧、经验、技能体现经济价值。

威客网站上的用户按照其行为可以分为两类：回答者和提问者。其中，提问者提出问题和发布任务，在获得合适的解决方案后支付报酬给回答者。回答者接受任务和回答问题，当回答者的解决方案得到提问者认可后，回答者获得约定的报酬。

威客通常有 3 种模式，A 型(ask witkey)威客，B 型(bid witkey)威客，C 型(C2C witkey)威客。

A 型威客即知道型威客、知识问答型威客，如百度知道，爱问等。

B 型威客即悬赏型威客，它们通过对某个项目进行投标并争取中标获得项目开发机会，最终产生价值，如全球设计网、任务中国、万能威客网、猪八戒威客网、一品威客网等。

C 型威客即点对点威客，它们通过对自身能力进行展示、证明和良好的经营，将能力转化为能力产品，与需求者之间建立 C2C 的买卖交易关系。

二、动态定价和拍卖的类型

拍卖的最主要特征是动态定价，动态定价是指价格不固定的商业交易。动态定价有几种不同的形式。习惯上，根据买卖双方的人数将动态定价分为4类，如表6-1所示。

表6-1　动态定价的类型

<table>
<tr><td colspan="2" rowspan="2"></td><td colspan="2">卖　家</td></tr>
<tr><td>一个</td><td>多个</td></tr>
<tr><td rowspan="2">买家</td><td>一个</td><td>谈判、易货、议价</td><td>反向拍卖
询价单、招标</td></tr>
<tr><td>多个</td><td>正向（普通）
拍卖</td><td>动态交易
双向拍卖</td></tr>
</table>

1. 一个买家，一个卖家

在该结构中，可以使用谈判、易货、议价方式。最后的价格由议价实力、商品市场上的供求和商业环境因素决定。

2. 一个卖家，多个潜在买家

在该结构中，卖方采用正向拍卖也称普通拍卖。主要的拍卖方式有英国式拍卖、美国式拍卖、荷兰式拍卖。

（1）英国式拍卖

英国式拍卖即英式拍卖，也称为出价逐升式拍卖或增价式拍卖，这种方式类似于传统拍卖，由低价走向高价。这种方式通常规定了最少加价金额（即加价幅度）。加价幅度是指参与竞拍的买家为了超越前一个人的出价在当前出价上允许增加的最低出价金额。卖家在发布宝贝的时候可以自定义加价幅度，也可以使用系统自动代理加价。系统自动代理加价的加价幅度会随着当前出价金额的增加而增加。

买方在拍卖规定的时间内竞价，如果价格是唯一标准，那么获胜者就是出价最高的人。另外，拍卖前卖家可设定底价，若最高价低于底价，卖家有权不出售此商品。网上的正向拍卖可以持续数天。网上英式拍卖一般也是目前采用最普遍的网上拍卖竞价方式。这种拍卖是最后出价者获得商品，出价最高者获胜。

【小贴士】

竞价卖法的相关知识

起始价：指出售商品最初拍卖时的价格。

底价：委托人出售商品的最低价格，即能接受成交的心理价位。

一口价：只要有人出价达到该价格，立即成交购得相应数量的商品。

三者的关系是：一口价≥底价>起始价。

代理出价：指系统根据买家所输入的最高价格，在有其他买家出价时，自动以最小加价金额向上出价，以维持买家最高出价者的位置，直到买家的最高出价被其他买家超过为止。如果代理出价的最高价格与其他出价相同，则最先设置该价格者领先。代理价格对其他会员是保密的。拍卖结束时，如果没有人出价超过该买家，则该买家就是获胜者，该买家将以目前的出价金额购得宝贝。

(2) 美国式拍卖

美国式拍卖即美式拍卖,卖家提供多件完全相同的商品,并给出底价。出价人可以在底价之上出价购买任何数量的商品。美式拍卖也可以称为允许出价人制定购买量的英式拍卖。

(3) 荷兰式拍卖

荷兰式拍卖也称为出价逐降式拍卖或减价式拍卖,它的起价非常高,起源于荷兰的鲜花市场,这种方式适用于卖方要拍卖的商品数量较多的情况,或拍卖的商品有一定的保质期。卖方必须规定一个底价即起拍价或拍卖物品的数量。拍卖过程中,买方以高出底价的价格竞买一定数量的物品。拍卖结束后,所有成功的投标人以成功竞价的价格买走商品。

荷兰式拍卖一般是竞价结束时,出价最高者获得他所需要的数量,如果物品还有剩余,就由出价第二高的人购买。网络荷兰式拍卖的原则是:价高者优先获得宝贝,相同价格先出价者先得。成交价格是最低成功出价的金额。

3. 一个买家,多个潜在卖家

在该结构中,使用反向拍卖的方式,也被称为竞标或招标系统。这种方式通常用于密封递价拍卖。

密封递价拍卖是出价人在互不协商的情况下各自递交自己的出价,具体又分为密封递价最高(最低)价拍卖和密封递价次高(次低)价拍卖。前者以出价最高(最低)者胜出,以其出价购得拍卖品,如果拍卖品较多,出价低于前一个出价者可以购得剩余的拍卖品。后者又称为维氏拍卖,也是出价最高(最低)者胜出,但出价最高(最低)者是按照出价第二高(第二低)的人所出的价格来购买拍卖品。

网上密封递价式拍卖多用于工程项目、大宗货物、土地房地产等不动产交易,以及资源开采权出让等交易。目前这种拍卖方式已被越来越多的国家政府用于在网上销售库存物资及海关处理的货物。

4. 多个卖家,多个买家

在该种结构中,买家及其还价和卖家及其要价相匹配,并考虑双方报出的数量。股票和商品市场都是典型的例子。买卖双方可以是个人也可以是企业,这种拍卖也被称为双向拍卖。

(1) 开放出价双重活动拍卖

买家和卖家同时递交价格和数量,拍卖人把卖家的要约(从最低到最高)和买家的要约(从最高到最低)匹配,买家和卖家可以从其他出价中获得的消息来修改出价。

(2) 开放出价双重固定拍卖

买家和卖家同时递交价格和数量,拍卖人(拍卖专家)把卖家的要约(从最低到最高)和买家的要约(从最高到最低)匹配,买家和卖家不可以修改出价。

这种拍卖方式只对那些事先知道质量的物品有效,如有价证券或有标准级别的农副产品。在网上双重拍卖中,买方和卖方出价是通过软件代理竞价系统进行的。具体过程是:拍卖开始前,买方向软件代理竞价系统提交最低出价和出价增量,卖方向软件代理竞价系统提交最高要价和要价减量,由网上拍卖信息系统把卖方要约和买方要约自动进行匹配,直到要约提出的所有出售数量都卖给了买家。

三、传统拍卖和网络拍卖的区别

网络拍卖是借助网络这个新兴平台，将拍卖时间、拍卖人数、拍卖物品等进行最大限度的延伸，无论是谁，无论在哪里，只要可以上网，就可以在网上竞拍买卖任何物品。从形式上看，网上拍卖与传统拍卖似乎只是手段的改变，但实际运作并非如此，网络拍卖的交易活动本身与《拍卖法》中对拍卖活动所做的规定是有很大区别的，表 6－2 所示为网络拍卖和传统拍卖的区别。

表 6－2　网络拍卖和传统拍卖的区别

比较项目	传统拍卖	网络拍卖
拍卖标的范围	物品的范围广，可以是价值昂贵的物品、价值低廉的物品、有形资产、无形资产，还可以是财产权利	物品的范围有限，物品小到玩具，大到汽车，种类虽繁多，但涉及无形资产、不动产等就很难操作
拍卖主体	拍卖企业必须具备《拍卖法》规定的条件。拍卖活动应当由拍卖师主持，拍卖师的资格取得也有严格的规定	“拍卖人”和“委托人”同为卖方，“拍卖师”被网络技术平台的交易程序所代替。拍卖网站本身不参与网络拍卖
拍卖程序	拍卖委托、拍卖公告与展示都应当遵循严格的程序与规定。拍卖人对委托人身份、拍卖标的不仅有审查的义务，也有审查的权利	没有传统拍卖意义上的委托、公告与展示，其所有交易过程都按照技术平台预先设计的程序进行。技术平台的提供者无法准确地审查卖方身份和物品的真实性
拍卖的运作成本	举行拍卖会成本非常高，要制作、印刷拍卖宣传画册和拍卖目录，组织拍卖品展示，租用拍卖场地等，每一项工作都需要花费一定的费用	不用租用场地进行拍卖品展示及举行拍卖会，拍卖网站只是计算机系统的服务器上安装了一个专门的竞价软件，而买卖双方则自己完成网上拍卖过程的所有事情，这样有效地减少了公司的运作成本
拍卖的时空限制	拍卖受时间和地点的限制，拍卖行不可能把业务拓展到全球。在拍卖会进行的时间里，竞买人可能无法及时参加。拍卖会现场空间的大小也限制了竞买人的数量	完全打破时间和空间的限制，不同的物品拍卖可以在同一时间进行，一天 24 小时，每周 7 天，拍卖网站上随时都有物品在拍卖。原有的拍卖交易市场无限制扩大了，使交易范围扩大到了全球
拍卖标的拍卖时限	每一场拍卖会经过长时间的前期准备后，正式举行的时间仅是短短几小时，一件拍品的成交，在极短的时间里就被决定了	一件拍卖标的时间从一天、三天到一周不等。不同的拍卖网站，所规定的拍卖时间各不相同，但总体上均比传统拍卖中的拍卖标的拍卖时效长得多
拍卖品的审查	举行拍卖会要对征集到的拍品进行严格审查	拍卖的全部过程由卖方和买方完成，拍卖标的不会受到严格的审查
支付方式	竞买人成为拍品最终买受人后，可采用现金、支票、信用卡、邮汇等方式支付拍品订金和其他费用	买受人除了采用传统拍卖的支付方式外，还可以通过网上银行或拍卖网站自己的支付系统支付货款
拍卖现场的气氛	拍卖现场气氛浓烈，竞买人可以享受紧张激烈、互不相让的竞价氛围	是一个无声的拍卖过程，竞买人无法感受竞买人同聚一堂的热烈气氛

第二节　C2C的流程和收益

一、C2C的购买过程

1. 会员注册

如果是C2C平台的新用户，首先要进行会员注册，会员注册前要阅读服务条款并同意，其次填写个人资料并提交，最后通过接收邮件激活会员账号的方式完成会员注册。

2. 浏览搜索商品

可以利用C2C平台的搜索引擎，也可以按照商品分类来选择购买的商品。一般C2C平台都具有“高级搜索”的功能。

3. 联络卖家

可以通过发站内信件给卖家、给卖家留言、使用沟通工具等不同的方式联络卖家。不同网站支持不同的沟通工具，淘宝网支持阿里旺旺，拍拍网支持QQ，易趣网支持易趣通，利用它们能够直接找到卖家进行沟通。

4. 出价和付款

如果选择的是以拍卖方式出售的物品，首先必须认真学习该拍卖网站的拍卖规则，其次要看好邮费、剩余的时间、起拍价格、加价幅度和现在的价格，如果卖家不包邮费，买家的付款金额是最终的竞拍价加邮费。如果选择的是以一口价方式出售的物品，且卖家不包邮费，买家的付款金额是一口价加邮费。如果选择的是以张贴海报的方式出售的汽车、房产、服务等商品，则可以按照提供的联络方式和卖家取得联系，并做进一步洽谈。

5. 收货和评价

收货后，买家应在第一时间检查物品的状况，如尺寸、新旧程度、颜色等是否和照片一致，如果和照片有出入或自己不满意，可以和卖家协商退货。收货后，要对卖家进行客观、公正的评价。

二、C2C拍卖的流程

1. 会员注册

与买方注册会员相同，如果作为买方已注册会员，作为卖方时可以与买方用同一会员账号。

2. 开通C2C平台的支付工具

淘宝开通支付宝，拍拍开通财付通。

3. 实名认证

如果要在C2C平台上卖商品，必须通过实名认证，具体有个人实名认证和商家实名认证两种。个人实名认证必须提供本人的身份证，商家认证必须提供营业执照等能证明商家身份的证件。

4. 发布商品，开设店铺

通过身份认证后，就可以发布商品、开设店铺进行拍卖了。目前，在淘宝、拍拍网上拍卖物品时不收取任何中介费用，是完全免费的。但 C2C 网站的增值服务是收取费用的，如淘宝的旺铺、试衣间等要收取一定的服务费。

5. 联络买家

在物品拍卖过程中，随时会有买家留言提问，服务周到的卖家应及时、耐心地回复留言；也有的买家通过站内信的方式联系，卖家也应及时处理，通过沟通工具联系买家。

6. 发货和评价

确认收到买家的货款后或者知道买家把货款付给支付工具后，卖家就可以放心地安排发货了。卖家账户收到买家款项后，卖家必须客观、公正地对买方进行评价，买卖双方互相做了评价后，都得到一定的信用积分。图 6-2 所示为 C2C 的购买和拍卖流程。

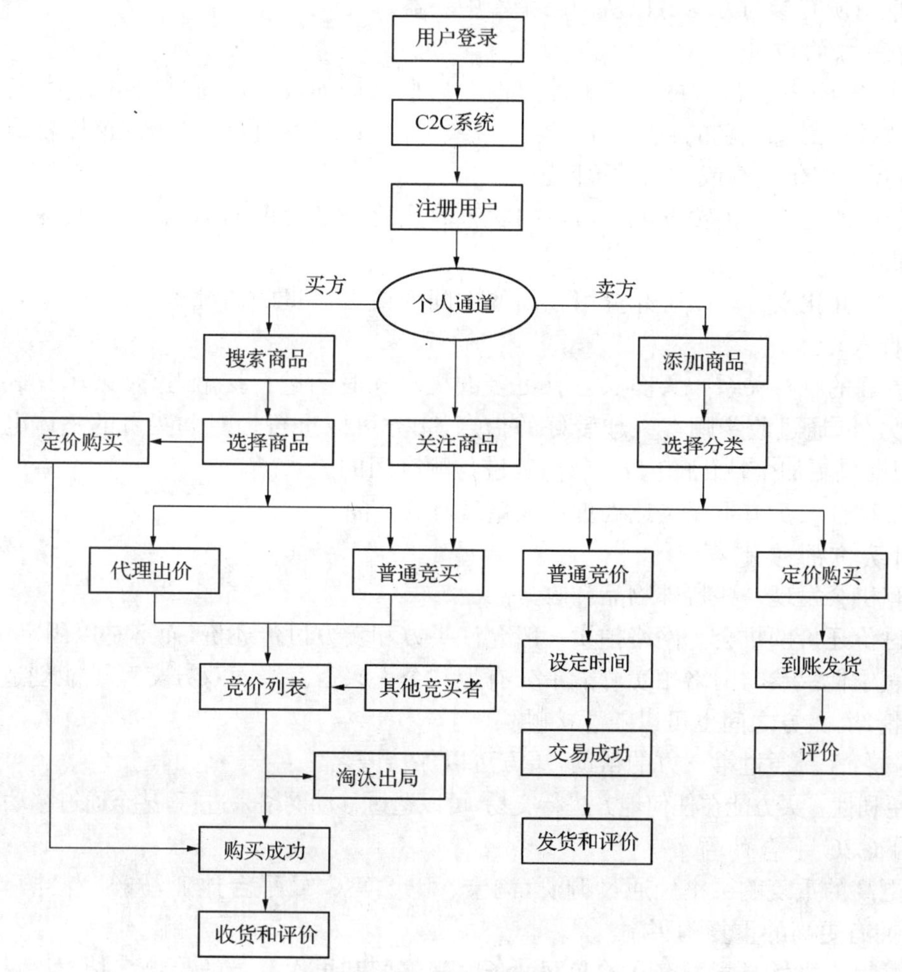

图 6-2　C2C 的购买和拍卖流程

三、C2C 拍卖管理

C2C 拍卖网站后台管理主要包括登录日志管理、会员信息管理、群组设置、拍卖商品目录管理、商品管理等。

登录日志管理功能可使管理员查看用户登录网站日志，目的是利于管理员更好地监控网站运行情况。

会员信息管理可使管理者查看会员信息，并对会员进行组群设置分配。

群组设置可对会员进行群组分类，以方便管理员对众多的会员进行批量维护。

拍卖商品目录管理主要是管理员对拍卖网站的商品目录进行添加、删除等维护工作。

商品管理功能指管理员可以对拍卖的商品进行注销等维护操作。

四、C2C的收益

无论对个人还是商业组织，网络拍卖都日益成为买卖商品的重要渠道。网络拍卖使买卖双方在任何地方都可以对商品或者服务进行竞标，而且几乎可以获得价格、产品、供需等方面的完备信息。所有参与方均可以从网络拍卖中获益。

1. 对卖方的益处

(1) 可以通过扩大顾客的数量和缩短商业周期来增加收入。通过网络拍卖，卖方可以以有效的方式接触最感兴趣的顾客，并且恰好以买方愿意支付的价格出售。这样就不必再预测需求，并避免了定价过高或过低的风险。

(2) 最佳的定价。买卖方可以通过拍卖来收集价格敏感度的信息，为在其他固定价格市场上定价提供参考。

(3) 非中介化卖方可以避开费用较高的中间商或者昂贵的传统拍卖公司，从直接销售中获得更多收入。

(4) 更好的顾客关系。买卖双方有更多的机会和时间进行接触，这带来了社区的感觉和忠诚度。另外，通过收集顾客兴趣爱好的信息，卖方可以进行针对购买者的整体电子商务体验，为他们提供更加个性化的内容，从而改进与顾客间的关系。

(5) 流动性。卖方可以迅速处理掉大量过时的商品。

2. 对买方的益处

(1) 有机会发现一些特殊物品和收集品。

(2) 讨价还价的机会。网络拍卖一般允许买方和卖方讨价还价，而不是以固定价格购买。

(3) 娱乐性。参与网络拍卖可能十分有趣和令人兴奋。买卖双方交互可能创造一种亲切感和积极情绪，买方之间也可以随意接触。

(4) 匿名性。通过第三方的帮助，买方可以保持匿名。

(5) 便利性。买方能在任何地方进行交易，可以通过移动网络来进行，甚至通过移动电话进行。

3. 对C2C平台的益处

(1) 更高的重复购买率。通过调研，淘宝、eBay等C2C平台比亚马逊、当当等B2C电子商务网站拥有更高的重复购买率。

(2) 黏性。黏性是指顾客在拍卖网站长时间停留和再次登录的趋势。拍卖网站往往比那些固定价格的网站更具有黏性。黏性强的网站可以获得更高广告收入，因为浏览者有更深的印象和更长的浏览时间。

(3) 更高的网站流量。通过提高网站的流量来赚取广告费用。

(4) 更高的收益。C2C平台可以从提供的服务中获得更高的收益。

目前，C2C电子商务网站为交易双方提供的各项服务仍以免费为主，但是从长远来看，收费将是必然的趋势。针对卖家用户进行收费有利于C2C网站很好地保证买卖双方的信用，创建安全、可靠的交易环境。

五、C2C的发展趋势

与国外C2C电子商务发展不同，中国C2C平台目前仍没有在发展和赢利中找到好的平衡方式，而随着C2C电子商务交易规模和用户规模的扩大，C2C电子商务平台将为用户提供更加完美的购物解决方案。

1. C2C和B2C模式渐融合

纯粹C2C电子商务网站发展增长趋缓，C2C和B2C模式渐融合。C2C平台存在较多仿冒和非正规渠道商品，目前的监管困境将随着我国相关法律、法规的逐步完善和知识产权保护体系的逐步建立而解决，这必然导致纯粹C2C平台增速放缓。对此，淘宝网等C2C网站已经意识到了这点危机，也早早准备开设了B2C的"淘宝商城"平台，2008年4月，淘宝网全新B2C平台上线试运营，以实现模式融合和互补，为C2C提供新的赢利模式。

2. 形成寡头模式，寡头博弈

寡头博弈，指C2C平台服务商有限，进入门槛高，市场格局稳定。C2C市场的一个明显特征是聚集效应明显，网民不放心有的网站的信誉，于是到有口碑的网站上交易，这样C2C网站逐渐形成寡头模式。现阶段C2C平台的免费策略需要大量的资金投入来维持，市场的进入者除了有大量的资金外还需要有超强的人气和技术实力。

3. 充分利用自身资源，开展差异化竞争

C2C平台间的竞争是人气、信息流、物流、资金流的竞争，如何结合既有的自身资源，是C2C平台取得领先优势的关键。易趣被TOM收购后可以考虑利用增值业务、国外代购等服务来提高吸引力，拍拍网则可以发挥腾讯即时通信等整体平台优势。

4. 网络营销赢利模式初步获得成功

C2C平台的赢利问题一直摆在参与者面前，中国C2C网站目前仍没有在发展和赢利中找到好的平衡方式，而随着C2C电子商务交易规模和用户规模的扩大，C2C购物网站除了承载交易功能外，还直面消费终端，掌握海量用户购买路径和习惯数据，加上覆盖群体广泛等特征，其蕴涵的巨大媒体价值被逐步释放和认可，网络营销等相关赢利模式探索也初步获得成功。

5. 为用户提供更加完整的解决方案

从平台自身来看，C2C平台将为用户提供更加完整的购物解决方案。目的是最大限度地降低交易成本，即时通信、社区资源、搜索及物流等都是降低交易成本的关键环节。

6. 以搜索引擎为基础，探索C2C的新空间

目前C2C网站流量40%以上是通过搜索导入的，如淘宝网推出一淘网等。

【本章小结】

本章主要介绍了拍卖的相关知识、C2C的购物和拍卖流程。C2C的购物流程为：会员注册→浏览搜索商品→联络卖家→出价和付款→收货和评价。C2C开设网店的流程为：会员注册→开通C2C平台的支付工具→实名认证→发布商品、开设店铺→联络买家→发货和评价。

【课堂讨论】

1. 网上拍卖的类型主要有哪些？各有什么特点？

2. 总结网络拍卖和传统拍卖的区别。

3. C2C 网站为买方和卖方各带来怎样的收益?

4. 你认为在 C2C 交易中,买卖双方各应该注意什么才能保证各自的利益?

【技能实训题】

1. 以淘宝网(www. taobao. com)为例,说明 C2C 网上竞买和网上开店的具体操作流程。

2. 尝试在某一拍卖网站竞买自己喜欢的商品,体验 C2C 竞买的全过程。

3. 在 C2C 网站开设一网上店铺,拍卖一些二手商品,并试着寻找一些货源,进行网上创业。

第七章　电子商务的其他应用

随着电子商务的发展，更多的行业意识到了它的重要性，都开始利用互联网开展电子商务，因为电子商务突破了传统行业运作中时间空间的限制和资源、经济要素等的制约，能够给行业在横向和纵向上的扩展带来机遇和便利，同时，随着行业竞争的不断加剧，企业需要凭借新的方式扩展市场，挖掘利润空间来增强自身的实力，而电子商务正好提供了有利的条件。目前，网上证券、网上保险、网络教育、网络旅游、移动商务等领域的电子商务的发展尤为迅速，电子政务也日趋完善和成熟。

【学习要点及目标】

了解网上证券交易的概念、特点、流程和风险，理解网上保险的概念、优势和业务流程，关注网络教育的概念、优势，了解网络旅游的概念、功能、特点及障碍，掌握电子政务的概念、发展模式及趋势，了解移动商务的概念、技术及存在的主要问题。

第一节　网上证券

证券市场是社会化大生产的产物，也是商品经济发展到一定阶段的必然结果。证券交易的过程涉及信息流和资金流而不存在具体商品的保管、储运和交收的问题，这些特点与网上交易成本低、不受时空限制、便捷等优势结合在一起，能加快信息和资金传递的速度，提高效率，展现了网上证券交易发展的无穷潜力。随着证券交易快速地向网络方式转移，券商也逐渐在互联网上展开了新一轮的角逐。

一、网上证券交易概述

证券是指发行人为筹集资金而发行的、表示其持有人对发行人直接或间接享有股权或债权并可转让的书面凭证，包括债券、股票、新股认购权利证书、投资基金证券及其他各种派生的金融工具。我国《证券法》规定的证券是指在中国境内发行的股票、公司债券和国务院依法认定的其他证券。证券具有收益性、风险性和流通性的特点。

1. 网上证券交易的概念

网上证券交易(Internet stock exchange)也称网络证券交易，是指证券公司利用互联网等网络技术，为投资者提供证券交易所的及时报价、查找各类金融信息、分析市场行情等服务，并帮助投资者完成网上开户、委托、支付、交割和清算等证券交易的全过程，实现实时交易。它是传统证券交易的电子化、网络化，是电子商务在证券业中的重要应用。

证券交易有信息量大、时效性强等特点，证券交易“触网”以来发展得相当迅速。网上证券交易始于 20 世纪 90 年代初的美国，最初目的是为了改善证券经纪服务，提高服务的质量和效率，在 90 年代中期的时候实现了全面的网上证券交易服务。我国开展网上证券交易的标志是 1997 年 3 月中国华融信托投资公司湛江营业部推出聆通多媒体公众信息网网上交易系统。我国网上证券交易最开始是由证券公司与 IT 公司(包括网上服务公司、软件系统开发商等)合作实现的，前者以营业部的身份在后台为客户提供网上交易的通道，后者开设站点，为顾客提供信息。2000 年 3 月，中国证监会公布了《网上证券委托暂行管理办法》，规定只有获得中国证监会颁发的《经营证券业务许可证》的证券公司，在达到《证券经营机构营业部信息系统技术管理规范》的要求以后，向中国证监会申请，才可以开展网上委托业务，否则不能擅自开展网上委托业务。这对于规范我国网上证券交易市场，降低交易风险具有积极的作用。

2. 网上证券交易的特点

网上证券交易作为一种全新的交易方式能够在极短的时间内迅速地发展，主要是由于两个方面的原因：一是近年来国际互联网的飞速发展以及网络与证券业的有机结合；二是网上证券交易相对于传统的交易方式具有众多优势。网上证券交易的特点主要体现在以下几个方面：

(1) 虚拟性。网上证券交易借助无所不在的国际互联网为载体，通过高速、有效的信息流动，从根本上突破了时空的限制，极大地缓解了券商地域分布不均的矛盾，将身处各地的投资者有机地聚集在无形的交易市场中，使得投资者能在全国甚至全球有网络的地方进行证券交易，并使那些有投资欲望却无暇或不便前往证券营业部进行交易的人士进行投资成为可能。

(2) 便捷性。网上证券交易通过国际互联网，克服了传统市场上信息不充分的缺点，有助于提高证券市场的资源配置效率。它使投资者可以在网上主动、及时、有效地获取和筛选相关投资咨询信息，使客户对信息的获取从单向式被动获取向双向主动交互式信息获取转化。这是其他证券交易方式不可比拟的，它使网上证券投资者全面获取证券投资信息成为可能。

(3) 低成本性。网上证券交易可以降低证券交易的交易成本。网上交易的全面引入，使得客户彻底突破传统远程交易的制约，无须投入附加的远程信息接收硬件设备，在普通的计算机上就可以全面把握市场行情和交易最新动态。另外，网上交易包容了证券活动的方方面面，使投资者足不出户就可以办理信息传递、交易、清算、交割等事务，节约了大量的时间和金钱。对券商而言，网上交易的大规模开展，可以大幅度降低营业部的设备投入和日常的运营费用。

(4) 优质服务、创新意识和技术进步变得更为重要。相对于传统的证券交易方式，网上证券交易综合了网络的优势，券商为投资者提供的信息增值服务就显得更为重要。同时网上证券交易过程中，技术始终是服务和业务的基础，拥有创新意识和先进的技术也是券商核心竞争力的体现。

二、网上证券交易的流程

网上证券交易必须借助互联网来实现，同时还要安装相关的软件，其流程与传统的证券交易没有什么区别，只是实现交易的手段不同而已，网上证券交易要在计算机和互联网上来完成。其流程如图 7-1。

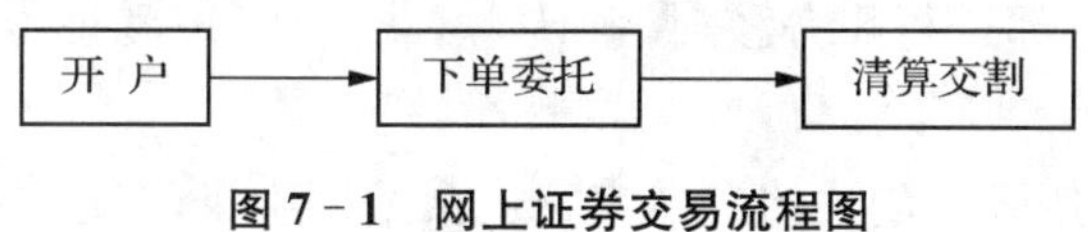

图 7-1　网上证券交易流程图

具体流程如下：

(1) 开户。委托开户必须到各证券营业部办理开户手续，并申请开通网上交易功能。具体流程为：携带身份证、股东账户卡到指定的营业点填写《××证券公司网上证券交易开户申请表》，然后由该营业部工作人员出示《网上交易用户须知》《网上证券买卖委托协议书》和《网上交易风险揭示书》，提醒开户人正确、全面地了解网上交易的风险并明确双方的权利和义务，开户人签字以后，工作人员为开户人开设资金账户并发给开户人个人数字证书。以上手续办完以后投资者就可以使用网上证券交易系统。

(2) 下单委托。进入网上交易系统以后，可以直接输入证券代码查看个股行情。从系统的“系统工具”中下单，通过输入资金账号、交易密码以及通信密码下单。在买入操作中，输入证券代码、委托价格和数量并确定后将返回一个合同编号；在卖出操作中，输入证券代码、委托价格和数量并确定后将发出卖出委托。在系统中还可以对委托进行撤销。

(3) 清算交割。投资者可以通过 E-mail 的形式接收证券商发送的通知单，可以到证券商的 Web 主机上查询自己的交割单和对账单，可以通过远程文件传输的方式到证券商的 FTP 服务器上下载自己的成交回报。款项的收付在证券的交易过程中逐笔结算，从网上资金账户中直接转账，在无纸化交易中完成过户。

三、网上证券交易的风险与防范

相对传统的证券交易，网上证券交易能在数秒钟内让投资者足不出户完成一笔交易，既省时又省力。但是现实中部分人依然对网上证券交易望而却步，究其原因，即网上证券交易还存在一定的风险。

1. 网上证券交易的风险

网上证券交易的风险主要体现在下列几个方面：

(1) 技术风险：① 通信线路繁忙或服务器负载过重，网上传输的行情信息及其他证券信息会出现中断、停顿、延迟、数据错误等异常情况。② 黑客的入侵和攻击使网上证券委托系统出现故障，或接收到已被篡改的错误信息。③ 电脑系统因病毒出现造成的故障。

(2) 泄密风险：如果投资者将股东账号、交易密码、CA 证书使用密码和 CA 证书装载软盘或 IC 卡遗失，在使用网上证券委托系统进行交易时，投资者的身份可能会被仿冒，投资者的托管证券有可能被他人盗卖。

(3) 银证转账的风险：为了防止网上委托数据受到非法窃取和篡改，一般的证券公司不直接向投资者提供网上银证转账业务。

(4) 信息风险:证券公司通过网站发布的信息均会说明信息来源,信息的可靠性、真实性和正确性由信息提供者负责。而网上总有一些别有用心的人或机构受利益驱使,发布虚假信息,误导投资者,进行操纵市场的违法活动。

(5) 财务风险:投资者在采用网上委托交易后,资金转移的过程中可能会出现故障及错误。应在交易当日同营业部进行账务核对,确认本人资金账户和证券账户的余额及当日发生额准确无误。

(6) 自然灾害造成的风险:重大的自然灾害也会给网上证券交易带来无法抗拒的风险。

2. 网上证券交易风险的防范

投资者是证券市场的基石,为调动投资者的积极性,促进我国网上证券交易快速、健康发展,我们应当准确识别网上证券交易风险,并采用积极的手段防范和应对网上证券交易的风险。应注意下列几个方面:

(1) 遇到技术风险,投资者应及时对比其他相关信息,使用其他交易手段(如电话委托),及时查证成交情况,规避网络故障带来的技术风险。

(2) 投资者必须确保在安全状态下设置各类密码,并妥善保管自己的开户资料、交易密码。尽量避免采用委托他人的方式或在证券营业部营业场所之外开户,尽量避免投资者开立的证券交易账户交由他人保管使用。

(3) 投资者在网上委托的过程中,使用商业银行提供的银证转账业务,必须按照银行的相关规定办理。

(4) 某些上市公司或咨询机构在网上发布的信息不够准确,缺乏法律的规范和有效的监管,误导广大股民借以操纵市场,投资者应辨别信息真伪,谨防网上欺诈带来的信息风险。

(5) 如果投资者对自己的账户有异议或感觉数据异常,应立即与营业部联系,以免造成资金损失。

在注意以上问题的同时,我国还应从立法上完善科学合理的证券交易风险承担制度,因为目前我国还没有很规范的网上交易基本法,有关网上证券交易的规定都分散在一些法律、行政法规、部门规章和司法解释中。在实践的基础上逐步完善相关的法律体系,出台操作性更强、更具体的网上证券风险承担的法律条文,对网上证券风险作出明确的规定,对参与方的行为进行规范显得非常重要,这样当风险事故发生时,当事人能够按照法律规定来公平地分配损害,维护投资者的合法权益。

四、网上证券实例

国泰君安证券股份有限公司是由原国泰证券有限公司和原君安证券有限责任公司通过新设合并、增资扩股,于 1999 年 8 月 18 日组建成立的。公司下属的 2 家子公司、5 家分公司、23 家区域营销总部及所辖的 113 家营业部分布于全国 28 个省、自治区、直辖市、特别行政区,是目前国内规模最大、经营范围最宽、机构分布最广的证券公司之一。其网站首页如图 7 - 2,在国泰君安证券的网站上面,可以到网上营业厅办理相关业务,查看财经信息、理财信息、实时股市行情，下载相关软件，实现网上交易等。

图 7－2　国泰君安证券股份有限公司首页

在国泰君安证券股份有限公司网站上，专门为客户提供了业务指南，通过网络预约开户和营业部的工作相结合，完成开户并在办理了网上交易开户以后即可实现证券的网上交易。

第二节　网上保险

保险业是与人们生活紧密相关的产业，它也具有“无物流”的特点，随着电子商务的发展，保险业也在积极地应用现代信息技术和网络技术来改变其传统的服务方式，于是出现了网上保险，它是保险业服务模式的重大变革。自 2000 年 8 月人保、太保以及平安保险陆续开通了自己的全国性电子商务网站以来，我国传统的保险行业就在全国打响了网上保险市场的争夺战。

一、网上保险概述

1. 网上保险的概念

网上保险（Internet insurance）也称网络保险，即在网上进行的保险，它是指保险公司或者保险中介机构以信息技术为基础，通过互联网和电子商务技术来支持保险经营管理活动及保险业务的经济行为。可以从狭义和广义两个方面来理解。狭义的网上保险是指保险公司或者保险中介机构利用互联网给客户提供保险信息，并通过网上支付的方式来实现保险产品的网上销售。广义的网上保险除了包括保险产品的网上销售，还有保险公司通过互联网进行内部的经营管理以及保险公司之间、与股东之间以及与工商、税务等机构之间的事务交流和实现。

保险公司通过开展网上保险来扩大公司的知名度，发掘更多的潜在保险客户来增加客户数量，拓展市场业务，同时凭借网络信息技术为客户提供更多、更好、更全面的服务。这种方式很好地弥补了保险业传统的销售方式，为保险公司提供了更大的利润空间。

目前，网上保险的主要模式有企业对消费者(B2C)和企业对企业(B2B)两种。前者主要是保险公司对个人投保人的电子商务平台，后者主要是保险公司对企业客户提供的电子商务平台。

2. 网上保险的优势

网上保险基于互联网和信息技术，它的最终目标是电子交易，即实现保险的电子商务化。因此，网上保险除了具有一般的电子商务特点，如直接性、虚拟性和电子化等特点之外，与传统保险的经营方式相比，还有很多优势。

对于保险公司来讲，网上保险的优势主要体现在：

(1) 经营成本低

首先，网上保险降低了营业费用支出，网络建设的前期投入一定的费用以后，后期的维护费用比较低，节约了传统营业网点的房屋租赁、装修等支出。其次，降低了各种销售费用支出，在销售和客户领域，保险公司通过网络进行保险计划设计、向客户出售保单以及提供其他服务，将比通过电话或代理人节省大约58%～71%的费用。三是减少了员工工资支出，通过网络开展业务咨询、销售保单，可大量减少员工工资支出，降低公司经营成本。四是降低宣传成本。通过网络，可以将自己的公司概况、业务品种等信息向客户进行宣传，而不必要再通过电视、广播、报纸等新闻媒体进行宣传，节约了不必要的广告费用。

(2) 业务开展灵活

通过网络开展保险业务，既不受时空的限制，又方便快捷，保险公司可以利用网络覆盖面广的优势，充分拓展业务范围，较好地对潜在市场需求做出及时分析和深层把握，及早创新业务品种适应公众需求。

(3) 降低经营风险

由于网络投保公正透明，在很大程度上可以减少中间环节和由于利益驱动给保险机构带来的不可避免的承保风险，减少不同机构之间的不正当竞争，有效促进保险业整体经营的稳定。另外，由于保险业务代理人的业务素质、道德水准的不确定性，通过网络业务可以有效降低这方面的道德风险。

(4) 提高工作效率

网络保险可以简化传统式的烦琐手续以及人为不确定的其他消极因素，形成高效的工作理念，提高公司在客户中的形象。保险公司还可以在网上了解到更多的保险技术、保险资本和保险人才等信息，形成完善的保险要素的结合，使保险产品具有更强的竞争力。

(5) 整合保险资源

一方面，中小保险公司在业务发展中，无论是资金规模，或者是企业规模、客户群体，都很难与大型保险企业相抗衡，不利于保险企业的整体发展，通过网络保险，各企业可以充分发挥自身的优势，缩小中小企业与大企业的抗衡空间。另一方面，通过透明的网络业务相互监督，可以避免不同企业之间的恶意竞争，规范企业间的经营行为，共同维护保险业的整体利益。

对于社会公众来说，网上保险的优势主要体现在以下几个方面：

(1) 方便快捷。通过网络客户可以随时随地进行保险消费，既不受时间限制，又不受空间制约,业务流程方便快捷。

(2) 信息广泛,选择自由。客户可通过网络获得大量多样化的保险信息,减少消费的盲目性和局限性,也可以通过多家保险公司产品的比较,进行自主选择。

(3) 保护隐私,安全性高。客户可通过网络排除中间环节不可避免的知悉或有意无意的隐私侵犯,同时也可避免保险代理人的道德风险。

正因为网上保险相对于传统保险的这些优势,企业和客户都逐渐把注意力转向互联网,也促使了网上保险的飞速发展。

二、网上保险的业务流程

传统的保险业务流程是:保险公司宣传产品和服务;收取保险费,形成保险;当约定的保险事故发生后,对被保险人进行保险金的赔偿和给付;由于保险事故发生和损失程度的不确定性,保险基金的形成与保险金的赔偿和给付之间必然存在一定的时间和数量差,使保险资金的运用成为可能。另外,承保之前,为防止逆向选择行为,保险公司必须对保险标的实施核保。在承保之后,为防止道德风险,尽可能减少保险赔偿和给付的可能性,保险公司一般要对保险标的采取积极的防灾防损工作。保险公司的基本业务流程如图 7-3。

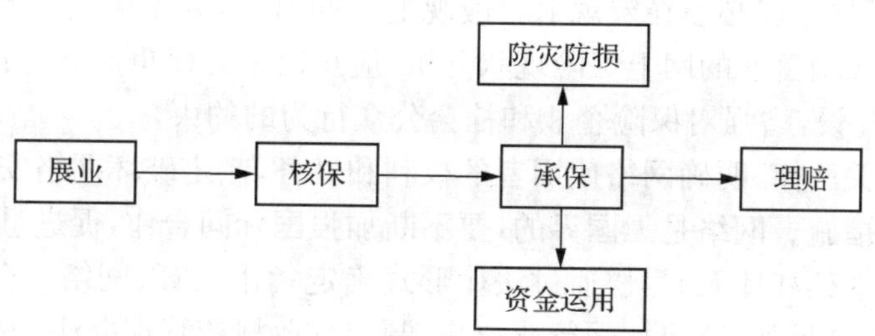

图 7-3　保险公司基本业务流程

网上保险借助了互联网和信息技术,它不仅融入了新的技术,而且融入了新的经营理念,使网上保险的业务流程有了新的变化。主要流程包括:客户通过网站了解产品和服务的详细信息,选择满足自身需求的保险产品;在网上输入投保需要的相关信息并提交;保险公司进行核保,并通过电子的方式向用户确认,在用户正式签名后,合同生效;通过网络银行转账系统进行保费的支付,保单正式生效。客户在签订合同期间,还可以利用网上售后服务系统,对整个合同签订、保费划交等过程进行监督,确保自己的利益不受损害。具体流程如图 7-4。

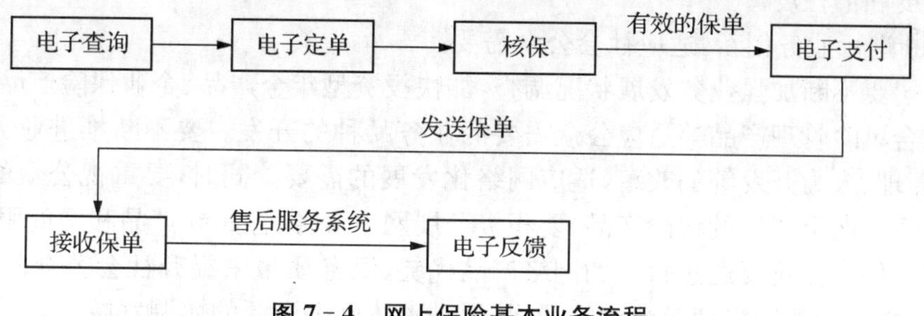

图 7-4　网上保险基本业务流程

三、网上保险的风险与防范

1. 网络保险的风险

网上保险尽管有种种优势，但作为一种新事物，由于其在国内的发展尚处于不完善的阶段，仍然存在一些风险和不足。主要表现在：

(1) 法律制度不够健全，容易形成法律风险。我国还没有建立起相应的规范网络商务的正式法律，对实现网上交易至关重要的货币结算和网上签名等方面的规定尚未出台，对于网络交易的法律效力还无法确定，使得保险公司在网上开展业务无法可依、无章可循。

(2) 存在着安全技术隐患。网上黑客的不断出现，使得目前的计算机网络系统的自身安全缺乏保障，一旦网站被攻击，不仅公司受损，客户利益也会受到极大侵害。

(3) 业务环节之间不够协调。由于保险业务涉及银行、电信等多个行业，有些行业的网络建设比较滞后，网上保险业务的有些环节之间存在不协调的现象。

(4) 网上投诉、理赔容易出现欺诈行为。

(5) 保险公司网络设备不完备，网络人才缺乏，业务品种单一，容易影响公众的消费心理。

2. 网上保险风险的防范

要应对以上的风险，就必须在宏观上和微观上共同努力，并不断完善和创新，使网上保险能够健康发展。从我国目前的网上保险现状分析，应从以下方面重点努力：

(1) 加强法制建设，增强对保险企业和社会公众行为的约束。

要尽快制定相关法律，明确网络使用者的权利和义务，制定破坏网络安全以及利用网络进行犯罪活动的惩治措施。网络是无国界的，要不断加强国际间合作，促进世界各国建立全球性的有关网络的法律框架和体系，尽快通过法律形式确定货币结算、网络签名、网络合同的法律效力，明确违约责任。另外，还要加强行业自律，制定行业规范管理办法，加强对企业自身的管理和约束。

(2) 加强计算机安全管理，惩治网络犯罪行为。

首先要在技术上加强管理，加快对网络人才的培养，提高业务运行的技术标准，引进、改进和开发利用各种先进的技术，提高高新技术的运用效果，并不断加强网络技术改造、升级，提高网络安全系数。另一方面，要加强安全管理，建立一套切实可行的风险评估和监测体系，加强对网络运行、系统安全、业务发展的监测，出现问题及时处理。还要加强对员工的安全教育，提高员工的安全防范意识，社会有关方面也要严厉打击各种网络犯罪行为，提升社会公众对网络商务的认可度和信任度。

(3) 不断进行业务创新，适应社会公众需要。

保险公司要不断加强业务发展状况调查，加快投资型年金产品、企业保险产品以及正在快速增长的综合风险管理产品等适应公众需要的业务品种的开发。要不断推进业务管理、营销方式、投资管理、人力开发等的改革，适应网络化发展的需要。同时，要重视公众的消费心理，对于一些不适于网上销售的保险产品，要积极开展网下服务，注重新产品和增值服务的多层次开发和利用。保险公司要通过自身的网络产品优势、服务质量来提升社会公众的网络消费欲望，进而加快相关行业网络商务活动的开展，促进整体网络资源的协调发展。

(4) 提高员工的业务素质，努力防范道德风险。

广大员工是开展各项业务的关键因素，在人员管理上既要注重引进高素质人才，又要不断加强对现有人员的思想政治教育和业务知识培训。要强化内部管理制度建设，制定各项业务工作流程，明确各员工的职责和权限，认真执行内部管理制度，设立专门的内部控制部门，加大对员工业务行为的监督检查力度，防止内部人员利用职务之便在网上非法操作造成公司损失。另外，还要不断加强内部操作管理，在业务咨询、保单销售投诉建议、核保理赔等方面做到快速、准确，赢得公众的信任。

(5) 加大网络硬件建设，适应当前发展需要。

保险公司要不断加大网络硬件资金投入力度，保持设备的安全、良好运转，加强对网络的日常维护管理，提高社会公众对公司网络的关注度，扩大公司的影响面。

第三节　网络教育

随着竞争的日益加剧，人才成了重要的资源，而决定人才质量高低的教育起着举足轻重的作用。因此教育作为信息时代具有战略意义的基础产业，孕育着无限商机。网络的发展促进了网络教育的出现，当前，我国的网上远程教育已初具规模。

一、网络教育概述

1. 网络教育的定义

网络教育(E-Learning)又称“现代远程教育”，根据美国教育部2000年度“教育技术白皮书”的论述，“E-Learning”是一种受教育的方式，包括新的沟通机制和人与人之间的交互作用。这种新的沟通机制指计算机网络、多媒体、专业内容网站、信息搜索、电子图书馆、远程学习和网上课堂等。我国学者将网络教育定义为：办学主体通过Internet实现向广为分散的学生开展教学工作的全新教育形式。

从网络教育服务的市场定位来看，一种是学历教育服务体系；另一种是非学历教育体系。因此，目前网络远程教育主要有两种方式：一种是高校自己成立的网络学院，目前多数高校都成立了自己的网络教育学院，将学校的教学资源与网络结合起来，充分发挥网络教育的优势，满足部分受教育者的需求。另一种是专业的网络教育经营公司，比如北大青鸟的网络教育，其中后者有更多的资金和技术上的优势，在经营管理上显得更加市场化和商业化。

2. 网络教育的系统

要开展网络教育，硬件和软件方面的建设是必不可少的，在硬件方面，网络教育系统的建设是建立在网络建设高度发展的基础上的，没有宽广畅通的信息高速公路，无法跑起满载教育信息的快车。网络教育最典型的例子是多媒体课件的传输、视频点播的实时性，这些应用对网络速度有非常高的要求，所以良好的网络硬件基础的建设至关重要。网络发展前期，快速以太网无法提供足够的带宽，而ATM网络技术则因其实现了音频、视频、数据的统一传输，成为以多媒体应用为主要业务的网络建设的唯一选择。然而选择使用ATM技术的网络存在一些无法克服的缺点，使得它无法为大多数的高校所接受。首先一点就是硬件建设的投资问题，支持ATM网络技术的设备比较昂贵，这些费用不是普通高校能普遍承受。在软件方面，网络教育系统作为一个完整的服务应用系统包括以下几个方面的内容：

(1) 资源库：包括多媒体素材库(格式、组成)、课件库、案例库以及试题库；

(2) 支持平台:提供教师上载、下载素材,上载课件的界面,同时提供学生下载界面;

(3) 应用系统:提供学生与教师用于教学用的交互式界面,包括保证安全的身份验证、课件的点播、各种实时的交互方式等。

3. 网络教育的主要方式

网络教育依托网络,营造数字化的教育环境,综合利用各种教学方式,充分发挥它的优势,达到最好的教学效果。目前主要有以下几种方式:

(1) 视频广播:由网络管理中心播放视频(实时视频或录像)。这种形式与电视或播放录像没有太大的区别,学生无法控制,实际上是一种直播课堂式的教学。它的好处是学习者不受地域和人数的限制,且占用带宽小,多用于名师授课、学术报告、重要会议的直播等。

(2) 视频点播:学习者可以根据需要对服务器中的视频进行点播。内容可以是电视教学片,也可以是课堂实况录像。由于是非实时的点播,所以可以对其精心设计(插入图文、视频、动画等)。NVP(Network Video Presenter)是VOD的一种,它的好处是在教学的视音频信息的基础上同步播放电子幻灯,是普通VOD基础上的二次开发,有利于教学信息传递更为有效。

(3) 视频会议:视音频多向实时传输的形式。由于设备昂贵,应用不是很普遍,多用于教师答疑。

(4) WEB教材:把教学内容制作成网页的形式。其好处是编制难度不大,运行方便,因而使用普遍。

(5) 多媒体课件:运用多媒体语言或课件开发工具开发的教材,一般可下载到本机运行。

(6) BBS论坛:师生间、学习者间以电子公告板的形式相互交流和协作。

(7) 聊天室(教学讨论区):师生间、学习者间通过文字、语音等形式异地实时交流。

(8) E-mail:师生间、学习者间以电子邮件的形式相互交流。

二、网络教育的优势

随着信息技术和网络的发展,人们的日常生活日益融入网络,同时,知识经济浪潮的到来,促使教育也通过大众传媒和远程系统给人们提供更多的机会和方便。网络教育相对于传统的教育方式发生了很大的变化,它让人们通过网络来共享资源,选择更适合自己的教学方式和内容,向传统的教育提出了挑战。

当今教育要求以因材施教和培养创造力为核心目标,突出个性化教育模式。同时,人类已经进入可以无限制地进行信息的低成本复制的新阶段,纯记忆型的智力必然会普遍贬值,而想象力、创造力将会越来越重要。网络教育正是提供了一个个性化教育的平台。

网络教育相对于传统教育来说,优势主要体现在以下几个方面:

(1) 能提供时空上的方便。传统教育要求受教育者按时去上课,这个对接受高等教育的全日制学生来讲不难实现,但是对于上班族而言,根本没有专门的时间去课堂,而远程网络教育则可以让受教育者通过网络在任何时间任何地方进行学习。

(2) 能缓和教师资源不平衡的矛盾。远程网络教育是先把讲课的过程录制下来并上传到网上,再让受教育者在网上在线“上课”的过程,由于讲课的时间比较灵活,讲课老师多数是名牌大学的优秀教师,有更丰富的教学经验,能取得更好的教学效果。

(3) 远程网络教育更好地把握学习的度,有利于重复利用学习资源。由于网络教育的课程有视频，而且不受访问次数的限制，受教育者对于复杂难懂的内容可以反复“上课”，直至消化理解。

(4) 有利于节约成本。网络教育不需要学校配置教学的硬件设备，只要每个学生有一个电脑终端就可以方便地进行学习，同时也减少学生的支出成本。

远程网络教育也存在着一些弊端，它的教育方式决定了学校和教师不能很好地对受教育者进行学习上的管理和考察，学习的过程对网络过于依赖，特别是受教育者的教学实践环节相对于传统来讲比较难开展，网络教育的专业在一定程度上会受到限制，因此，将网络教育与传统教育结合起来，取长补短，能达到更好的教学效果。

我国的教育水平和人民的素质在不断提高，但是部分地区的教育还是存在比较大的问题，目前国家也在出台一些政策，支持网络教育的发展，使远程网络教育能解决我国贫困山区的教育问题。

三、我国网络教育现状

我国的网络教育始于 1994 年实施“中国教育科研网示范工程”，目前已有了一定的发展。在高等教育领域，继 1998 年教育部批准清华大学等 4 所高等院校开展网络大学试点工作之后，现已设立研究生院的 50 所高等院校又被获准开展网上远程教育，进行专科和本科学位学历教育和开设研究生课程。在基础教育领域，全国已有近 3 000 所中小学组建了校园网，上万所学校组建了网络化电子教室。教育部在《关于加快中小学信息技术课程建设的指导意见》中提出，要在 10 年的时间里全面普及信息技术必修课，使每一名中小学师生都能共享网上教育资源。

1. 我国网络教育存在的问题

虽然网络教育在互联网上蓬勃发展，但就目前的形势和发展状况来看，我国的网络教育还存在一系列问题。主要体现在：

(1) 教育模式。传统的课堂教育经过百年锤炼，已经成型，网络教育究竟什么样？教育模式、课程浏览方式都是个亟待解决的问题。

(2) 关于网络教学基础设施方面的问题。如计算机普及率偏低，网络传输速度太慢，宽带多媒体电信网等远程教学信息传输的质量和稳定性有待提高，上网费用过于昂贵，致使教学双向交互信息严重不对称，交互式技术媒体的交互作用与功能没有得到充分发挥，严重地制约了网络教学的发展。尤其是我国幅员广大，各地区经济和教育的发展极不平衡，一方面，人们期望通过网络教学使欠发达地区能有更多的机会接受高等教育，但另一方面，欠发达地区的网络基础设施太差，在那里或向那里开展网络教学面临着空前的困难，从而使网络教学不能真正成为推动高等教育发展的有效工具。

(3) 教学软件和网站质量方面的问题。目前，国内在网络教育中使用的软件，质量高的不多，特别是适应网络教育本质特点的自主学习型课件几乎还是空白。有的专题栏目徒有其名，而无具体内容；或者是有内容但需提供有偿服务，教学资源共享程度低。网络课程重量不重质，交互性差。基础教育网站内容单调，缺乏创新与变革，仅为文字教材电子化或书本搬家，没有体现网络教育的主动性和交互性。

(4) 关于师资队伍方面的问题。网络教育不是技术越先进越好，而是与教学内容、学生需求、教师能力相匹配的适用技术最好。目前我们的教师对网络课程建设投入的力量很不够，这主要是由于缺乏相应的激励机制予以引导。今后教师的聘用和晋升必须考虑是否接受过有关网络教学技术的培训或是否掌握了网络教学技术。扩展网络教育，除了软件和硬件的投资外，最重要的是教师的培训。我们应该用计算机、网络武装每一位教师、每一个教研室。

(5) 教学质量监控和管理动作模式等方面的问题。例如，如何进行网上考试，既要保证质量，又要简化操作，提高效率；普通高校如何与电大合作开展远程教育，发挥已有系统更大的作用；引入境内外资金，如何处理公司的合作与利益分配关系，以及如何处理校外远程教学与校内教学的关系等等。

2. 我国网络教育的对策分析

针对以上的问题，我们必须重视网络教育的发展，从多方面着手，寻找网络教育的出路。主要体现在以下几个方面：

(1) 加快和改善网络教学平台建设。首先要解决网络教育硬件瓶颈，争取实现网络教育的规模经济。同时，要大力开发宽带数据网、卫星网、Internet 等主干网络的融合技术，解决带宽和双向传输障碍，大力开发近距离传输技术，由传统教育固定时间固定地点接受知识变为固定地点不固定时间(如按需点播技术 VOD)，再逐步过渡到时间和地点都不固定的灵活的学习方式。

(2) 加强多媒体网络课件的开发，加大投入建设精品课程。加强课件的开发，包括课件的制定要突出重点；多媒体网络课件无论在内容上还是形式上都必须注意教育学和心理学的灵活运用；多媒体网络课件必须强化培养学生创造性思维的内容；多媒体网络课件的设计必须与学生的自主学习相结合；科学地选择多媒体形式，加深学生对教学内容的理解；针对不同的用户群体制作不同形式的课件。

(3) 重视教学软件的开发。教学软件开发有几个重点要素：开发素材库与素材库管理软件，简化教师开发网络课件时的素材制作负担；开发针对具体学科的网络课件模板和向导工具；开发一系列的课件制作辅助工具；开发针对网络教学目的的、基于 Html 和 Xml 以及 Asp 的网页和网站开发工具；开发一系列的学生辅助学习工具；提供支持分布式模型的师生远程交流工具；实现课件开发、网页开发和网站建设与基于 Web 课程开发、教学传递、教学管理以及网上测试工具的软件集成。

(4) 加大网络远程教育技术标准的实施，建立较完备的质量监控体系。制作相关网络教育的法令法规，提供网络远程教育技术标准和质量保证体制。同时，建立相应的网络技术标准、质量监控和评价机构，为保证网络教育健康发展提供保障。跟踪国际网络教育技术标准研究工作，引进相关国际标准，根据我国教育实际情况修订与创建各项技术标准，形成一支信息化教育标准研究队伍。推广网络教育技术标准，完善一致性测试体系。积极推进质量认证。引入第三方监控组织，加大监控的力度。

网络教育是教育行业的一个新型模式，也是一项教育改革成果。我们有充分的理由相信，随着时代的飞速发展，社会信息化程度将会越来越高，网络教育将会得到越来越多的人们的承认与积极参与，它将在政府得力措施的支持下，克服目前存在的各种困难，解决其存在的问题，以前所未有的速度向前发展，从而以巨大的动力推动社会发展。

四、网络教育实例

中国地质大学(武汉)网络教育学院是在 2001 年 6 月由国家教育部批准成立的，从此揭开了中国地质大学办学史上新的一页。现代远程教育充分利用和整合中国地质大学和校外学习中心的教学资源，突破传统的教学模式，引入计算机网络技术、现代教育技术、卫星通信、计算机网络通讯等现代先进技术，将学校的优秀的教学资源传送到分布在全国各地的学习中心和教学终端，使单向的教和学的模式变为实时或非实时、师生互动、学生互动、不受时间空间限制的学习模式，形成全民学习、终身学习的学习型社会。图 7－5 是中国地质大学(武汉)网络教育学院的首页。

图 7－5　中国地质大学(武汉)网络教育学院首页

目前，该校建成了千兆校园网络；新建成的网络教育学院/网络与教育技术中心大楼，办公面积近 4 000 平方米；搭建了支持网上教学和教务管理的网络教育平台；自主开发并引进了 400 余门网络课件；在全国各地已设立或正在建立近 40 个校外学习中心。学院依托学校各院系办学，将名师名课程有机地整合到网络教育平台上，并采取面授、网上学习、课下辅导、网上实时与非实时辅导答疑、实验实习等教学手段实现教学目的和目标。

第四节　网络旅游

Internet 的发展给旅游业带来了新的契机，电子商务与传统旅游业务相结合已成为未来旅游业的发展趋势，大批旅游网站相继建立，网络旅游日趋盛行，旅游电子商务正在成为电子商务发展的又一重要分支。

一、网络旅游概述

1. 网络旅游的概念

网络旅游是一个兴起于 20 世纪末，时髦于 21 世纪的旅游新概念，也称旅游电子商务，有广义和狭义之分。广义的网络旅游泛指以网络为主体，以旅游信息库、网络银行为基础，利用先进的信息化手段实现旅游业及其分销环节数字化运作的所有商务活动。狭义的网络旅游是指在旅游业中利用 Internet、Intranet 和 Extranet 来实现旅游产品与服务交易活动的总称，它涉及旅游业的方方面面，不仅仅是通过网络进行旅游市场的交易活动，还包括旅游企业通过网络与供应商、各种服务机构以及政府相关部门建立业务联系的过程。

网络旅游的基本定位是满足旅游市场的发展要求，顺应旅游企业经营战略创新的趋势，探索新的旅游业务模式，建设有特色的、个性化的旅游电子商务，以降低成本，提高效率，寻求新的利润增长点。

网络旅游的基本目标是突破传统的经营模式与手段，建立以互联网为基础的现代旅游管理信息系统，形成规模化、产业化、标准化的旅游发展新格局，使旅游业整体利益最大化和运作效率最优化成为可能。

当一个旅游者通过访问旅游网站，收集全国各地的旅游信息，制订自己出游的旅游线路，预订各种交通票证、住宿房位、娱乐项目，并在网站的帮助下完成“吃、住、行、游、购、娱”的旅游活动时，一次真正意义上的“网络旅游”便诞生了。它与传统的旅游相比，有着多方面的优势，是旅游服务商与旅游消费者之间交流沟通的渠道和中介。

2. 网络旅游的服务功能

网络旅游并不是凭借网络的方式让旅游者在网络上看风景来享受美好风光，而是通过网络来辅助旅游者出游。目前，国内网络旅游服务商的服务功能主要可以分为三类：

(1) 信息的汇集、传播、检索和导航。这些信息内容一般都涉及景点、饭店、交通旅游线路等方面的介绍；旅游常识、旅游注意事项、旅游新闻、货币兑换、旅游目的地天气、环境、人文等信息以及旅游观感等。

(2) 旅游产品(服务)的在线销售。网站提供旅游及其相关的产品(服务)的各种优惠、折扣，航空、饭店、游船、汽车租赁服务的检索和预定等。

(3) 个性化定制服务。从网上订车票、预订酒店、查阅电子地图到完全依靠网站的指导在陌生的环境中观光、购物。这种以自订行程、自助价格为主要特征的网络旅游在不久的将来会成为国人旅游的主导方式。能否提供个性化定制服务已成为旅游网站，特别是在线预定服务网站必备的功能。

3. 网络旅游的特点

网络旅游以面对面的服务形式，免去了旅游者不必要的时间浪费和金钱负担。它不但减少了旅游经营者为旅游者提供旅游产品服务时的销售环节，而且还降低了产品成本，提高了经营效益，为旅游者提供了物美价廉质优的服务。网络旅游相对于传统旅游来说，有以下一些特点：

(1) 信息量大。互联网的最大优势之一是提供了极为丰富的信息。网络旅游信息更是丰富多彩，应有尽有，给旅游者较大的选择余地。以华夏旅游网为例，此网站分为公众版和企业版两大板块，公众版又包括锦绣中华、环球之旅、交通信息、在线预订、非常旅游、网上交流、免费服务等。每个栏目又进行了具体细分，比如“在线预订”分为订酒店客房、订国际机票、订国际列车、订旅游线路等。由此足见网上信息的丰富，远非旅行社提供的小册子所能比，它几乎包含了旅游的方方面面，给旅游者提供了最详细的咨询。

(2) 方便快捷。网络缩短了空间的距离。旅游者坐在家中或在旅途上，只要能上网就可实现信息查询和网上预订。它摆脱了以往手续烦琐的亲自上门预订和电话预订、传真预订等方式耗时长、额外经费浪费严重、反应迟缓的弊端，顾客只需用鼠标轻轻一点，一个充满新奇的假日之旅随即展开。这种旅游方式将节省大量时间、精力和金钱，对于那些工作繁忙而经常使用网络的商务旅游者尤其适用。

(3) 灵活互动。网络的一大特点是具有交互性。旅游者不仅能浏览信息,还可与网站进行交流。比如通过 E-mail 向专业人士请教各种旅游方面的问题,或者在旅游论坛或 BBS 上发表文章畅谈自己的旅途感受,邀约志趣相投的朋友一起出游。还可以在聊天室与天南海北的朋友交流经验,互通信息。而且网络旅游是很灵活的,不必像旅行社组团那样非得凑够一定人数才能出发。行程安排也可以方便地改变,只需与有关上网的旅游企业保持 E-mail 联系,及时通知对方你的新计划。

(4) 个性化。目前,国际旅游散客潮已经到来,散客旅游的目的不仅是观光,而且对舒适、自由、回归有着极高的要求。旅游市场需求已经从传统简单的满足观光游览需要的"到达型",转变为"个性化旅游型",网络旅游通过网络的双向交流作用,在便捷和实惠以外,还能提供"个性化"的旅游定制服务,来满足整个大众旅游消费口味的改变。

4. 网络旅游的注意事项

作为电子商务的一种,"网络旅游"有其自身的操作特点和规范,而不同的旅游网站为旅游者提供的服务也不尽相同,在选择"网络旅游"的时候应该注意以下问题:

(1) 在准备实行"网络旅游"时,对各个网站的服务特点、经营项目、信息含金量先进行一番比较,并及时跟对方联系,取得有关吃、住、行、游、购、娱的第一手资料。

(2) 把自己的线路安排、旅行时间表及所需的住宿、交通有关事项提交给网络旅游服务商,双方商议达成共识。

(3) 选择一家安全性、交互性、实时性、丰富性都强过别人的网站,在它的帮助下启程。

(4) 只有在确信自己选择到了信誉好、服务质量和付费都有安全保证的旅游网站后,"网络旅游"的参与者才可支付有关费用并动身启程。

二、网络旅游发展中的障碍及趋势

1. 网络旅游发展中的障碍

网络旅游是一个新生的模式,其发展也不是一帆风顺,在它的发展中还存在一些障碍,主要体现在以下几个方面:

(1) 观念有待转变

尽管网络经济发展迅速,但网上营销观念目前还没有被广大旅游企业完全接受,网上促销、网上预定尤其是网上结算,对我国众多旅游企业来说还是件比较陌生的事,许多企业对上网促销的宣传和营销效果缺少认识和体验,仍将主要精力集中在传统的营销渠道上,对已经成熟的市场渠道、固定客户群体的重视和满足远远高于对网络可能带来的收益的期待。即使已经参与网络旅游的企业,它们在实际工作中所做的准备和相应的调整也不够完善,体现在计算机网络配备、员工上岗培训、标准化业务流程建立等各个方面应对不足,不能适应网络旅游的特点。

(2) 服务有待提高

主要表现有三:首先是一些旅游网站只是进行了一些诸如景点介绍、旅游线路、旅游知识等介绍性描述,未能真正提供全面、专业、实用的整套旅游服务,使网上旅游的魅力没能全方位显现出来。其次是由于国内现有的旅游资源和信息资源尚没有全部实现与网络接轨,大多数旅游网站信息匮乏,与传统的旅游业相脱节,不能给上网的用户提供充分的信息资源,这样便在一定程度上影响了旅游网站对旅游者的服务能力和服务质量。再次是目前国内众多网站现有的旅游服务项目和线路基本相差无几，且只局限于国内游，根本无法进行更复杂的旅游操作。

(3) 安全性有待加强

网络安全是人们对网上业务关注的焦点，网络旅游业也不例外。旅游网站一旦被"黑"，不仅无法正常向旅游者提供服务，而且用户的信用卡号及其密码有可能被窃取，其后果不堪设想，用户和网站都将遭到巨大的经济损失。于是部分人会对网络旅游的可靠性产生怀疑，进而不敢参与。因此应该逐步完善网络安全性控制，特别是研究网上支付的加密技术，加强对网上黑客的防范并制定有关打击黑客的法规，使网络旅游走上法制化和规范化的轨道。

2. 网络旅游发展中的趋势

目前，无论是政府还是旅游企业都在努力解决网络旅游中出现的各种问题，在未来，网络旅游发展的主要趋势是：

(1) 旅游电子商务合作胜过竞争

目前我国旅游电子商务网站多数为网络企业创办，传统旅行社上网并没有占据主导地位。而面对网上旅游巨大的市场空间，传统旅行社以及航空公司、饭店旅游组织都不会轻易放弃该市场。同时，我国传统旅游业尽管并不发达，但相对于网上旅游来说却成熟得多，而且建设旅游网站并不单纯是技术问题，网上旅游信息资源，这并不是纯粹的网络企业能够解决的，因此同传统旅游组织进行战略联合和合作，取其之长、补己之短是促进旅游业更快发展的最佳途径。

(2) 自助式和家庭型旅游将会成为网上旅游的主流方式

目前旅游业已经从简单的规范化的旅游产品发展到复杂的组合产品。从商务旅游到休闲旅游产品，从散客到团体旅游产品等，以往千篇一律的"旅游套餐"已经不能满足消费者的个性需求，消费者更加渴求的是更具时尚化的"旅游自助餐"。传统旅行社由于成本条件的限制，一般不会接受散户的旅游服务，因而个性化旅游在传统方式下面临巨大障碍，而网上旅游具有覆盖面广、销售成本低等特征，弥补了网下旅游无法解决大量散户旅游服务要求的不足。旅游网站一般汇集了大量的旅游信息，并配以精美的图片和生动的文字说明，对消费者的吸引力很大，而且消费者完全可以根据自己的喜好和经济承受能力自由选择旅游路线，而不受第三方的干扰。另外现在越来越多的人开始对跟团旅游产生反感，而更加偏爱同家庭成员一同出游的方式，这种方式不仅可以增进家庭成员之间的感情交流，而且旅游过程会更加轻松、气氛更加和谐，因此预计家庭型旅游同自助式旅游一样会成为旅游的主流方式。

(3) 网上旅游与网下旅游齐驱并驾

网上旅游将会对传统旅游业产生冲击，但近期不会威胁到传统旅游业的发展。和发达国家相比，我国的旅游业存在很大差距，我国旅行社 90%是中小型企业，本身没有太多的客流量，连基本的生存都存在问题。更多的旅行社还延续着传统的小作坊式的手工操作，效率低下，成本高昂。网下旅游业环境的不成熟为网上旅游业的生存和发展创造了很广阔的空间。相对于传统的旅游业来说，旅游产品本身个性化、信息化、时令化等特性，也非常适合网上销售。因此网上旅游业的兴起并不能取代传统旅游的地位。受电脑普及率、网上宣传的被动性、网上交易的技术性问题及人们的消费习惯等因素的影响，未来 5 年应该是网上、网下旅游共同发展共同进步的时期，网上旅游销售将和旅行社同时存在，并各有分工和侧重。

(4) 旅游市场前景广阔

政府对发展旅游业的积极政策以及消费者对旅游兴趣的提高，使网上旅游业具有广阔的市场发展前景。目前网上旅游主要业务还只限于发布旅游信息，做公司的广告宣传以及销售机票、客房等比较规范化的产品，但中国巨大的旅游市场规模决定我国网上旅游业具有极大的发展机遇。

四、网络旅游实例

携程旅行网创立于1999年，总部设在中国上海，目前已在北京、广州、深圳、成都、杭州、厦门、青岛、南京、武汉、沈阳等10个城市设立分公司。作为中国领先的在线旅行服务公司，携程旅行网成功整合了高科技产业与传统旅游业，向超过1 500万会员提供集酒店预订、机票预订、度假预订、商旅管理、特惠商户及旅游资讯在内的全方位旅行服务，被誉为互联网和传统旅游无缝结合的典范。

服务规模化和资源规模化是携程旅行网的核心优势之一。它拥有亚洲旅游业首屈一指的呼叫中心，其座席数已超过3 000个。携程同全球134个国家和地区的28 000余家酒店建立了长期稳定的合作关系，其机票预订网络已覆盖国际国内绝大多数航线，送票网络覆盖国内47个主要城市。规模化的运营不仅可以为会员提供更多优质的旅行选择，还保障了服务的标准化，进而确保服务质量，并降低运营成本。

登录携程旅行网，可以使用携程的旅行工具箱，查询电子地图、天气预报、会展信息、火车时刻、租车服务等，同时还可以了解旅游常识。可以查看携程推荐的旅游线路，或者根据自助游的要求在携程上预定车票、飞机票、酒店等。还可以在携程上跟别人分享旅游的快乐。图7-6是携程旅行网的首页。

图7-6　携程旅行网首页

第五节　电子政务

一、电子政务的概述

1. 电子政务的概念

电子政务是近几年来伴随着 Internet、电子商务等新生事物而出现的新概念，是在新形势下将市场机制和现代企业思想以及网上服务融入政府管理方式中的具体体现。目前关于电子政务有很多种说法。例如：电子政府、网络政府、政府信息化管理等。然而，真正的电子政务绝不是简单的"政府上网工程"，更不是为数不多的网页型网站系统。电子政务(e-Government)最早是由美国前总统比尔·克林顿提出来的，指的是政府机构应用现代信息和通信技术，将管理和服务通过网络技术进行集成，在互联网上实现政府组织结构和工作流程的优化重组，超越时间和空间及部门之间的分隔限制，向社会提供优质和全方位的、规范透明的、符合国际水准的管理和服务。一个最基本的电子政务模型可以简单概括为两方面，即政府内部利用先进的信息网络技术实现办公自动化、管理信息化；政府部门与社会各界利用信息平台进行信息服务、网上事务处理，从而加强群众监督、提高办事效率及促进政务公开等。

2. 开展电子政务的基本条件

电子政务是一个系统工程，应该符合三个基本条件：

(1) 电子政务是必须借助于电子信息化硬件系统、数字网络技术和相关软件技术的综合服务系统。硬件部分包括内部局域网、外部互联网、系统通信系统和专用线路等；软件部分包括大型数据库管理系统、信息传输平台、权限管理平台、文件形成和审批上传系统、新闻发布系统、服务管理系统、政策法规发布系统、用户服务和管理系统、人事及档案管理系统、福利及住房公积金管理系统等数十个系统。

(2) 电子政务是处理与政府有关的公开事务、内部事务的综合系统。包括政府机关内部的行政事务以外，还包括立法、司法部门以及其他一些公共组织的管理事务，如检务、审务、社区事务等。

(3) 电子政务是新型的、先进的、革命性的政务管理系统。电子政务并不是简单地将传统的政府管理事务原封不动地搬到互联网上，而是要对其进行组织结构的重组和业务流程的再造。因此，电子政府在管理方面与传统政府管理之间有显著的区别。

二、电子政务的基本结构及主要模式

1. 电子政务的基本结构

一个完整的电子政务系统应该能够在政府部门内部、之间及外部进行信息交流及服务，所以电子政务系统主要包括 3 个组成部分：

(1) 政府部门内部的信息系统，如办公自动化系统。

(2) 政府部门之间通过网络进行的信息通信、共享与事务协作，如我国的"三金"工程。

(3) 政府部门通过互联网与企业及公民进行的信息交流及服务，如政府在网站上发布政务信息，进行网上政务处理。

电子政务的基本结构如图7-7。

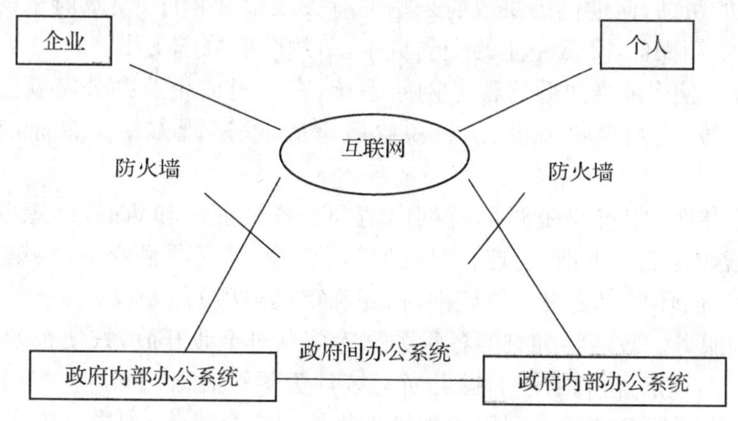

图7-7　电子政务的基本结构

2. 电子政务的基本模式

根据电子政务参与和服务的对象来看，主要有政府(government)、企业(business)和公民(consumer)，因此电子政务主要有以下三种模式：

(1) 政府间的电子政务(G to G)。主要包括以下内容：

① 电子法规政策系统。对所有政府部门和工作人员提供相关的现行有效的各项法律、法规、规章、行政命令和政策规范，使所有政府机关和工作人员真正做到有法可依，有法必依。

② 电子公文系统。在保证信息安全的前提下在政府上下级、部门之间传送有关的政府公文，如报告、请示、批复、公告、通知、通报等等，使政务信息十分快捷地在政府间和政府内流转，提高政府公文处理速度。

③ 电子司法档案系统。在政府司法机关之间共享司法信息，如公安机关的刑事犯罪记录，审判机关的审判案例，检察机关检察案例等，通过共享信息改善司法工作效率和提高司法人员综合能力。

④ 电子财政管理系统。向各级国家权力机关、审计部门和相关机构提供分级、分部门历年的政府财政预算及其执行情况，包括从明细到汇总的财政收入、开支、拨付款数据以及相关的文字说明和图表，便于有关领导和部门及时掌握和监控财政状况。

⑤ 电子办公系统。通过电子网络完成机关工作人员的许多事务性的工作，节约时间和费用，提高工作效率，如工作人员通过网络申请出差、请假、文件复制、使用办公设施和设备、下载政府机关经常使用的各种表格，报销出差费用等。

⑥ 电子培训系统。对政府工作人员提供各种综合性和专业性的网络教育课程，特别是适应信息时代对政府的要求，加强与信息技术有关的专业培训，员工可以通过网络随时随地注册参加培训课程、接受培训，参加考试等。

⑦ 业绩评价系统。按照设定的任务目标、工作标准和完成情况对政府各部门业绩进行科学的测量和评估。

(2) 政府对企业的电子政务(G to B)。政府对企业的电子政务是指政府通过电子网络系统进行电子采购与招标，精简管理业务流程，快捷迅速地为企业提供各种信息服务。主要包括：

① 电子采购与招标。通过网络公布政府采购与招标信息，为企业特别是中小企业参与政府采购提供必要的帮助，向他们提供政府采购的有关政策和程序，使政府采购成为阳光作业，减少徇私舞弊和暗箱操作，降低企业的交易成本，节约政府采购支出。

② 电子税务。使企业通过政府税务网络系统，在家里或企业办公室就能完成税务登记、税务申报、税款划拨、查询税收公报、了解税收政策等业务，既方便了企业，也减少了政府的开支。

③ 电子证照办理。让企业通过因特网申请办理各种证件和执照，缩短办证周期，减轻企业负担，如企业营业执照的申请、受理、审核、发放、年检、登记项目变更、核销，统计证、土地和房产证、建筑许可证、环境评估报告等证件、执照和审批事项的办理。

④ 信息咨询服务。政府将拥有的各种数据库信息对企业开放，方便企业利用。如法律法规规章政策数据库，政府经济白皮书，国际贸易统计资料等信息。

⑤ 中小企业电子服务。政府利用宏观管理优势和集合优势，为提高中小企业国际竞争力和知名度提供各种帮助。包括为中小企业提供统一政府网站入口，帮助中小企业同电子商务供应商争取有利的能够负担的电子商务应用解决方案等。

(3) 政府对公民的电子政务(G to C)。政府对公民的电子政务是指政府通过电子网络系统为公民提供的各种服务。主要包括：

① 教育培训服务。建立全国性的教育平台，并资助所有的学校和图书馆接入互联网和政府教育平台；政府出资购买教育资源然后对学校和学生提供；重点加强对信息技术能力的教育和培训，以适应信息时代的挑战。

② 就业服务。通过电话、互联网或其他媒体向公民提供工作机会和就业培训，促进就业。如开设网上人才市场或劳动市场，提供与就业有关的工作职位缺口数据库和求职数据库信息；在就业管理和劳动部门所在地或其他公共场所建立网站入口，为没有计算机的公民提供接入互联网寻找工作职位的机会；为求职者提供网上就业培训、就业形势分析，指导就业方向。

③ 电子医疗服务。通过政府网站提供医疗保险政策信息、医药信息、执业医生信息，为公民提供全面的医疗服务。公民可通过网络查询自己的医疗保险个人账户余额和当地公共医疗账户的情况；查询国家新审批的药品的成分、功效、试验数据、使用方法及其他详细数据，提高自我保健的能力；查询当地医院的级别和执业医生的资格情况，选择合适的医生和医院。

④ 社会保险网络服务。通过电子网络建立覆盖地区甚至国家的社会保险网络，使公民通过网络及时全面地了解自己的养老、失业、工伤、医疗等社会保险账户的明细情况，有利于加深社会保障体系的建立和普及；通过网络公布最低收入家庭补助，增加透明度；还可以通过网络直接办理有关的社会保险理赔手续。

⑤ 公民信息服务。使公民得以方便、容易、费用低廉地接入政府法律法规规章数据库；通过网络提供被选举人背景资料，促进公民对被选举人的了解；通过在线评论和意见反馈了解公民对政府工作的意见，改进政府工作。

⑥ 交通管理服务。通过建立电子交通网站提供对交通工具和司机的管理与服务。

⑦ 公民电子税务。允许公民个人通过电子报税系统申报个人所得税、财产税等个人税务。

⑧ 电子证件服务。允许居民通过网络办理结婚证、离婚证、出生证、死亡证明等有关证书。

第六节　移动电子商务

如何帮助客户在任何时候(anytime)、任何地点(anywhere)、使用任何可用的方式(anyway)(即3A服务)都可以得到相应的商务服务呢？要解决这个问题就必须考虑将商务与移动技术结合，于是催生了移动电子商务的出现。

一、移动电子商务概述

1. 移动电子商务的概念

移动电子商务(M-commerce)也可以称为移动商务，是近年来一种新兴的商务模式，它是随着手机、平板电脑、笔记本电脑等智能移动设备成为人们生活和工作中的必备之物而出现的，由电子商务的概念衍生而来，是指用户在支持互联网应用的现代无线通信网络平台上，借助移动的智能终端设备，完成商品或服务的交易的社会经济活动，它是建立在移动通信技术、互联网技术和电子商务技术的基础之上的。

传统的电子商务必须凭借有线网络来实现，这在一定程度上限制了电子商务的应用。当各种移动通信手段出现并在人们的日常生活中占有重要位置的时候，因特网、移动通信技术和其他技术的完善组合就创造了移动电子商务，它是电子商务新的发展分支，是对有线电子商务的整合和发展，是电子商务发展的新形式。

2. 移动电子商务提供的主要服务

技术的应用是移动电子商务的前提，但是最终推动它不断发展的是移动电子商务提供的各种服务：

(1) 银行业务：移动电子商务使用户能随时随地在网上安全地进行个人财务管理，进一步完善因特网银行体系。用户可以使用移动终端核查其账户、支付账单、进转账以及接收付款通知等。

(2) 交易：移动电子商务具有即时性，因此非常适于股票等交易应用。移动设备可用于接收实时财务新闻和信息，也可确认订单并安全地在线管理股票交易。

(3) 订票：通过因特网预订机票、车票或入场券已经发展成为一项主要业务，其规模还在继续扩大。从因特网上可方便核查票证的有无，并进行购票和确认。移动电子商务使用户能在票价优惠或航班取消时立即得到通知，也可支付票费或在旅行途中临时更改航班或车次。借助移动设备，用户可以浏览电影剪辑、阅读评论，然后订购邻近电影院的电影票。

(4) 购物：借助移动电子商务技术，用户能够通过其移动通信设备进行网上购物。即兴购物会是一大增长点，如订购鲜花、礼物、食品或快餐等。传统购物也可通过移动电子商务得到改进。例如，用户可以使用“无线电子钱包”等具有安全支付功能的移动设备，在商店里或自动售货机上进行购物。

(5) 娱乐：移动电子商务将带来一系列娱乐服务。用户不仅可以从移动设备上收听音乐，还可以订购、下载特定曲目，支付其费用，并且可以在网上与朋友们玩交互式游戏，还可以为游戏付费。

移动电子商务提供的以上服务，体现了方便、个性化的生活方式，让人们脱离了传统的工具——电脑，让生活更随心所欲，正逐渐为人们所接受。

3. 移动电子商务的主要特点

移动电子商务在获取信息的方便性、基础设施成本、市场开发上都有其突出的特点。

(1) 时空优势。由于它借助了无线的技术，能够帮助用户真正实现随时随地传递信息、处理业务，而完全不受时间与空间的限制。

(2) 后发优势。无线的优势正逐渐激发用户对新应用的需求，随着新技术的使用及普及，移动电子商务的市场具有后发优势，为许多企业提供了新的机遇。

(3) 规模优势。目前手机用户已经远远超过上网人数，PDA 的用户也越来越多，使移动电子商务在客户规模上具有明显的优势。

(4) 渠道优势。移动电子商务与传统的商务并不对立，而是可以进行合作，互相支持，共同发展。

(5) 体验优势。移动电子商务正在渗透到人们的生活和工作中，由于其界面友好、操作简单、使用方便，易于被接受，让用户轻松体验其魅力。

(6) 个性化优势。结合移动通信网随时随地应用的特点，移动电子商务可以有针对性地开展网络营销。

当然，目前移动电子商务还存在一些不足的地方，主要是无线网络技术的应用规范上还有待进一步成熟，在稳定可靠、抗干扰、速度等方面还逊色于有线电子商务，在应用成本上还比较高。

二、实现移动电子商务的技术

移动电子商务是无线技术与电子商务共同的产物，它主要采用的技术有：

1. 移动 IP

移动 IP 通过在网络层改变 IP 协议，实现移动计算机在 Internet 中的无缝漫游。移动 IP 技术使得节点在从一条链路切换到另一条链路上时无须改变它的 IP 地址，也不必中断正在进行的通信。移动 IP 技术在一定程度上能够很好地支持移动电子商务的应用，但是目前它也面临一些问题，比如移动 IP 协议运行时的三角形路径问题；移动主机的安全性和功耗问题等。

2. “蓝牙”(Bluetooth)

Bluetooth 是由爱立信、IBM、诺基亚、英特尔和东芝共同推出的一项短程无线联接标准，旨在取代有线连接，实现数字设备间的无线互联，以确保大多数常见的计算机和通信设备之间可方便地进行通信。“蓝牙”作为一种低成本、低功率、小范围的无线通信技术，可以使移动电话、个人电脑、个人数字助理（PDA)、便携式电脑、打印机及其他计算机设备在短距离内无须线缆即可进行通信。例如，使用移动电话在自动售货机处进行支付，这是实现无线电子钱包的一项关键技术。“蓝牙”支持 64 kb/s 实时话音传输和数据传输，传输距离为 10～100 m，其组网原则采用主从网络。

3. 通用分组无线业务(GPRS)

传统的 GSM 网中，用户除通话以外最高只能以 9.6 kb/s 的传输速率进行数据通信，如 Fax、Email、FTP 等，这种速率只能用于传送文本和静态图像，无法满足传送活动视像的需求。GPRS 突破了 GSM 网只能提供电路交换的思维定式，将分组交换模式引入到 GSM 网络中。它通过仅仅增加相应的功能实体和对现有的基站系统进行部分改造来实现分组交换，从而提高资源的利用率。GPRS能快速建立连接，适用于频繁传送小数据量业务或非频繁传送大数据量业务。GPRS是2.5代移动通信系统。由于GPRS是基于分组交换的，用户可以保持永远在线。

4. 移动定位系统

移动电子商务的主要应用领域之一就是基于位置的业务，如它能够向旅游者和外出办公的公司员工提供当地新闻、天气及旅馆等信息。这项技术将会为本地旅游业、零售业和餐馆业的发展带来巨大商机。

5. 第四代(4G)移动通信系统

第四代(4G)移动通信系统以传统通信技术为基础，并利用了一些新的通信技术，来不断提高无线通信的网络效率和功能，第四代(4G)移动通信系统是一种超高速无线网络，一种不需要电缆的信息超级高速公路，这种新网络可使电话用户以无线及三维空间虚拟实境连线。

4G最大的数据传输速率超过100 Mbit/s，这个速率是移动电话数据传输速率的1万倍，也是3G移动电话速率的50倍。4G手机可以提供高性能的流媒体内容，并通过ID应用程序成为个人身份鉴定设备。它也可以接受高分辨率的电影和电视节目，从而成为合并广播和通信的新基础设施中的一个纽带。

三、移动电子商务存在的问题

(1) 安全性是影响移动电子商务发展的关键问题。相对于传统的电子商务模式，移动电子商务的安全性更加薄弱。如何保护用户的合法信息(账户、密码等)不受侵犯，是一项迫切需要解决的问题。除此之外，目前我国还应解决好电子支付系统、商品配送系统等安全问题。可以采取的方法是吸收传统电子商务的安全防范措施，并根据移动电子商务的特点，开发轻便高效的安全协议，如面向应用层的加密(如电子签名)和简化的IPSEC协议等。

(2) 无线信道资源短缺、质量较差。与有线相比，对无线频谱和功率的限制使其带宽较小，带宽成本较高，同时分组交换的发展使得信道变为共享；时延较大；连接可靠性较低，超出覆盖区域时，服务则拒绝接入。所以服务提供商应优化网络带宽的使用，同时增加网络容量，以提供更加可靠的服务。

(3) 面向用户的业务还需改善和加强。就目前的应用情况来看，移动电子商务的应用更多地集中于获取信息、订票、炒股等个人应用，缺乏更多、更具吸引力的应用，这无疑将制约移动电子商务的发展。

(4) 改进移动终端的设计。为了能够吸引更多的人从事移动电子商务活动，必须提供方便可靠和具备多种功能的移动设备。例如，基于WAP的应用必须比PC易于操作(如电话那样)；无线设备采用WAP后，仅允许提高较小的成本。

移动电子商务作为一种新型的电子商务方式，利用了移动无线网络的诸多优点，相对于传统的“有线”电子商务有着明显的优势，是对传统电子商务的有益补充。尽管目前移动电子商务的开展还存在很多问题，但随着它的发展和飞快的普及，很可能成为未来电子商务的主战场。

【本章小结】

随着电子商务的发展,各个行业开始向这个新领域扩展。网上证券是通过网络和电子商务技术来实现证券信息获取和证券交易。网络教育是通过网络及信息技术完成教育的过程,这种教育资源可以重复利用,能够解决时空上的矛盾,更好地利用教育资源。网络旅游是通过建立信息库在网上发布相关信息,由客户自主选择和定制旅游产品和服务的过程。电子政务是电子商务在政府事务中的利用。移动电子商务是电子商务发展的新领域。

【课堂讨论】

1. 规范网上证券交易市场应该重点从哪些方面入手?
2. 根据我国目前的教育现状,谈谈建设网络教育平台对中国教育的影响。
3. 网络旅游的发展趋势?
4. 根据我国移动电子商务的现状,谈谈未来它主要的应用热点。

【技能实训题】

1. 登录中国银河证券网:www. chinastock. com. cn,了解网上证券的相关内容。
2. 登录携程旅行网:www. ctrip. com,了解网络旅游的相关内容。
3. 选择你感兴趣的网络教育平台并登录查看里面包含的主要内容。
4. 试着用手机体验移动电子商务带来的乐趣。
5. 请同学们在网上搜索网络医疗的信息,了解目前网络医疗的现状和存在的主要问题。

第八章　网上支付

电子商务作为一种新型的商务模式正在改变着每个人的消费观念和消费手段。电子商务安全与否很大程度上影响着电子商务的普及。电子商务目前的网上支付方式有一定的优点，但是也存在很多不足和安全上的漏洞。电子商务正在呼唤一个安全、快捷、费用低廉的网上支付方式，以迎接电子商务全盛时期的到来。

【学习要点及目标】

掌握网络支付的概念、功能和模式，了解网络银行的概念、特点和发展，理解网络支付的安全和技术要求，关注国内外网络银行的发展现状和趋势。

第一节　网络支付的概述

一、网络支付的定义

电子商务运作模型和业务流程中有三个环节——信息流、资金流和物流。它们是促进电子商务发展的关键。作为中间环节的网络(在线)支付是电子商务流程中交易双方最为关心的问题。我们认为，网上支付是指以计算机和通信技术为手段，通过计算机网络系统以电子信息传递形式实现的货币支付与资金流通。

二、网络支付的特点

由于网上支付基于网络，它必须具备以下特点：

1. 安全性

网上支付是基于开放的 Internet 网络传输的，因此它必须采取数据加密、数字摘要、数字签名等安全技术，保证传输信息的安全性、完整性以及不可篡改性。

2. 认证性

网上支付系统在将支付过程无形化的同时，也将原本面对面的信用关系无形化了。在支付结算关系中仅仅用网络中的某些数据代表参与者，而这些数据所代表的身份以及这些身份的真实可信性就需要验证。这就需要建立认证体系，以确保信用关系在网络这个无形的世界中是真实的，认证是网上支付顺利实施的基本条件。认证的实现需要第三方认证机构的参与，目前认证体系主要由基于证书的认证来实现。

3. 信用性

网上支付中各种支付手段必须是得到权威机构支持的，要依托于某种信用形式，如信用卡一般是由银行发行且由银行提供其信用额度的;电子支票也必须依托于银行信用;电子现金涉及发放电子现金的群体向持有电子现金的群体提供信用。在第三方支付平台的模式下,由第三方平台保证交易双方的权益,交易双方进行网上支付是基于对第三方平台的信任。

另外与传统的支付方式相比,网上支付具有以下特点:

(1) 网上支付采用先进的技术通过数字流转来完成信息传输和款项支付;而传统的支付方式则是通过现金的流转、票据的转让以及银行的汇兑等物理实体来完成款项的支付。

(2) 网上支付的工作环境是互联网这样一个开放的平台;而传统支付则是在较为封闭的系统中运作。

(3) 网上支付使用的是互联网等先进通信手段,而且要求有相关的软件及其他一些配套设施:而传统支付使用的则是传统的通信媒介,对通信设备也没有太高的要求。

(4) 网上支付具有方便、快捷、高效、经济的优点。用户只要拥有一台能够上网的计算机,便可足不出户,在短时间内完成整个支付过程,而且只需花费相当于传统支付的几十甚至几百分之一的费用。

三、网络支付的功能

网上支付是电子商务的关键环节,也是电子商务得以顺利发展的基础条件。总的来说网上支付应该具有款项的结算支付、支付过程中的资金安全、支付操作的有效和便捷以及商业信息的安全保障等功能。

1. 即时结算功能

网上支付系统的目的是实现网上交易的即时支付,从而使消费者与商家的交易与正常购物交易时一样,这是网上支付系统存在的前提条件也是电子商务支付系统最基本的功能。这一功能要求网上支付系统应该在保证安全支付的前提下尽量快速地处理交易信息,尽量缩短交易时间,只有这样才能鼓励更多的人进行网上支付。

2. 安全保密功能

安全可靠是对网上支付系统最基本的要求。保证支付过程的安全可靠,是电子商务系统的核心。一个安全可靠的网上支付系统首先必须具有一个安全可靠的通信网络,其次是必须保证数据服务的绝对安全,既保证电子商务支付过程的安全,同时保证消费者和商家各自的保密信息不致外泄。

3. 信用评估功能

网上支付系统作为提供金融服务的系统,应能够向消费者和商家提供有关的信用评估信息,或以自己的信用提供相应的担保,从而保证消费者与商家的利益。

4. 使用方便

网上支付系统不应要求消费者和商家掌握更多的技巧,因为复杂的支付操作程序将丧失电子商务的优势。

5. 金融业务功能

作为金融中介机构,网上支付系统应具有其他金融业务的功能,比如账户查询、交易清单查询、转账操作、纠纷仲裁等。总之网上支付系统不应仅仅满足网上购物即时支付的要求,其服务范围应该要广泛得多。

四、网络支付的模式

目前在互联网上出现的支付模式已经有十几种。这些大多包含信息加密措施的支付系统大致可以划分为五类：第一类是支付系统没有安全措施的模式；第二类是通过第三方经纪人进行支付的模式；第三类是电子现金的支付模式；第四类是支付系统使用简单加密的模式；第五类是通过网络安全电子交易协议的银行卡支付模式。下面具体介绍这几种不同类别的网上支付模式。

1. 支付系统无安全措施的模式

(1) 流程：用户从商家订货，信用卡信息通过电话、传真等非网上传送手段进行传输。

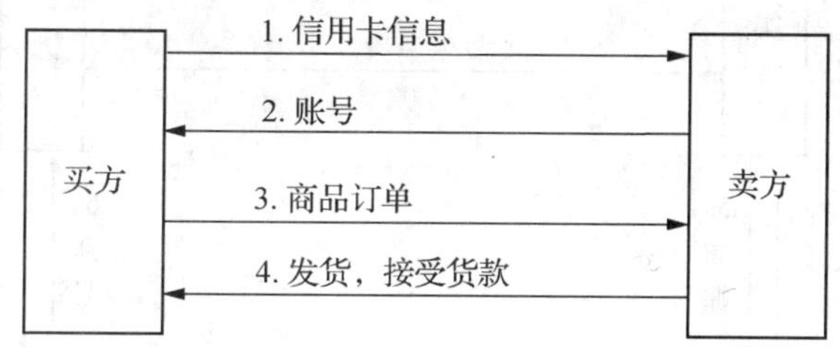

图 8-1 支付无安全措施模式的流程图

(2) 特点：风险由商家承担；信用卡信息可以在线传送，但无安全措施。

2. 通过第三方经纪人支付的模式

用户在第三方付费系统服务器上开一个账号，用户使用账号付费，交易成本很低，对小额交易很适用。

(1) 流程：用户在网上经纪人(第三方)处开账号，网上经纪人持有用户账号和信用卡号，用户用账号从商家订货，商家将用户账号提供给经纪人，经纪人验证商家身份，给用户发送E-mail，要求用户确认购买和支付后，将信用卡信息传给银行，完成支付过程。

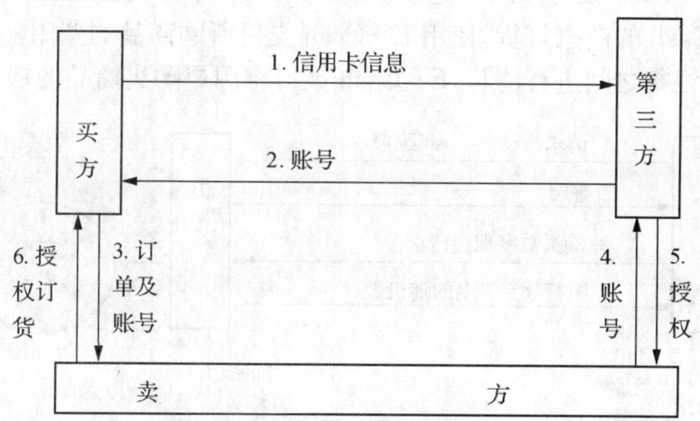

图 8-2 通过第三方经纪人支付的模式流程图

(2) 特点：用户账号的开设不通过网络；信用卡信息不在开放的网络上传送；使用 E-mail 来确认用户身份，防止伪造；商家自由度大，无风险；支付是通过双方都信任的第三方(经纪人)完成的。美国 FVC 公司首先提出第三方经纪人支付系统方案，到 1997 年 3 月公司宣布该系统已拥有 35 万用户。

第三方经济人支付的实例如 CyberCash。

买方必须先下载 CyberCash 软件，即“钱夹”；在建立钱夹过程中，买方将信用卡信息提供给第三方 CyberCash；CyberCash 指定一个加密的代码代表信用卡号码，传送给买方；当买方向接收 CyberCash 的卖方购物时，只需简单地输入代码；卖方将代码及购买价格传送给 CyberCash；CyberCash 证实这一事务并将资金及购买商品的授权传送给卖方。

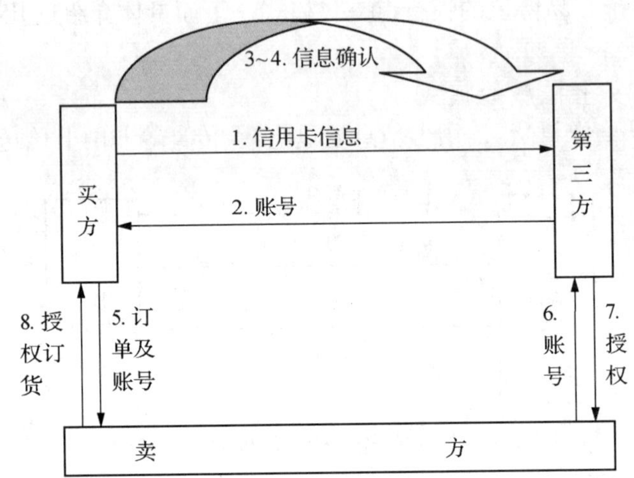

图 8 - 3　第三方经济人支付的实例 CyberCash

3. 电子现金支付模式

用户用现金服务器账号中预先存入的现金来购买电子货币证书，这些电子货币就有了价值，可以在商业领域中进行流通。电子货币的主要优点是匿名性，缺点是需要一个大型的数据库存储用户完成的交易和 E - Cash 序列号以防止重复消费。这种模式适用于小额交易。

(1) 流程：用户在 E - Cash 发放银行开设 E - Cash 账号，购买 E - Cash，然后使用 E - Cash 终端软件从 E - Cash 银行取出一定数量的 E - Cash 存在硬盘上，通常少于 100 美元。用户从同意接收 E - Cash 的商家订货，使用 E - Cash 支付所购商品的费用。接收 E - Cash 的商家与 E - Cash 发放银行之间进行清算，E - Cash 银行将用户购买商品的钱支付给商家。

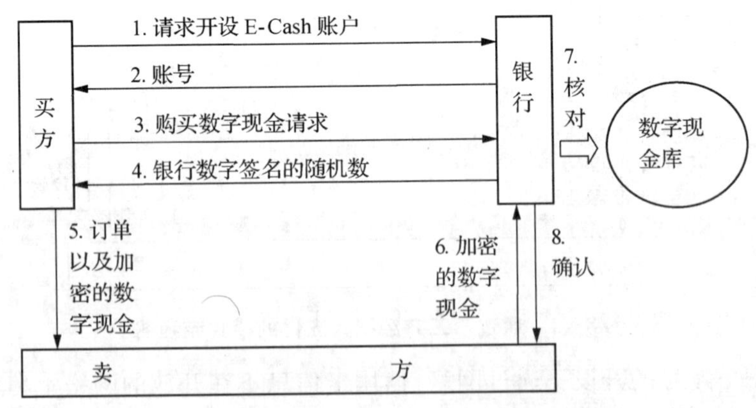

图 8 - 4　电子现金支付模式流程图

(2) 特点：银行和商家之间应有协议和授权关系；用户、商家和 E - Cash 银行都需使用

E－Cash软件；适用于小额交易量；身份验证是由E－Cash银行本身完成的——E－Cash 银行在发放 E－Cash 时使用了数字签名，商家在每次交易中将 E－Cash 传送给E－Cash 银行，由 E－Cash 银行验证用户支持的 E－Cash 是否有效(伪造或使用过等)；E－Cash 银行负责用户和商家之间资金的转移；有现金特点，可以存、取、转让。

Digicash 公司提供了一种 E－Cash 模式的系统。目前使用该系统发放 E－Cash 的银行有 10 多家，包括一些世界著名银行。IBM 的 Mini－pay 系统提供了另一种 E－Cash 模式。该产品使用 RSA 公共密钥数字签名，交易各方的身份认证是通过证书来完成的，电子货币的证书当天有效。

4. 支付系统使用简单加密的模式

使用这种模式付费时，用户信用卡号码被加密。采用的技术有 S－HTTP、SSL 等。这种加密的信息只有业务提供商或第三方付费处理系统能够识别。由于用户进行在线购物时只需一个信用卡号，这种付费方式给用户带来了方便。这种方式需要一系列的加密、授权、认证及相关信息传送，交易成本较高，所以对小额交易而言是不适用的。

(1) 流程：以 CyberCash 的安全 Internet 信用卡支付系统为例，CyberCash 用户从 CyberCash 商家订货后，通过电子钱包将信用卡信息加密后传给 CyberCash 商家服务器；商家服务器验证接收到的信息的有效性和完整性后，将用户加密的信用卡信息传给 CyberCash 服务器，商家服务器看不到用户的信用卡信息；CyberCash 服务器验证商家身份后，将用户加密的信用卡信息转移到非 Internet 的安全地方解密，然后将用户信用卡信息通过安全专网传送到商家银行；商家银行通过与一般银行之间的电子通道从用户信用卡发行银行得到证实后，将结果传送给 CyberCash 服务器，CyberCash 服务器通知商家服务器交易完成或拒绝，商家通知用户。

交易过程中每进行一步，交易各方都以数字签名来确认身份，用户和商家都须使用 CyberCash 软件。签名是用户、商家在注册系统时产生的，而且本身不能修改。用户信用卡加密后存在微机上。加密技术使用工业标准，使用 56 位 DES 和 7681024 位 RSA 公开/秘密密钥对来产生数字签名。

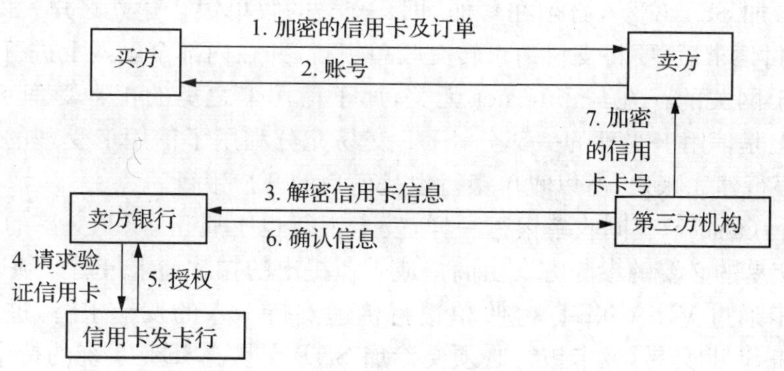

图 8－5　支付系统使用简单加密的模式

(2) 特点：部分或全部信息加密；使用对称和非对称加密技术；可能使用身份验证证书；采用防伪造的数字签名。CyberCash 支持多种信用卡，如 Visa、MasterCard、美国运通卡等。

5. SET 模式

安全电子交易协议，简称 SET 协议，是 1996 年 2 月 1 日，由 VISA、MasterCard 等国际信用卡组织会同一些计算机供应商联合开发的，SET 协议为在网上安全地进行交易提出了一套完整的方案，特别是采用数字证书的方法，用数字证书来证实在网上购物的确实是持卡人本人，以及向持卡人销售商品并收钱的商户确实是真实存在的商户，保护了在网上交易的持卡人、企业、银行等各方的安全。

(1) SET 协议下的交易参与方

① 持卡人(card holder)。SET 交易是在网上进行的，无法使用现金，同平时使用信用卡或银行现金存储卡一样，在开放的 Internet 上进行交易，也可以使用信用卡，SET 交易就是采用信用卡扣款的方式进行支付的，所以在 SET 协议中将购物消费者称为持卡人。

持卡人需要拥有一台能够上网的电脑，并且到发卡银行申请取得一套 SET 交易专用的持卡人软件，这套软件一般称为电子钱包软件，才能参加 SET 交易。软件安装好后的第一件事就是上网去向数字认证中心(简称 CA)申请一张数字证书。持卡人依据数字证书在网上就可以安全交易。

② 企业(business)或商户(merchant)。商户或企业要参与 SET 交易，作为卖方首先必须开设网上交易平台(网上商店)，在网上提供商品或服务，满足持卡人(消费者)的购买需求或服务。网上商店必须集成 SET 交易商户软件，购物结束进行支付时，由 SET 交易商户软件进行支付服务。与持卡人一样，企业或商户在参与 SET 交易前，必须先到收单银行进行申请，在该银行设立账户，而且必须先上网申请一张数字证书。注意这种申请一般不在发卡银行进行。

③ 支付网关(payment gateway)。支付网关是一个相对独立的系统，只要保证支付网关到银行之间信息数据的安全，银行也可以委托第三方担任网上交易的支付网关。商户或企业收到持卡人的购物请求后，要将持卡人账号和扣款金额等信息传给收单银行，所以支付网关最好由收单银行来设置。支付网关的一端必须联在 Internet 上，且每天 24 小时开放，接收商户传来的扣款信息，另一端则与收单银行或金融专网相联，及时将信息转送给收单银行。

④ 收单银行(acquirer)。收单银行是完成网上交易的必要参与方。与传统交易相类似，企业与商户要参加 SET 交易，必须在参加 SET 交易的收单银行建立账户。网关接收了商户送来的 SET 支付请求后，要将支付请求转交收单银行，并在内部金融网上进行支付处理工作，这部分工作由于网关的存在与 Internet 无关，属于信用卡之类的正常受理工作，可以想象，SET 交易实际上是信用卡受理的一部分，SET 交易充分利用了信用卡受理的全过程，由于商户必须在收单银行建立账户，所以收单银行也是商户的开户银行。

⑤ 发卡银行(issuer)。同收单银行一样，发卡银行也不属于 SET 交易的直接组成部分，但同样是完成交易的必要的参与方。由商户或企业提出的扣款请求最后必须通过银行专用网络(VISA 国际卡通过 VISA NET)经收单银行传递到持卡人的发卡银行，进行授权和扣款。若持卡人要参加 SET 交易，发卡银行必须要参加 SET 交易。SET 系统的持卡人软件一般是从发卡银行获得的，同时要申请的数字证书也必须由发卡银行批准，才能从 CA 得到。而在每一单 SET 交易中，发卡银行则同收单银行一样，要完成传统信用卡联网受理的那一部分工作。可以看出，持卡人所属的发卡银行在安全电子交易中起着很重要的作用。

⑥ 认证中心(Certificate Authority,CA)。CA 是由政府与信息管理部门直接参与授权，由 CA 管理机构或网络管理中心直接建设的一系列级别不同的独立网络部门设施。CA 的职

能就是 SET 交易数字证书的发放、更新、废除、身份的认证及建立证书黑名单等各种证书管理。CA 虽然不直接参加 SET 交易，但在 SET 交易中起着非常重要的作用。

(2) SET 商户系统的应用

图 8－6 为简单的 SET 系统应用示意图，CA 通过 Internet 向持卡人、商户、网关发放证书，并通过金融专网与收单银行、发卡银行建立联系，进行证书发放的身份认定工作。持卡人、商户或企业、网关通过 Internet 进行交易，网关通过专线与收单银行之间传递交易信息，所有收单银行与所有发卡银行通过金融专用网传递交易信息。

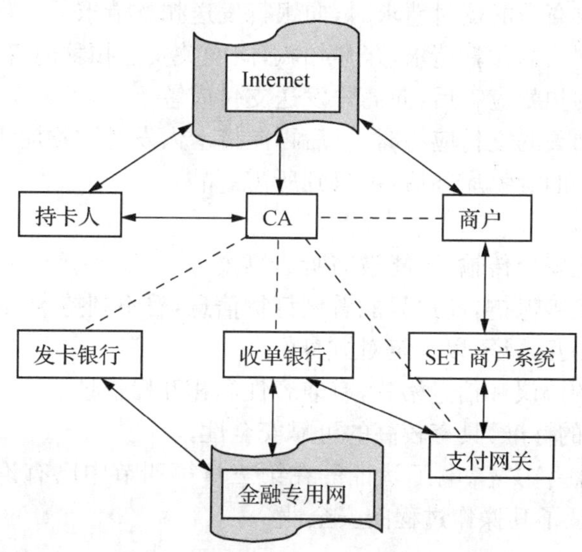

图 8－6　简单的 SET 系统应用示意图

(3) SET 交易支付流程

SET 的交易支付流程与实际购物流程非常相似，不同点是一切操作都是通过 Internet 完成的。用户在银行开立信用卡账户，获得信用卡及用户密码。用户在商家的 Web 网页上查看商品目录选择所需商品。图 8－7 所示是以授权与确认同时进行的交易方式下的 SET 交易支付流程。

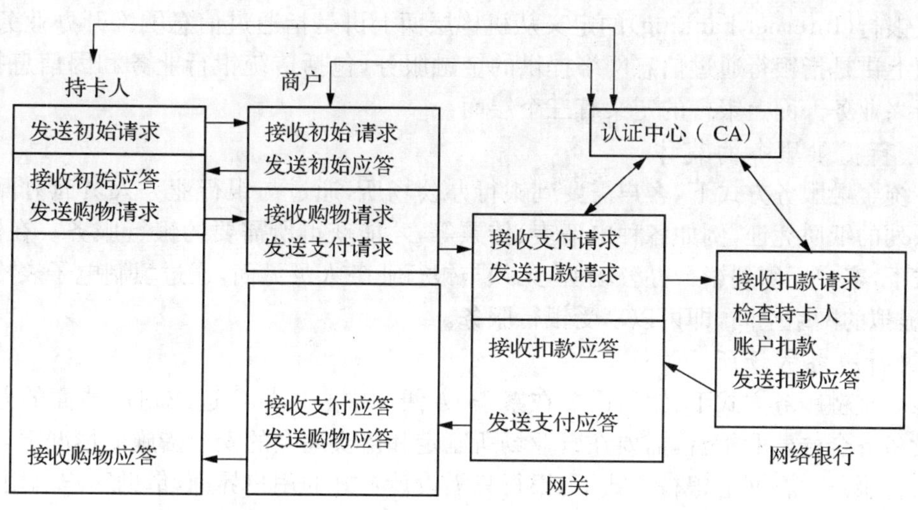

图 8－7　SET 交易支付流程

SET系统在网上交易支付过程为：

① 商户启动SET商户系统，并激发持卡人软件，持卡人软件接到启动信息，向商户发送初始请求，本请求只是持卡人向商户发送请求，不发送任何有用数据，因为持卡人还未收到商户及网关的数字证书，无法对数据进行加密。

② 商户接收持卡人的初始请求，向持卡人发送初始应答。

③ 持卡人接收商户的初始应答，再向商户发送购物请求。

④ 当商户接收持卡人的购物请求后，再向支付网关发送支付请求。

⑤ 当支付网关接收商户的支付请求时，向银行发送扣款请求。

⑥ 银行接收支付网关的扣款请求，账户扣款，向网关发送扣款应答。

⑦ 网关接收银行的扣款应答后，向商户发送支付应答。

⑧ 商户接收支付网关的支付应答时，最后再向持卡人发送购物应答。

⑨ 持卡人接收商户的购物应答后，可得到所需商品。

(4) SET支付的特点

① 信息在互联网上安全传输，不能被窃听或篡改。

② 持卡人资料会妥善保护，商户只能看到订货信息，看不到持卡人的账户信息。

③ 持卡人和商户相互认证，以确定对方身份。

④ 软件遵循相同的协议和信息格式，有兼容性和相互操作性。

⑤ 严格按照SET的标准，具有较高的可靠安全性。

其加密技术、数字签字技术、电子认证等在第三章第四节中已有论述。SET提供了多方认证和加密，这些都保证了其操作过程的安全性。

第二节　网上银行的概述

一、网上银行的定义

网上银行(Internet banking)的定义从机构层面上讲是指通过信息网络开办业务银行；从业务层面上讲是指银行通过信息网络提供的金融服务，包括传统银行业务和因信息技术应用带来的新兴业务。网上银行的定义有三个层面：

1. 银行提供服务的载体

在传统金融服务方式下，客户需要到银行办公场所，通过与银行业务人员面对面的接触，填制一系列的纸质凭证，例如各种申请表、传票等，才能获得所需要的银行服务。在网上银行服务方式下，客户无须到银行办公场所，无须与银行业务人员见面，通过填制电子表格、电子凭证，借助虚拟的网络空间，即可以享受银行服务。

2. 银行服务的场所

在传统金融服务方式下，银行需要在繁华、方便的中心地带建造或租用体面的办公楼，需要配备设备齐全的营业柜台，需要在营业场所制定和落实周全的安全措施的情况下，才能向客户提供银行服务。在网上银行方式下，银行只需设计友好的用户界面，借助客户自用的个人电脑、手机或其他智能设备就可以向客户提供服务。也就是说，网上银行的服务前台已经前移。

3. 银行服务的内涵

通过网上银行客户不仅可以享受传统的"存、放、汇"银行服务，而且可以享受因信息技术应用而带来的其他服务。实际上，由于网上银行的交互性特征，网上银行提供的服务已经不局限于以上两个方面，还跨越了银行业的界限，向证券、保险和其他行业渗透。以上三个层次的内涵也是网上银行的最基本特征。

二、网上银行的特点

1. 跨越时空性

"3A"特征是网上银行的基本特点，即网上银行是全天候运作的银行(anytime)、开放的银行(anywhere)、服务方式多样化的银行(anyhow)，银行的服务突破了时间和空间的限制，突破了服务手段的限制。全天候运作的银行(anytime)，即无时限银行，突破了时间的限制。由于因特网不分昼夜每天 24 小时运转，网上银行服务不受时间因素的制约，可以全天候地连续进行，摆脱了上下班的时间制约，摆脱了白天和黑夜的时间制约，也摆脱了全球时区划分的限制。开放的银行(anywhere)，即全球化银行，突破了空间限制。由于因特网把整个世界变成了"地球村"，地域距离变得无关紧要，导致网上银行不受空间因素的制约，大大加快了银行全球化的进程，金融市场的相互依存性也就空前加强了。服务方式多样化的银行(anyhow)，客户将不需要非要到银行柜台才能办理业务，而是可以通过家中、办公室、宾馆的电脑终端享受查询、转账、证券交易等银行服务，还可以通过电话、手机等方式享受银行服务。客户不仅可以通过网上银行获得银行服务，还可以通过网上银行享受证券、保险、信托等方面的服务。

2. 虚拟性

虚拟化银行，即可以在虚拟世界中进行活动的银行活动。因特网在把地球变小的同时又为经济活动构筑了一个虚拟世界，即网络空间，使网络经济得以在网上网下虚实结合、同时并存、相互促进。与其他行业相比，金融产品的交易以虚拟资本为交易对象，不是实物的交换，这就使得金融与构筑虚拟活动空间的信息网络具有天然的结合基础，使得银行服务无纸化程度大大增强，服务效率大大提高。虚拟化特征还使人们业已形成的对银行的概念受到全面冲击。银行不一定再以高楼大厦的形态出现，客户面对的将可能不是银行柜台，而是计算机屏幕上显示的虚拟银行柜台。银行无须再为扩张分支行网络而投入大量购置或租用办公场地的资金，也无须为刻意树立银行形象而建造或租用雄伟的办公大楼。

3. 高速性

高速性银行，即高效率银行。因特网以光速传输信息，信息流动空前加快，反映技术变化的"网络年"只相当于日历年的四分之一，实时信息变得日益重要。以计算机芯片为例，其发展速度遵循摩尔定律，即每 18 个月处理速度增加一位。当世界上第一批个人电脑在 1979 年问世时，其芯片处理速度为每秒钟 33 万个字符，三年后诞生的英特尔 286 芯片每秒钟能处理 120 万个字符。现在，芯片的处理速度用"mips"(每秒百万个字符)表示。目前，最新奔腾电脑每秒的处理速度已超过 500 mips。因特网使银行服务活动的节奏大大加快，一步落后就会步步落后。产品老化变快，创新周期在缩短，竞争越来越成为时间的竞争。"大吃小"将变成"快吃慢"，银行不论大小，转型快的必将战胜转型慢的。大、中、小银行将站在同一起跑线上竞争，许多金融机构将有机会利用其优秀的服务在网络上重建自己的地位，中小银行中凭借技术优势掌握商业先机，赢得传统金融服务时代难以得到的客户资源和竞争优势。

4. 创新性

创新性银行，即技术创新与制度创新、产品创新紧密结合的银行。随着网络技术的不断更新，市场对银行提供服务的手段和提供产品的功能要求也会随之不断提高，这就要求银行要不断地进行创新，通过创新建立竞争优势，维持银行的持续发展。

5. 全能性

网上银行具有很强的交互性。通过银行传统营业网点销售保险、证券、基金等金融产品很难成功，因为客户在购买这类产品时往往要进行详细的咨询和了解，而一般营业网点的业务人员不能为客户提供咨询，聘请金融专家提供咨询又成本过高。利用互联网的交互性，银行只需要少数专业职员就可以低成本地同时回答各类客户的疑问，从而顺利地实施分销。从西方发达国家国际银行提供的网上银行服务看，网上银行已经成为“一站式服务”的金融超市，客户不仅可以得到各种银行服务，而且可以在网上银行的平台上进行各类证券投资，购买不同的保险产品，甚至可以获得其他行业的交易信息。

6. 个性化

相对于传统银行，网上银行的客户散布于不同的终端之前，传统的大众营销方式，已不适合新的客户结构。在网上银行的竞争环境中，如何根据客户的实际需要，为客户提供个性化的服务，是网上银行竞争成败的关键所在。借助网上银行完善的交易记录，银行可以对客户的交易行为进行分析和数据挖掘，从中发现重要的价值客户。通过对客户行为偏好的分析，细分服务市场，利用互联网交互性的特点，投其所好地确定营销策略和服务内容，对产品进行金融创新，从而为客户提供量身定制的服务。

三、网上银行业务的范围

一般说来网上银行的业务品种主要包括基本业务、网上投资、网上购物、个人理财、企业银行及其他金融服务。其基本业务流程如图 8-8 所示。

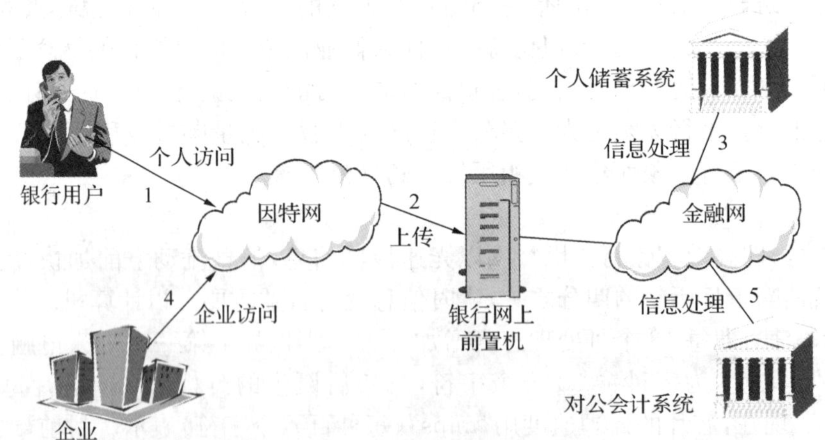

图 8-8　网上银行基本业务流程图

1. 基本网上银行业务

商业银行提供的基本网上银行服务包括：在线查询账户余额、交易记录，下载数据，转账和网上支付等。

2. 网上投资

由于金融服务市场发达，可以投资的金融产品种类众多，国外的网上银行一般提供包括股票、期权、共同基金投资和 CDs 买卖等多种金融产品服务。

3. 网上购物

商业银行的网上银行设立的网上购物协助服务，大大方便了客户网上购物，为客户在相同的服务品种上提供了优质的金融服务或相关的信息服务，加强了商业银行在传统竞争领域的竞争优势。

4. 个人理财助理

个人理财助理是国外网上银行重点发展的一个服务品种。各大银行将传统银行业务中的理财助理转移到网上，通过网络为客户提供理财的各种解决方案，提供咨询建议，或者提供金融服务技术的援助，极大地扩大了商业银行的服务范围，并降低了相关的服务成本。

5. 企业银行

企业银行服务是网上银行服务中最重要的部分之一。其服务品种比个人客户的服务品种更多，也更为复杂，对相关技术的要求也更高，所以能够为企业提供网上银行服务是商业银行实力的象征之一，一般中小网上银行或纯网上银行只能部分提供，甚至完全不提供这方面的服务。

企业银行服务一般提供账户余额查询、交易记录查询、总账户与分账户管理、转账、在线支付各种费用、透支保护、储蓄账户与支票账户资金自动划拨、商业信用卡等服务。此外，还包括投资服务等。部分网上银行还为企业提供网上贷款业务。

6. 其他金融服务

除了银行服务外，大商业银行的网上银行均通过自身或与其他金融服务网站联合的方式，为客户提供多种金融服务产品，如保险、抵押和按揭等，以扩大网上银行的服务范围。

四、网上银行的影响

1. 网上银行改变了传统银行的经营模式

网络信息技术在银行业的应用，打破了传统金融服务的地域、时间限制，理论上，银行可以全天候地连续收集、处理和应用大量的信息，使金融机构能在更广的地域和范围开发新的客户群，开辟新的利润来源。这样，银行的业务战略不能再局限于某一个市场，竞争对手不再限于某几家银行，任何一家银行，即使是很遥远的金融机构都可以成为潜在的竞争对手。与传统银行业相比，网上银行经营成本下降，利差大大降低。银行无法再靠资金规模、网点优势或其他垄断优势盈利，银行将必须改变传统的定价策略。

2. 网上银行改变传统银行的营销方式

网上银行不仅会改变银行与客户之间的关系，而且会改变银行服务的传递方式、产品推销方式和交易处理方式等一系列银行营销方式。网上银行能够充分利用网络与客户进行交互式沟通，从而促使传统金融服务的营销活动由以产品为导向转变为以客户为导向，能根据客户的具体要求去创新出具有鲜明个性的金融产品，最大限度地满足客户利益多样化的金融需要。

3. 网上银行将使客户群体重新划分、银行的业务范围重新定位

网上银行为银行吸引主力客户创造了重要条件。最频繁使用网上银行业务的是那些已经

成为网民的年轻人。他们受过良好的教育,是创造社会财富的主力,收入远远高于社会平均水平,是一个正在成长的客户群体,能为金融服务业带来丰厚的利润。抓住这个客户群体,将是银行提高效益、降低成本的重要因素之一。而对于那些没有因特网服务的银行,部分年轻的主力客户将会流失。

4. 网上银行提供更具价格竞争力的金融产品

网上银行增加和提供了银行在产品、服务及应用方面创新的机会和工具,增强了银行的盈利能力。传统金融服务产品的形式和内容将被进一步延伸,并拓宽其表现空间。随着网上银行业务的发展,信息将可能取代资金而成为金融业最重要的资源。当前,银行业的竞争,既是服务手段的竞争,也是网上银行的竞争。哪家银行网络化程度高,做到信息灵、成本低、服务好,在竞争中就能立于不败之地。因此,西方各家银行均投入大量资金,用于购买先进的硬件和软件,并投入巨资用于引进人才和培训人员。借助网上银行,各种新的金融工具、金融服务项目不断产生,银行业的服务效率将大大提高。

5. 网上银行对银行结算职能与竞争产生影响

网上银行使得客户的应付款可以直接从银行转账。电子账单的传递费用远远低于传统的邮寄账单。随着小额结算方法的多样化,以及网上结算服务使用者队伍的不断扩大,结算业务作为银行固有业务的地位受到越来越大的威胁。例如,电信、交通、旅游等行业发行的名目繁多的储值性质的磁卡或IC卡,实际上已成为新形式的“结算账户”。储值卡的发行公司在售卡时,即与购买者之间产生了借贷关系,这笔资金是在储值卡使用时逐步清算的。这种资金清算,与银行存款用作结算的作用相似。而且,如果这些行业能用更低的价格,通过电话、因特网提供更贴近顾客需求的服务,那么银行在结算业务领域有可能被其他行业抢去更多的机会。

6. 网上银行将大大降低银行的经营成本

随着网上银行服务方式的不断变革,银行电子化技术发展的重点不再是单纯地提高办公自动化程度,而是以先进的信息技术引导整个银行业务流程、经营管理模式和功能的再造,达到提高效率、降低成本的目的。银行的大楼不必建在繁华的商业中心,银行不再需要太多的营业机构和柜台工作人员。人们甚至会感觉到身边的银行没有了,但银行服务无处不在无时不在。银行服务就像自来水、电和管道煤气一样,我们坐在家里,打开开关就能享受,无须过问银行设在什么地方。银行经营成本因此而大幅度下降。

五、网上支付的安全技术

在在线支付的信息传输中,怎样才能达到使机密信息难以被泄漏,或者即使被泄露了也难以被识别,或者即使被识别了也难以被篡改,已经成为信息安全领域的研究热点。加密技术正是达到上述目的的核心技术手段,是认证技术及其他许多安全技术的基础,是信息安全技术的核心,也是电子商务采用的基本安全技术手段。

没有安全的网络基础设施和高强度的密码技术,就不可能进行在线支付。在线支付必须建立在一定的网络基础之上,而保密信息都是经过密码技术处理后经网络传输的,两者相辅相成,共同构成了在线支付的安全保障。因此,密码技术是实现安全在线支付的重要基础。目前所广泛采用的安全在线支付协议,也是依赖于使用加密技术和加密算法的。

【本章小结】

网上支付是指以计算机和通信技术为手段，通过计算机网络系统以电子信息传递形式实现的货币支付与资金流通。网上银行是指银行通过信息网络提供的金融服务，包括传统银行业务和因信息技术应用带来的新兴业务。网上支付存在着信用、管理、法律等方面的安全隐患问题。

【课堂讨论】

1. 电子支付的方式主要有哪几种？
2. 电子钱包特点及使用过程中要注意哪些问题？
3. 什么是在线支付？

【技能实训题】

掌握网银在线电子钱包使用和管理流程，了解网银在线电子钱包的应用特点。

（1）新建登录用户。

（2）完成电子钱包设置。

（3）利用电子钱包在网上购物。

（4）查看电子钱包购物记录。

第九章　网络营销

伴随着互联网技术和电子商务技术的发展，涌现出了一系列新的市场空间、市场手段、消费人群、消费观念、消费模式等，如网络银行、网上书店、网络广告、网络游戏、网上市场、虚拟企业、网络咨询、远程教育、网上售后服务中心、网络信息搜索、网络信息下载、电子邮件、即时通讯、网上社区等等，促使生产企业和商家在产品创新、设计、生产、定价、分销、促销等传统市场营销考虑的内容方面，引入面向互联网的内容，充分利用互联网的优势，提高产品的竞争优势。传统的市场营销观念与网络技术的结合成为必然。

【学习要点及目标】

掌握网络营销的内容及特点，分析网络消费者行为，了解网络营销的 STP 策略和网络营销的 4P 策略，理解网络营销的顾客服务策略。

第一节　网络营销概述

基于 Internet 的网络营销模式，为现代企业的营销实践注入了崭新的内涵。但是，网络营销毕竟不是某种虚幻的存在，网络营销甚至市场营销的形成与发展，从来都不可能超越历史，而必然遵循其自身的演变轨迹和内在逻辑。网络营销是从传统营销基础上发展而来的，是发生于市场营销领域的一次革命，而不是市场营销的终结。

一、网络营销的主要内容

网络营销和传统营销的基本营销目的是一致的。但网络具有传统渠道和媒体所不具备的独特的性质。例如：信息交流直接、互动、自由、高效、开放和平等；信息交流费用低廉，消费者个性化突出，易于目标用户锁定；技术含量高，新的技术和表现形式不断涌现等。作为新的营销方式和营销手段，网络营销与传统营销在理念上和操作上都有很大的区别。因此，在网上开展营销活动，必须适应这些变化和特点，改变传统的一些营销手段和方式。当前，网络营销的主要内容包括：网上市场调查、网络消费者分析、网络营销策略制定、网上产品和服务策略、网上价格营销策略、网上渠道选择、网上促销与网络广告、网络营销管理与控制等。

1. 网上市场调查

网上市场调查是指企业利用 Internet 的交互式的信息沟通渠道来实施调查活动。通过网络收集市场调查中需要的各种资料。包括直接在网上通过问卷进行调查；在网上商店、网络论坛、邮件清单、新闻组中获得消费者对公司和产品的评价；有关市场竞争者的信息；利用搜索引擎和一些专业网站的企业数据库资料开展市场调研等。在市场调查中，要特别关注消费者的需求、购买动机和购买行为等消费者方面的信息。其次是产品以及竞争对手同类产品的信息。根据市场调查的结果，企业才能提出解决问题的建议，作为营销决策的依据。例如，可以在网上展示尚未试制的虚拟产品（不像传统调研中需要试制一小批样品），利用网络的互动性，请消费者参与设计，提出自己的要求，并可开展订购，从而减少新产品样品开发的费用和风险。相对传统方式，网上调查具有如下优势：

（1）网络调研的互动性；

（2）网络调研的便捷性和经济性；

（3）网络调研的及时性和客观性；

（4）数据的可再利用性和升值。即数据整理、分类和分析后，本身具有相当的商业价值。并可以通过数据库、数据挖掘等手段，为企业开展数据库营销、智能营销等提供数据基础。

2. 网络消费者分析

确定和找到适当的消费群体或目标市场是企业营销成功的前提。网上用户作为一个特殊的消费群体在购买需求动机、购买心理动机、购买行为方式、购买过程等方面与传统市场上的消费群体在特征上有着明显的区别。因此，有效的网络营销活动必须深入了解网上用户群体的需求特征、购买动机和购买行为方式，找到正确的消费市场。例如，研究网上虚拟社区，了解这些虚拟社区消费者聚集的原因、特征和偏好习惯，虚拟社区的需求因素，虚拟社区的文化等。

同时，网络消费者分析有助于企业与用户建立深层次关系，有利于锁住用户和扩大市场。

3. 网络营销策略制定

不同企业在市场中处在不同地位，在采取网络营销实现企业营销目标时，必须采取与企业相适应的营销策略。网络营销虽然是非常有效的营销工具，但企业实施网络营销时是需要进行投入和有风险的。在营销策略中，应该考虑交易成本、交易机会、产品市场份额和对企业知名度的影响等。例如，网络营销系统模式的制定，网络营销组织创新，如何提高企业的网站知名度等。

4. 网上产品和服务策略

企业的营销活动是从确定向目标市场提供产品和服务开始的，产品是市场营销组合中最重要的因素。网络营销不但充分利用网络作为信息有效的沟通渠道，在网上显示产品的性能、特点、品质、使用说明等，同时，可以针对消费者的个性化需求，开展一对一的营销服务。另外，网络可以成为一些无形产品如软件和远程服务的载体，改变了传统产品的营销策略特别是渠道的选择。作为网上产品和服务营销，必须结合网络特点重新考虑产品的设计、开发、包装和品牌的传统产品策略，如根据网上消费者的总体特征确定最适合于在网络上销售的产品，网上产品应该怎样进行宣传，怎样让消费者了解公司产品及他们对产品及服务的评价，协助产品的研究开发和改进。

5. 网上价格营销策略

适当的价格策略，是企业赢利和竞争的重要手段。网络固有的全球性、信息公开和低交易成本等特点使消费者对产品和价格充分了解，它的最终结果是使价格变化不定、存在差异的产品最终的价格水平趋于一致，这对执行差别化定价策略的公司会产生重要的影响。由于价格对消费者的敏感性，以及网络带来产品和营销的低成本和天然的扩张性，网上市场的价格策略大多采取低价、折扣或者免费策略。因此，制定网上价格营销策略时，必须考虑到季节变动、市场供需状况、竞争产品价格、Internet 对企业定价影响和 Internet 本身独特的免费思想、甚至消费者直接参与的直接议价、拍卖等各种方式的因素。

6. 网上渠道选择

所谓营销渠道是指产品从生产者转移到消费者或者使用者所经过的途径。传统营销渠道一般形式是"生产者—批发商—零售商—消费者"。互联网将企业和消费者直接连在一起,使渠道更加简单和多功能化。渠道的选择可以是直销方式或中介的多层次的网上营销渠道。如Dell的直销计算机模式,阿里巴巴的网络中介模式。

网上销售会带来大量货物配送问题,因此,需要现代物流技术的支持。

网络营销渠道相比于传统营销渠道而言,具有如下的多样性:

(1) 信息发布渠道;

(2) 咨询服务渠道;

(3) 货物配送渠道;

(4) 售后服务的渠道;

(5) 培训学习渠道等。

最大限度降低渠道中的营销费用和提高效率,是销售成功的关键因素之一。

传统的渠道,如展销会和零售展场在一段时间内仍然会发挥巨大的作用,如广交会或沃尔玛超市等。问题在于如何通过网络和计算机技术整合传统的销售渠道,如何相互结合,达到提高效率和竞争力的目的。

7. 网上促销与网络广告

促销是企业为了激发顾客的购买欲望,扩大产品销售而进行的一种宣传工作。一般包括人员推销、广告、营业推广和公共关系等。Internet 作为一种信息双向沟通渠道,最大优势是可以实现沟通双方突破时空限制直接进行交流,而且简单、高效、海量、费用低廉,被称为第四媒体。

传统广告是基于印象的联想型劝诱机制,通过反复的感官冲击,使受众留下印象;传统广告与消费者的交互作用较弱,其广告效果的测试也是比较困难的。

网络广告的沟通方式不是传统促销中"推"的形式而是"拉"的形式,不是传统的"强势"营销而是"软"营销。网络广告使广告由"印象型"向"信息型"转变,消费者作出购买决策的机制也产生了变化,网络广告主要是基于信息的理性说服机制,通过提供海量信息、信息展现、信息比较,甚至可以通过智能化软件,使消费者更易做出理性的判断。同时,网络广告是一种即时交互式广告,它的营销效果是可以测试的,在一定程度上克服了传统广告效果测试的困难。

为了提高网上促销的效果,不但要研究新的 IT 技术在网络广告形式和内容表现形式的应用和创新,同时需要研究网络消费者的购买心理和意愿,遵循网上一些信息交流与沟通规则,例如,遵循虚拟社区的礼仪,赠送礼品等奖励措施。网络链接和搜索引擎的使用,也会提高网上促销的效率。另外,在现阶段还需要与传统的报纸杂志、无线广播和电视等传统媒体发布广告的优势相结合,提高企业网站知名度,充分发挥网络广告的交互性和直接性。总之,需要各种促销手段组合运用,充分吸引消费者的注意力。

利用网络发展和巩固公司与新闻界的公共关系;利用网络论坛、邮件、清单、新闻组等网络社区聚集的场所发展企业与其潜在顾客的公关关系是网络促销研究的另一个重要内容。如网上新闻发布会,网上消费者联谊活动等。

8. 网络营销管理与控制

网络营销作为在Internet上开展的一项新的营销活动，面临许多传统营销活动无法碰到的新问题，如网络信息内容的管理、消费者隐私保护、产品质量保证和售后服务、消费者信息和交易信息管理及挖掘、信息安全与保护问题等等。这些问题对网络营销效果的顺利达到，企业经营目标的顺利实现，企业的品牌效应，网站的知名度等都会产生很大的影响，因此，必须重视和进行有效控制。

二、网络营销的特点

网络营销和传统营销之间不存在相互取代的关系，其最终目的都是占有市场份额。但是，网络营销符合数字化潮流，是对营销方式的重组和创新，有其自身独特的特点。网络营销的特点表现在以下几个方面：

1. 交互性

一方面，企业通过网络向顾客发布丰富生动的、即时的产品信息和相关资料，进行市场调查、产品设计调查、产品测试与消费者满意调查、售后服务等营销活动；另一方面，消费者可以通过网站、搜索引擎、E-mail或其他软件工具方便地了解和比较所需信息，理智地选择商品，做出购物决策，甚至提出自己对商品从设计到服务的要求和定制要求。因此，在网络中企业和顾客的信息沟通是互动的、即时的。这种交互性既提高了用户的参与性和积极性，满足了个性化的需求，同时，也提高了企业营销策略的针对性。另外，交互性要求网络营销以顾客为导向，顾客有选择的权利，处于中心地位，而企业或商品处于被选择的地位。

网络营销的交互性使企业更容易向特定用户传递信息，而用户也更方便地获取信息。在交互性的营销方式下，用户可以在一定程度上参与，使得用户与商家的距离感大大缩短，买卖双方信息不对称的情形也有较大改善。

同时，由于信息的泛滥，也会导致信息搜索的困难和客户隐私信息泄露的问题，因此，需要在法规和技术上解决这些问题。

2. 跨时空

通过互联网进行交易，企业突破了营业场所大小、地域、距离、营业时间和国别的限制，可以用低廉的价格开展全球营销；消费者也突破了地域和距离的制约，拥有了更多的灵活性，更多的选择时间和空间。

同时，由于网上交易的非“面对面”方式，交易双方可能相互之间不了解，产生不能“眼见为实”的问题，因此，除了引入认证中心机制和加强网络信息安全外，网络交易更需要“诚信为本”，企业的品牌效应会更加突出。

3. 个性化

网络营销具有鲜明的个性化特征，其促销和交易方式是一对一的、理性的、消费者主导的，与以强势推销为主的传统营销方式有很大的区别。当今买方市场的形成也促使企业充分考虑消费者的个性化需求，并通过一定的方式与消费者建立长期良好的关系。现代的电子商务技术和柔性化制造技术已经为消费者的个性化消费提供了良好的技术基础。如，在销售之前，通过网络向消费者提供丰富的产品信息和便利的查询比较工具，以利于消费者做出购买决策；在销售中，提供个性化的购物环境和支付手段，以及各种个性化的奖励手段，并采取送货上门的方法；在制造中，可以小批量采购和生产，甚至按照每一个用户的订单制造；在消费者购买商品后，提供随时与厂家联系的渠道，方便地得到及时的服务和技术支持，同时，可以利用网络的各种信息机制，为用户提供更为个性化的关怀和周到的服务。

Dell 公司一直就是按照用户自己的设计和配置来为用户生产和服务，既可以由用户通过互联网或电话指定计算机软件和硬件的配置、配件的性能、不同的运输方式和付款方式，以满足不同消费者的个性化需求，也可以为不同企业中不同的工作岗位提供适应该岗位的机器。通过这些看似简单的方法，Dell 创造了低库存、高效率、高满意度。

4. 整合性

互联网上的营销可由商品信息的收集和发布至收款、售后服务一气呵成，是一种全程的营销渠道，因此，网络营销具有整合的特点。另一方面，企业可以借助互联网将不同的传播营销活动进行统一设计规划和协调实施，如网上广告和电视广播广告相结合，发送电子邮件和邮政信件相结合，以统一的传播渠道向消费者传达信息，避免传播不一致性产生的消极影响，提高整体营销的效果。这就是通常所称的网上网下间的整合。

5. 经济性

在互联网上无论是存储信息、处理信息、发布信息、获得信息还是渠道费用，与传统方式进行比较，其成本都是非常低廉的。因此，网络技术的应用为企业营销活动和消费者购买商品提供了降低成本的基础。首先，企业利用网络既可以加强与主要供应商之间的协作联系，也可以容易地扩大供应商的范围至全球范围，将原材料与产品制造过程有机地结合起来，降低企业的库存和采购成本；其次，网络营销的直销性降低了传统营销迂回式、多层次流通的损耗和费用；另外，网络营销在市场调查、宣传促销费、经营管理等方面也减低了费用，一方面是由于减少了印刷与邮递成本，可以无店面销售，免交租金，节约水电与人工成本，另一方面是由于网络的作用提高了效能。

6. 高效性

网络营销的高效性主要表现在网络海量的数据存储能力，快速准确的数据处理和传输能力，信息的可测量性和交互能力。电脑可储存大量的多媒体信息，利用软件工具可以快速查询产品信息，简化交易和支付过程。由于网络营销是由网络通信技术和计算机技术为其技术支撑，可传送的信息数量与精确度，表现出来的商业智能和个性化，远远超过现有的其他媒体和营销手段。同时，现代银行电子支付技术的完善，使整个交易过程更加简单、高效，适于电子商务和网络营销的发展。另一方面，现在的企业竞争必须是高效能的，必须对市场需求作出快速反应，及时更新产品或调整价格，及时有效了解并满足顾客的需求。这些都要求企业必须是在高效的平台上运作。如亚马逊书城高效能的表现，令所有的传统书店不得不纷纷上网竞争。

7. 成长性

随着网络基础建设的日趋完善，互联网技术的日趋普及，互联网正在成为一种功能强大的营销工具，它同时兼具渠道、促销、电子交易、互动顾客服务，以及市场信息分析与提供的多种功能。它所具备的一对一营销能力，符合个性化营销与直复营销的未来趋势。另外，就现阶段而言，使用者多为年轻、高教育水准群体，购买力强，而且具有很强市场影响力，因此是一项极具开发潜力的市场渠道。

8. 技术性

网络营销是建立在高技术作为支撑的互联网的基础上的，它包括网络通信技术、信息处理技术、多媒体技术、数据库技术、人工智能技术等计算机硬件和软件技术，极大地丰富了网络营销的手段和表现形式。高技术性不等于高复杂性，实际上，技术的进步体现在使用技术的方便性和简单化。网络营销的技术性要求企业必须有一定的技术投入和技术支持，改变传统的组织形态，提升信息管理部门的功能，引进懂营销与电脑技术的复合型人才，未来才能具备市场的竞争优势。

9. 可测试性

能明确地知道营销的效果，是公司调整、改进营销管理决策的基础。网络营销的互动性及网络的可追踪特性和计算技术及数据库技术的发展，决定了网络营销的效果是可测试的。网络营销的可测试性在准确性和成本方面是传统营销不可比拟的。因此，如何形成一套完整的公认的网络营销效果衡量指标和评价方法的体系，是网络营销需要解决的重要问题。

10. 智能性

网络营销天然的高技术性，必然促进企业决策系统、专家系统、数据挖掘、商业智能等各种优化方法的使用，使网络营销的手段逐步智能化，使网络营销的手段再上一个台阶。

第二节　网络消费者行为

一、网络消费者购买行为

1. 网络消费者的购买动机

动机是指推动人进行活动的内部原动力、内在的驱动力，即激励人行动的原因。而网络消费者的购买动机是指在网络购买活动中，驱使网络消费者产生购买行为的某些内在的驱动力。

对于企业促销部门来说，通过了解消费者的动机，就能有依据地说明和预测消费者的行为，采取相应促销手段。

网络消费者的购买动机基本上可以分为两大类，需求动机和心理动机。

2. 网络消费者的需求动机

(1) 传统需求层次理论在网络需求分析中的应用

需求层次理论是研究人的需求结构的理论，它是由美国心理学家马斯洛提出的。它包括：生理的需求；安全的需求；社交的需求；尊重的需求；自我实现的需求。不同收入阶层对不同层次需求的渴望程度是不同的。

(2) 现代虚拟社会中消费者的新需求

马斯洛的需求层次理论可以解释虚拟市场中消费者的许多购买行为，但是虚拟社会与实体社会毕竟有很大的差别，马斯洛的需求层次理论也面临着不断补充的要求。

从表面上看，这个社会一直在聚集信息以及其他媒体的资源。而实质上，这个社会是在聚集人，因为他们提供了一种吸引人的环境。这种环境的维系，靠的是人们的互相联系。

虚拟社会人们联系的基础实质上是人们希望满足虚拟环境下三种基本的需要：兴趣、聚集和交易。

① 兴趣。分析畅游在虚拟社会的网民，可以发现，网民之所以热衷于网络漫游，是因为对网络活动抱有极大的兴趣。这种兴趣的产生，主要出自于两种内在驱动力：一是探索的内在驱动力，二是成功的内在驱动力。

② 聚集。虚拟社会提供了具有相似经历的人们聚集的机会，这种聚集不受时间和空间限制，并形成富有意义的个人关系。通过网络而聚集起来的群体是一个极具民主性的群体。在这样一个群体中，所有成员都是平等的。

③ 交流。聚集起来的网民，自然产生交流的需求。随着信息交流频率的增加，交流的范围也在不断地扩大，从而产生示范效应，带动对某些种类的产品和服务有相同兴趣的成员聚集在一起，形成商品信息交易的网络，即网络商品交易市场。

从事电子商务活动的网络营销人员要想成功地行销在因特网上，他所构思的网络营销计划除了需要考虑传统市场中顾客的各种需求外，还要从调动顾客兴趣入手，利用和谐的气氛和丰富的信息资源聚集顾客群体，通过完善的检索手段和通信设计充分交流信息，最后达到扩大销售的目的。

3. 网络消费的心理动机

(1) 理智动机。这种购买动机的形成，基本上受控于理智，而较少受到外界气氛的影响。

(2) 感情动机。这种购买动机还可以分为两种形态：低级形态的感情购买动机，由于喜欢、满意、快乐、好奇而引起的；高级形态的感情购买动机，由于道德感、美感、群体感而引起的，具有较大的稳定性、深刻性的特点。

(3) 惠顾动机。这是基于理智经验和感情，对特定的网站、图标广告、商品产生特殊的信任与偏好而重复地、习惯性地前往访问并购买的一种动机。

4. 网络消费需求的特点

(1) 层次性。网络消费本身是一种高级的消费形式，但就其消费内容来说，仍然可以分为由低级到高级的不同层次。

(2) 差异性。网络消费者来自世界各地，国别、民族、信仰、生活习惯都不同，因而产生了明显的需求差异性。这种差异性远远大于实体商务活动的差异。

(3) 交叉性。网络虚拟商店可以囊括几乎所有商品，人们可以在较短时间里浏览多种商品，因此产生交叉性购买需求。

(4) 超前性和可诱导性。在虚拟市场中，最先进的产品和最时髦的商品会以最快的速度与消费者见面。具有创新意识的网络消费者必然很快接受这些新的商品(包括国内的和国外的)，从而带动周围消费者新的一轮消费热潮。

二、影响消费者网上购物的外在因素

1. 商品价格

网络营销渠道减少了许多中间环节，使得商品价格大大低于传统流通渠道中的商品价格，从而对消费者产生了越来越大的吸引力。

2. 购物时间

购物时间包含两方面的内容：购物时间的限制和购物时间的节约。

网络虚拟商店一天 24 小时开业，随时接待客人，没有任何时间的限制，为人们上班前和下班后购物提供了极大的方便。

3. 商品挑选范围

网络为消费者提供了众多的检索途径，消费者可以通过网络方便快速地搜寻相关的商品信息，挑选满意的厂商和满意的产品。

消费者也可以通过公告板，告诉千万个商家自己所需要的产品，吸引千万个商家与自己联系，从中筛选符合自己要求的商品或服务。

4. 商品的新颖性

追求商品的时尚和新颖是许多消费者特别是青年消费者重要的购买动机。

这类消费者特别重视商品新的款式、格调和社会流行趋势，而对商品的使用程度和价格高低不大计较。

三、网络消费者的购买过程

网络消费者的购买过程可以粗略地分为五个阶段：诱发需求、收集信息、比较选择、购买决策和购后评价。

1. 诱发需求

网络购买过程的起点是诱发需求。对于网络营销来说，诱发需求的动因只能局限于视觉和听觉。从事网络营销的企业或中介商应注意了解与自己产品有关的实际需求和潜在需求，了解这些需求在不同时间的不同程度，了解这些需求是有哪些刺激因素诱发的，进而巧妙地设计促销手段去吸引更多的消费者浏览网页，诱导他们的需求欲望。

2. 收集信息

这个环节的作用是汇集商品的有关资料，为下一步的比较选择奠定基础。

在购买过程中，收集信息的渠道主要有内部渠道和外部渠道。内部渠道是指消费者个人所储存、保留的市场信息，外部渠道则是指消费者可以从外界收集信息的通道。

在网络购买过程中，商品信息的收集主要是通过因特网进行的。一方面，网络消费者可以根据已经了解的信息，通过因特网跟踪查询；另一方面，网络消费者可以不断地在网上浏览，寻找新的购买机会。

3. 比较选择

比较选择是购买过程中必不可少的环节。消费者对各条渠道汇集而来的资料进行比较、分析、研究，了解各种商品的特点和性能，从中选择最为满意的一种。

网络购物不直接接触实物。消费者对网上商品的比较依赖厂商对商品的描述。消费者应从发布渠道、广告用语、主页内容更换频率、尝试性购买等不同角度考察网络广告的可信度。

4. 购买决策

网络购买决策是指网络消费者在购买动机的支配下，从两件或两件以上的商品中选择一件满意商品的过程。首先，网络购买者理智动机所占比重较大，而感情动机的比重较小。其次，网络购买受外界影响较小。网络消费者在决策购买某种商品时，一般必须具备三个条件：① 对厂商有信任感；② 对支付有安全感；③ 对产品有好感。

5. 购后评价

顾客“满意”的标准是产品的价格、质量和服务与消费者预料的符合程度。消费者购买商品后，往往通过使用，对自己的购买选择进行检验和反省，重新考虑这种购买是否正确，效用是否理想，以及服务是否周到等。这种购后评价往往决定了消费者今后的购买动向。为了提高企业的竞争力，最大限度地占领市场，企业必须虚心倾听顾客反馈的意见和建议。

四、企业网上交易行为

1. 企业的业务购买类型

(1) 直接再采购。直接再采购描绘了采购部门根据惯例再订购产品的购买情况。购买者根据以往购买的满意程度给予不同的供应商一定的权数,按照“供应者名单”选择供应商。

(2) 修正再采购。修正再采购是指购买者希望修改产品规格、价格、其他条件或者供应商的情况。

(3) 新任务。当采购者首次购买某一产品或劳务时,他便面临着新任务。由于新任务涉及复杂的推销问题,因而许多公司采用一种特殊的推销队伍。新任务购买过程大致可分为知晓、兴趣、评价、试用和采用五个阶段。

2. 企业的业务购买的影响因素

一般来说,对业务采购者的各种影响分为 5 种:环境、组织、人际、个人和 B2B 网站。

(1) 环境因素。需求水平、经济前景、利率、技术变化率、政治与规章制度、竞争发展、社会责任心。

(2) 组织因素。每一个采购组织都有具体目标、政策、程序、组织结构及系统。

(3) 人际因素。采购中通常包括一些不同利益、职权、地位和有说服力的参与者。

(4) 个人因素。参与者的年龄、收入、教育、专业文凭、个性以及风险意识和文化的影响。

(5) B2B 网站因素。发达的 B2B 网络系统已经给传统的企业购买带来了巨大的冲击。企业只有实行适合自身的电子购买系统,充分利用网络带来的极大信息量和沟通的方便,才能在未来的购买活动中降低采购成本。

3. 企业的业务购买过程

(1) 交易前。这一阶段主要是指买卖双方和参与交易各方在签约前的准备活动,包括在各种商务网络和因特网上寻找交易机会,通过交换信息来比较价格和条件、了解各方的贸易政策、选择交易对象等。

(2) 交易中。交易中包括交易谈判、签订合同和办理交易进行前的手续等。

(3) 交易后。交易后包括交易合同的履行、服务和索赔等活动。

不同类型的电子商务交易,虽然都包括上述三个阶段,但其流转程式是不同的。对于 Internet 商业来讲,基本上可以归纳为两种基本的流转程式:网络商品直销的流转程式和网络商品中介交易的流转程式。

五、政府网上采购行为

1. 政府网上采购行为

政府采购是指各级国家机关、事业单位和团体组织,使用财政性资金采购依法制定的集中采购目录以内的或者采购限额标准以上的货物、工程和服务的行为。

政府网上采购行为是指在网络上发生的政府采购行为。利用网络采购,政府可以买到价格较低廉的产品或服务,网络化的作业程序也将降低投标公司的成本。

网络采购不仅增加了采购工作的透明度,同时也大大方便了国内外供应商参与政府采购竞标。

2. 政府网络采购过程

在网络环境下，政府采购的公开招标主要包括4个步骤：

(1) 准备招标。招标人按照所审核的行政事业单位采购计划，核实采购要求、技术标准及各项条件；按照相关法规和国际惯例制作标书。

(2) 在网上发布竞标公告。招标人筛选招标网站，在招标网站上注册，并将本单位的资信材料（营业执照复印件、税务登记证复印件）提交招标网站。审查合格后，招标人可以在这些网站上发布招标公告。

(3) 投标。投标人浏览招标网站，根据招标条件，在规定的投标截止时间以前上传标书，并按照要求递交有关证明文件，缴纳投标保证金。

(4) 开标与评标。政府网络采购通常使用两种方法进行开标与评标。一是通过网络竞价即时开标。投标人可以全程监控网上招标竞价过程，并通过E-mail方式将投标人应价信息即时通知招标人。二是通过谈判评标，招标人利用网络商务洽谈系统与投标人进行视频洽谈，根据投标人履约的综合贸易条件做出全面的评估后确定中标人。

第三节　网络营销的STP策略

市场细分（market segmentation）的概念是美国营销学家温德尔·史密斯（Wendell Smith）在1956年最早提出的，此后，美国营销学家菲利浦·科特勒进一步发展和完善了温德尔·史密斯的理论并最终形成了成熟的STP理论。STP是指市场细分（segmenting）、目标营销（targeting）和市场定位（positioning），是网络营销的起点。

一、网络营销市场细分

1. 网络营销市场细分的概述

顾客的需求随着商品经济的发展表现出多样性，为满足不同顾客的需求，在激烈的竞争中获胜，就必须进行市场细分。网络的发展，买方市场的形成，网民的多样化，都成为网络营销市场细分的前提。

网络营销市场细分指为实现网络营销的目标，根据网上消费者对产品不同的欲望与需求，不同的购买行为与购买习惯，把网络上的市场分割成不同或相同的小市场群。

2. 网络市场与传统市场的差异

(1) 传统市场

在传统市场环境下，顾客所见的是实物，并且通过视觉、触觉、嗅觉等感官系统对商品形成直觉印象。之后，顾客亲身进行市场调研，综合各种因素，如厂家信誉度、商品质量、价格比等，决定是否购买产品，购置何种品牌、型号。

(2) 网络市场

网络市场是虚拟市场，因此顾客难凭自己感官系统做出正确判断，需综合商家在网页中介绍产品的所有信息和平时对该公司声誉、技术能力售后服务等必要资料才能做决断。促使顾客作决定的主要因素在于商家商品能否打动顾客，其售后服务能否赢得顾客。产品成交与否在很大程度上取决于商家的描述以及该商家的可信度。

3. 网络营销市场细分的策略

市场由消费者组成，消费者具有不同特性，如所处地理环境、性别、年龄、文化、生活方式等均不同，这些都可以作为市场细分的变量。一般而言，重要变量有四类：地理变量、人口统计变量、心理变量和行为变量。

(1) 以地理变量细分网上市场。地理变量有区域、国家、省与洲、都市大小、人口密度、环境和气候等。地理变量之所以可以用来细分市场，是因为假设不同地理区域的消费者需求和偏好不一致。然而要注意的是：因特网是开放性的全球网络，它打破了常规地理区域的限制，因此，在网上营销，除非所营销的是区域性产品和服务，或者带有文化差异的产品或服务，否则不宜用地理变量来区分市场。

(2) 以人口统计变量细分网上市场。人口统计变量包括年龄、种族、性别、家庭人口数、家庭生命周期、收入、教育、宗教、国籍等。人口统计变量常与消费者的需求、偏好和使用频率有关，因此常用来细分市场。网上市场细分常用此变量，同时借由这个变量可以表达一些非人口统计变量。

(3) 以心理变量细分网上市场。心理变量包括消费者所属的社会阶层、生活方式、个性特征等。以此细分网上市场，可以得到不同子市场中的消费者具有不同的心理层面。在生活方式的变量运用上，有著名的AIO分析模式和VALS分析类模式。AIO分别指态度、兴趣和意见。由此模式可划分出多种生活方式的群体。VALS是Values and Life-Style(价值观和生活方式)的缩写。这两个分析模式非常适合在因特网上使用。网站可以先依这两个模式的内容来设计问卷，然后在网上收集信息，将收集到的信息配合人口统计变量来对其生活方式作分类，从中找出特殊的生活方式群体。

(4) 以行为变量细分网上市场。虽然在实际的消费活动中，真正了解和把握消费者的行为是困难的，但是消费者的消费行为还是有规律可循的。行为变量一般是指消费者的消费时机(通常在什么时间、什么场合消费)、追求的利益(消费的动因)、消费频率(是经常性消费还是偶尔消费)以及消费的手段和方式等。通过分析消费者的使用场合、追求利益、使用者状况、使用率、忠诚程度以及对产品的态度等有效地细分市场。

二、网络营销目标营销

1. 网络营销目标营销概述

“目标营销”是现代营销管理的一大经典成果。它同样适用于网上营销。也就是说，在开展网络营销之前，应先将网上市场细分为多种不同的子市场，然后选定其中一个或多个细分市场，发展出适当的网上营销组合，这就是“网上目标营销”。这个原理同样适用于“网站营销”，即把网站当作一个产品，特定的用户则是目标市场。公司可以开发出系列网站，以服务于各个细分市场。

2. 目标市场选择策略

目标市场的选择策略，即关于企业为哪个或哪几个细分市场服务的决定。通常有五种模式供参考：

(1) 市场集中化。企业选择一个细分市场，集中力量为之服务。较小的企业一般这样专门填补市场的某一部分。集中营销使企业深刻了解该细分市场的需求特点，采用针对的产品、价格、渠道和促销策略，从而获得强有力的市场地位和良好的声誉。但同时隐含较大的经营风险。

(2) 产品专门化。企业集中生产一种产品，并向所有顾客销售这种产品。例如服装厂商向青年、中年和老年消费者销售高档服装，企业为不同的顾客提供不同种类的高档服装产品和服务，而不生产消费者需要的其他档次的服装。这样，企业在高档服装产品方面树立很高的声誉，但一旦出现其他品牌的替代品或消费者流行的偏好转移，企业将面临巨大的威胁。

(3) 市场专门化。企业专门服务于某一特定顾客群，尽力满足他们的各种需求。例如企业专门为老年消费者提供各种档次的服装。企业专门为这个顾客群服务，能建立良好的声誉。但一旦这个顾客群的需求潜量和特点发生突然变化，企业要承担较大风险。

(4) 有选择的专门化。企业选择几个细分市场，每一个对企业的目标和资源利用都有一定的吸引力。但各细分市场彼此之间很少或根本没有任何联系。这种策略能分散企业经营风险，即使其中某个细分市场失去了吸引力，企业还能在其他细分市场盈利。

(5) 完全市场覆盖。企业力图用各种产品满足各种顾客群体的需求，即以所有的细分市场作为目标市场，例如上文中的服装厂商为不同年龄层次的顾客提供各种档次的服装。一般只有实力强大的大企业才能采用这种策略。例如 IBM 公司在计算机市场、可口可乐公司在饮料市场开发众多的产品，满足各种消费需求。

三、网络营销目标市场定位

1. 网络营销目标市场定位概述

市场定位是在 20 世纪 70 年代由美国营销学家艾·里斯和杰克·特劳特提出的，其含义是企业根据竞争者现有产品在市场上所处的位置，针对顾客对该类产品某些特征或属性的重视程度，为本企业产品塑造与众不同的；给人印象鲜明的形象，并将这种形象生动地传递给顾客，从而使该产品在市场上确定适当的位置。

传统营销的市场定位是单向的，即企业可以到市场上找顾客，也可以选定顾客群后再找产品。而网络营销的市场定位是双向的，营销者既应了解网上顾客的情况，又需了解经营的产品是否适合网络营销。为使经营的产品具有特色，适合目标顾客的需要与偏好并区别于竞争对手，企业需要准备充足的营销策略，使产品做到既有特色又满足顾客的需要。

2. 网络目标市场定位策略

网络营销所定位的目标市场，应具备以下三个条件：

(1) 初次定位与重新定位

初次定位（潜在定位），指新成立的企业初入虚拟市场，或企业新产品投入虚拟市场，或产品进入虚拟市场时，企业必须从零开始，运用所有的市场营销组合，使产品特色确定符合所选择的目标市场。

重新定位（二次定位、再定位），指企业变动产品特色，改变目标顾客对其原有的印象，使目标顾客对其产品新形象有一个重新的认识过程。

出现下列情况时需考虑重新定位：① 在本企业产品定位附近出现了强大的竞争者。② 消费者偏好发生变化。

(2) 对峙性定位与回避性定位

对峙性定位（竞争性定位、针对式定位）指企业选择靠近于现有竞争者或与之重合的市场位置，争夺同样的顾客，彼此在产品、价格、分销及促销等各个方面区别不大。

回避性定位（创新式定位）指企业回避与目标市场竞争者直接对抗，将其位置定在市场上某处空白领地，开发并销售目前市场上还不具有某种特色的产品，以开拓新的市场。

(3) 心理定位

心理定位是指企业从顾客需求心理出发，以自身最突出的优点来定位，从而达到使顾客留下特殊印象和树立市场形象之目的。

第四节　网络营销的 4Ps 策略

网络营销策略组合指企业的网络综合营销方案，是企业根据目标市场需要和市场定位，对企业内部可控制的营销要素 4P（产品、价格、渠道、促销等）进行优化组合和综合运用，使之协调配合，为企业取得良好的经济效益和社会效益。"4P"组合是从企业的角度提出的营销策略，是网络营销理论的基础。

20 世纪 90 年代，以劳特朋教授为代表的营销学者从消费者的角度切入提出了"4C"理论，从四个方面分析消费者购买需求，它包括消费者需求（consumer's wants and needs）、成本（cost）、便利（convenience）和沟通（communication）四大因素，简称"4C"策略。

一、网络营销产品策略

一个企业的生存和发展，关键在于它所生产的产品能否满足消费者的需求。任何企业制定产品策略都必须适应消费者的需求及其发展的趋势。

1. 产品整体概念

(1) 传统营销产品整体概念

按照传统观念，产品就是指某种有形的劳动产物，如服装、电视机等。但从市场营销学观点来看，市场营销过程不单是推销产品的过程，首先是一个满足顾客需要的过程，而顾客的需要是多方面的，不但有生理和物质方面的需要，而且还有心理和精神方面的需要，所以，营销产品应是一个产品整体，包含三个层次（见图 9－1）：核心产品、有形产品和附加产品（延伸产品）。

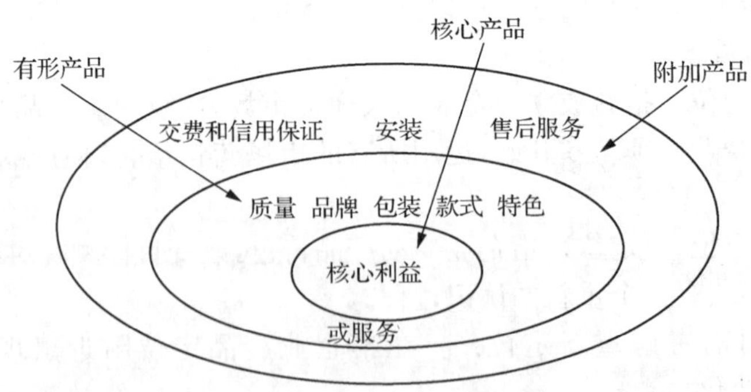

图 9－1　整体产品的三个层次

(2) 网络营销产品的整体概念

由于网络营销是在网上虚拟市场开展营销活动实现企业营销目标，面对与传统市场有差异的网上虚拟市场，必须要满足网上消费者一些特有的需求特征。所以，网络营销产品的内涵与传统产品的内涵有一定的差异性，主要是网络产品的层次比传统营销产品的层次大大扩展了。在网络营销中，产品的整体概念可分为5个层次：

① 核心利益或服务层次。这是产品最基本的层次，是满足顾客需要的核心内容，是顾客要购买的实质性的东西。例如，消费者购买食品的核心是为了满足充饥和营养的需要；购买计算机，是为了利用它作为上网的工具等。

② 有形产品层次。这是产品在市场上出现时的具体物质形态，它包括产品的质量水平、功能、款式、特色、品牌和包装等，如不同款式的计算机。

③ 期望产品层次。网络营销中，应满足消费需求呈个性化的特征，不同的消费者可以根据自己的爱好对产品提出不同的要求，因此产品的设计和开发也必须满足顾客的个性化消费需求。顾客在购买产品前对可购产品的质量、使用方便程度、特点等方面的期望值，就是期望产品。例如，海尔集团设计的三角形冰箱，戴尔公司的计算机配置实现网上定制。

④ 延伸产品层次。这是指顾客在购买产品时所得到的附加的服务或利益，主要是帮助消费者如何更好地使用核心利益和服务。例如，提供信贷、质量保证、免费送货、售后服务等。

⑤ 潜在产品层次。这是在延伸产品层次之外，由企业提供能满足顾客潜在需求的产品层次。它主要是产品的一种增值服务。如有的用户用计算机来开发网页，企业就可以提供网页制作的培训产品。

2. 网络营销商品的分类

网络营销的商品按商品形态的不同可分为实体商品、虚体（虚拟）商品两大类，详见表9-1。

表9-1　网络营销产品的类型

<table>
<tr><th>商品形态</th><th colspan="2">商品品种</th><th>商　品</th></tr>
<tr><td>实体商品</td><td colspan="2">普通商品</td><td>消费品、工业品等实体商品</td></tr>
<tr><td rowspan="4">虚体商品</td><td colspan="2">软件、音像制品</td><td>计算机软件、电子游戏等</td></tr>
<tr><td rowspan="3">在线服务</td><td>互动式服务</td><td>远程医疗、法律救助、网络交友、计算机游戏</td></tr>
<tr><td>网络预约服务</td><td>航空、火车订票，电影、音乐会、球票预定，饭店预定，餐馆旅游预约服务，医院预约挂号</td></tr>
<tr><td>信息咨询服务</td><td>法律咨询、医药咨询、股市行情分析、金融咨询、资料库检索、电子新闻、电子报刊、研究报告、论文等</td></tr>
</table>

3. 电子商务对产品策略的影响

电子商务对产品策略的影响主要体现在以下几方面：

(1) 产品形态与定位选择策略

在互联网上，虚体产品和实体产品的销售是不一样的。虚体产品可以提供在线销售，而且软件产品一般可以试用，而实体产品只能通过网络展示。尽管多媒体技术可以充分生动地展示产品的特色，但无法直接尝试非数字产品。因此，网络营销的产品和服务应尽量是数字化的，对于非数字产品或服务，应尽力考虑产品的标准化，提高消费者对产品与服务的认识和信心。

(2) 产品定制化策略

网络所带来的低成本、高效率和互动的传递信息方式,改变了企业传统的运作模式,使大规模的定制成为可能。个性化定制使市场细分达到了极限,每一个客户都被看成了一个微型市场,目标市场更加明确化。企业必须具有根据每一个客户的特别要求定制产品或服务的能力,即所谓的"一对一"定制化服务。

(3) 产品的品牌策略

第20次中国互联网络发展状况统计报告显示,当前,网民文化程度较高(高中以上毕业78.1%以上)、年龄较轻(30岁以下占70.6%),他们愿意购买信誉度较高的名牌产品、新产品,而且能够比较容易地买到这些产品,为此产品中的品牌要素一定比传统情况下更加重要。

在这种情况下,会出现某公司产品质量和竞争对手相当,甚至比对手还要好,但仅仅因为"原产地"原因而不受消费者欢迎的现象。解决这一问题的基本对策是实施名牌战略以及与有美誉的知名公司进行生产与销售上的合作。

(4) 产品的服务策略

同传统工业相比,后工业社会中系统的服务正占据越来越重要的地位。而电子商务的出现使这越来越重要的服务得到了真正的履行。在这种情况下新的竞争不在于工厂制造的产品,而在于能否给产品加上包装、服务、广告、咨询、融资、送货、保管或顾客认为有价值的其他东西。

(5) 新产品开发策略

核心是顾客参与,充分通过互联网,捕捉新产品开发的创意。它包括:

① 注重消费者感到不满、不快、不平、不便、不洁等方面的研究与利用。

② 注重消费者盼望、欲望与希望等方面的研究与利用。

③ 着眼于在发达国家、发达地区或其他有关地区畅销过产品的研究与利用。

④ 着眼于国内外流行现象的观察与利用。

二、网络营销价格策略

价格策略是市场营销活动中极为重要的一部分,通过网络进行产品销售,本身就具有成本低的优势。

1. 选择定价目标

(1) 生存

如企业生产能力过剩,或面临激烈竞争,或试图改变消费者需求,需要把维持生存作为主要目标。

(2) 当期利润最大化

估计需求和成本,并据此选择一种价格,使之能产生最大的当期利润、现金流量或投资报酬率。

(3) 市场占有率最大化

通过定价来取得控制市场的地位,即使市场占有率最大化。

(4) 产品质量最优化

考虑在市场上产品质量领先这样的目标,要求用高价格来弥补高质量和研究开发的高成本。

2. 网络营销定价策略

(1) 低于进价销售

采取此种定价方式能吸引很多消费者，意在扩大销售规模。主要适用于价格弹性较大的日用品。

(2) 差别定价策略

指对不同的人确定不同的价格。在网上，通过"黑箱操作"，厂家与每一顾客的交易价格可以不透明，使"把每一分可能挣的钱都挣到"成为现实。

(3) 高价策略

网上商品的价格有时也会高于传统方式，这主要指一些独特商品或对价格不敏感的商品，如艺术品、鲜花等。另外，如果商品的地区差价较大，少数先上网销售的供货商也有可能卖个好价。

(4) 竞价策略

厂家可规定底价，让消费者竞价，厂家所花费用极低。

(5) 集体砍价

集体砍价是网上出现的一种类似于拍卖的新业务。网站上推出的每种商品都有竞价者加入。随着每一个新的竞价者加入，原定价格就会下跌，竞买的人越多，价格越低。

三、网络营销的渠道策略

网络营销渠道的选择是整个市场营销组合策略的重要组成部分。网络营销的渠道可分为直接营销渠道和间接营销渠道。与之相对应的网络营销的渠道策略可分为直接渠道策略，间接渠道策略，以及直销渠道和间接渠道并用的双道策略(又称双道法)。

1. 传统营销渠道与网络营销渠道的区别

(1) 作用分析

传统的营销渠道是指某种货物或劳务从生产者向消费者转移时所需经过的流通途径。其作用是单一的，它仅仅是商品从生产者向消费者转移的一个通道。

网络营销渠道的作用则是多方面的：

① 它是信息发布的渠道；

② 是销售产品、提供服务的快捷途径；

③ 作为企业间洽谈业务、开展商务活动的场所，也是进行客户技术培训和售后服务的理想的园地。

(2) 结构分析

传统营销渠道，根据有无中间商可以分为直接分销渠道和间接分销渠道。其中，由生产者直接将商品卖给消费者的营销渠道叫直接分销渠道；没有中间商的，叫零级分销渠道。包括至少一个以上的中间商的营销渠道则叫间接分销渠道。间接分销渠道则包括一级、二级、三级乃至级数更高的渠道。

(3) 费用分析

传统的直接分销渠道常用两种方法：

① 直接出售，没有仓库。工厂需要支付推销员的工资和日常推销开支。

② 直接出售，设有仓库。工厂要支付推销员的工资和费用，还要支付仓库的租赁费。

网络直接分销渠道：网络管理员从因特网上直接受理订单，所需的费用仅是管理员的工资和上网费用。

传统的间接分销渠道:中介机构必不可少。

网络间接分销渠道:网络商品交易中心承担起信息中介机构的作用。网络商品交易中心使中介机构的数目减少,从而商品流通的费用大幅度降低。

2. 网络直接销售渠道

网络直销是指生产厂家通过网络直接分销渠道直接销售产品。目前常见的做法有两种:

(1) 企业在因特网上建立自己独立的站点,申请域名,制作主页和销售网页,由网络管理员专门处理有关产品的销售事务。

(2) 企业委托信息服务商在其网点上发布信息,企业利用有关信息与客户联系,直接销售产品。

网络直销具有优点:

(1) 网络直销促成产需直接见面,对买卖双方都有直接的经济利益。

(2) 营销人员可以利用网络工具,开展各种形式的促销活动,迅速扩大产品的市场占有率。

(3) 企业能够通过网络及时了解到用户对产品的意见和建议,并针对这些意见和建议改善经营管理。

网络直销的缺点:

(1) 面对大量分散的企业域名,网络访问者很难有耐心一个个去访问制作平庸的企业主页。

(2) 对一些不知名的中小企业网站,大部分网络漫游者不愿意在此浪费时间,或只是在路过时看一眼。

(3) 我国目前建立的企业网站,除个别行业和部分特殊企业外,大部分访问者寥寥,营销收效不大。

问题的解决:

(1) 尽快组建具有高水平的专门服务于商务活动的网络信息服务站点。

(2) 从网络间接分销渠道中寻找出路。

原外经贸部网站的经验:

(1) 免费链接国内所有已经上网发布信息的公司网页。

(2) 开设"贸易机会"栏目,为国内外商家提供免费粘贴买卖、合作等商业信息的公告板。

(3) 建立检索方便的中国网上出口产品数据库。

3. 网络间接销售渠道

从经济学的角度分析,有四个基本原因导致网络商品交易中介机构的存在成为必然。

(1) 网络商品中介交易简化了市场交易过程 。

设想一种最简单的情况,市场上仅仅存在 3 个生产者和 3 个消费者。在没有网络商品中介机构的情况下,总共需要发生 9 次交易关系。增加一个中介机构,在网络直销中必须发生的 9 次交易关系由此减少到 6 次。交易中介机构的存在,简化了市场交易过程,使交易双方都感到方便和满意。

(2) 网络商品交易中介机构的撮合功能有利于平均订货量的规模化。

能以最短的渠道销售商品,满足消费者对商品价格的要求。能够通过计算机自动撮合的功能,组织商品的批量订货,满足生产者对规模经济的要求。这种具有功能集约的商品流转程式的出现，为从根本上解决现代工业发展中批量组货与订货的难题创造了先行条件。

(3) 网络商品中介交易使得交易活动常规化。

传统交易活动中，影响交易的因素多得不可胜数。如果这些变量能够在一定条件下常规化，交易成本就会显著降低，从而有效提高交易的成功率。网络商品中介交易在虚拟市场进行，可避免时间上、时差上的限制。交易表格的统一规范，避免了买卖双方相互的扯皮。分散的配送中心，减少了运输费用。严密的支付程序，增加彼此信任感。

(4) 网络商品中介交易便利了买卖双方的信息收集过程。

网络商品交易中介是一个巨大的数据库，云集众多厂商与商品。厂商和商品实行多种分类，可以从各个不同的角度检索。买卖双方完全可以在不同的地区，在不同的时间，在同一个网址上查询不同的信息，方便交流不同意见，在中介机构的撮合下，匹配供应意愿和需求意愿。

4. 双道法——企业网络营销的最佳选择

双道法是指企业同时使用网络直接分销渠道和网络间接分销渠道，以达到销售量最大的目的。

企业在因特网上建站，一方面为自己打开了一扇对外开放的窗口，同时也建立了自己的网络直销渠道。在自己建立网站的同时，应积极利用网络间接渠道销售自己的产品，通过中介商的信息服务、广告服务和撮合服务，扩大企业的影响，开拓企业产品的销售领域。

企业应熟悉、研究国内外电子商务交易中介商的类型、业务性质、功能、特点及其他有关情况，以便能够正确地选择中介商，顺利地完成商品从生产到消费的整个转移过程。

在筛选电子商务中介商时，必须考虑五个因素，即“5C”因素：成本(cost)、信用(credit)、覆盖(coverage)、特色(character)、连续性(continuity)。

四、网络营销的促销策略

网络促销是指利用电子手段来组织促销活动，以辅助和促进消费者对商品或服务的购买和使用。它的出发点是利用网络特征实现与顾客沟通。这种沟通方式不是传统营销中“推”的方式，而是“拉”的方式，即“软”营销。网上促销具有与传统促销不同的特点，因为网上营销是在虚拟市场上进行的，通过网络技术传递产品和服务的存在、性能及特征等信息，并且随着互联网虚拟市场的出现，将所有企业都推向一个世界统一的市场。由于互联网强大的通讯能力和极为广阔的覆盖面，网络促销形式主要有网络广告、销售促进、站点推广和网络公关。

1. 网络广告

网络广告是目前较为普遍的网络促销方式。网络的强大功能几乎囊括了所有的媒体广告的优势。怎样使本企业网站在茫茫的网页之海中脱颖而出，留住漂泊的而又不耐烦的冲浪者，是开展网络营销必须要考虑的。由于网络营销“软营销”和“无时空限制”的特征，传统广告、一般销售促进等措施难以奏效。因此网络广告不再是传统的大面积播送(“推”)而是等候消费者自己的选择(“拉”)，互联网上出现了标题广告、电子赠券及给阅读广告的冲浪者付费型的专营网络广告的站点等。网络广告的时间、空间限制的消失，使广告由“印象型”向“信息型”转变，主要是基于产品信息的理性说服，而传统广告则一般是基于印象的联想型劝诱。企业在做广告策划时，应充分发挥网络的多媒体声光功能、三维动画等特征，诱导消费者做出购买决策，并达到尽可能开发潜在市场的目标。

2. 销售促进

销售促进就是企业利用可以直接销售的网络营销站点，采用价格折扣、有奖销售等方式，宣传推广产品。

3. 站点推广

站点推广就是利用网络营销策略扩大站点知名度，吸引上网者访问站点，起到宣传和推广企业以及企业产品的效果。企业可以与非竞争性的厂商建立线上促销联盟，通过相互线上数据库联网，增加与潜在消费者接触的机会，这样一方面不会使本企业产品受到冲击，另一方面又拓宽了产品的消费层面。

4. 网络公关

网络公关是通过借助互联网的交互功能吸引用户与企业保持密切关系，培养顾客忠诚度。网络营销对象的不确定性和广泛性使企业的公众形象的建立与毁坏都很容易，企业对此要小心翼翼，耐心谨慎地处理每一个顾客的要求，并善于利用网络论坛、邮件、清单、新闻组等网络社区聚集的场所树立形象、提供信息，发展企业和其潜在顾客的公关关系。把本企业站点加入知名的网络搜索引擎可以大大提高本站点被发现的机会。

5. 网络文化与产品广告相融合

将网络文化与产品广告相融合，借助网络文化的特点来吸引消费者。如将产品广告融于网络游戏中，使网络使用者在潜移默化中接受促销活动。通过组建用户俱乐部可吸引大批的网友来交流意见，从中选出适合本企业发展的营销策略。

第五节　网络营销的服务策略

一、网络顾客服务的概述

1. 网络顾客服务的定义

网络顾客服务是以传递信息为基础，企业通过互联网远程为顾客提供服务的过程。属于围绕核心产品所开展的以顾客为导向的信息服务。它的目的是通过顾客满意和提高生产效率来达到长期利润最大化，即实现顾客价值的最大化和企业收益的最大化之间的平衡，也就是顾客与企业的“双赢”。这个定义包括如下几个层面的含义：

(1) 网络顾客服务并不是一种简简单单的概念或方案，它也是企业战略的一种，贯穿于企业的每个部门和经营环节，其目的在于理解、服务于企业现有的或潜在的顾客。

(2) 以网络技术为代表的信息技术使得网络顾客服务成为可能。没有信息技术的支撑，顾客服务可能还停留在早期的顾客服务阶段。正是因为信息技术的出现，企业能够有效地分析顾客数据，积累和共享顾客知识，以根据不同顾客的偏好和特性提供相应的服务，从而提高顾客让渡价值。同时，信息技术也可以辅助企业识别具有不同价值的顾客，针对不同的顾客采用不同的策略，从而实现顾客价值最大化和企业利润最大化之间的平衡。

(3) 网络顾客服务始于对顾客行为和特性的深入分析，以取得对顾客及其偏好、愿望和需求的完整认知，然后应用这些知识去制订网络顾客服务战略、编制网络顾客服务计划和开展网络顾客服务活动。同样，网络顾客服务也意味着与顾客之间的互动接触。因此，网络顾客服务需要设计一个由许多“接触点”构成的网络，来建立、培养和维持与顾客之间长期互利的接触。

(4) 网络顾客服务的目的是实现顾客价值的最大化和企业收益的最大化之间的平衡，即顾客与企业的“双赢”。事实上，顾客价值最大化与企业收益最大化是一对矛盾统一体。坚持以顾客为中心、为顾客创造价值是任何网络顾客服务必须具备的理论基石。而企业是以赢利为中心的组织，追求利润最大化是企业存在和发展的宗旨。顾客价值最大化意味着穷尽企业的资源和能力去全面满足所有顾客需求，如此势必增大企业的成本，挫伤企业的赢利能力。不过，为顾客创造的价值越多，越可能增强顾客的满意度，提高顾客忠诚度，从而挽留顾客，有利于增加顾客为企业创造的价值，最大化企业收益。

(5) 不同的顾客具有不同的价值，企业必须将最大的精力放在最有价值的顾客身上。虽然那些低价值的顾客在数量上占有绝对比例，但对公司的销售和利润贡献却很小。网络顾客服务并不是主张放弃这些价值较低的顾客，而是强调仔细甄别高价值顾客和低价值顾客并加以区别对待。通过对顾客的有效识别和开展顾客服务，发展与特定顾客之间良性的、长期的、有利可图的关系，坚决剔除不具有培养前景的恶性顾客。

2. 网络顾客服务的特点

服务区别有形产品的主要特点是不可触摸性、不可分离性、可变性和易消失性。同样，网络顾客服务也具有上述特点，同时赋予其新的内涵，显示出对传统顾客服务的比较优势，从而有利于达到更高的服务水平，提高顾客的满意度。具体表现在以下五个方面：

(1) 增强顾客对服务的感性认识。服务的最大局限在于服务的无形和不可触摸性，因此在进行服务营销时，需要对服务进行有形化，通过一些有形方式表现出来，以增强顾客的体验和感受。通过互联网络可以明显降低这种不可感知性。网络能提高服务的有形程度，把服务通过某些有形的方式表现出来，可以增强顾客的体验和感受。如别克汽车提供的网上汽车试驾系统就可以增强顾客对其服务的感性认识，减少顾客对该项服务的陌生感。

(2) 突破时空不可分离性。服务的最大特点是生产和消费的同时性，因此服务往往受到时间和空间的限制。顾客为寻求服务，往往需要花费大量时间去等待和奔波。基于互联网的远程服务则可以突破服务的时空限制。如现在的远程医疗、远程教育、远程订票等等，这些服务通过互联网都可以实现避免消费方和供给方的空间分离带来的不便。

(3) 提供更高层次的服务。传统服务的不可分离性使得顾客寻求服务受到限制，互联网的出现突破了传统服务的限制。顾客可以通过互联网得到更高层次的服务，顾客不仅可以了解信息，还可以直接参与整个过程，因此能最大限度满足顾客的个人需求。

(4) 顾客寻求服务的主动性增强。顾客通过互联网可以直接向企业提出要求，企业必须针对顾客的要求提供特定的一对一服务。而且企业也可以借助互联网的低成本来满足顾客的一对一服务的需求，当然企业必须改变业务流程和管理方式，实现柔性化服务。

(5) 服务成本效益提高。一方面，企业通过互联网实现远程服务，扩大服务市场范围，创造了新的市场机会；另一方面，企业通过互联网提供服务，可以增强企业与顾客之间关系，培养顾客忠诚度，减少企业的营销成本费用。因此，许多企业将网络顾客服务作为企业在市场竞争中的重要手段。

二、网络顾客服务的需求

1. 顾客对网络顾客服务的基本要求

从传统顾客服务的程序、特性、内容中可以看出，信息服务、咨询服务、保管服务和例外服务等或以数据为基础，或对信息有很大的依赖性。其中信息服务和咨询服务均以传递信息为基础，可见这两项服务完全可以成为基于互联网的顾客服务。顾客服务的程序特性因素在个性化网络顾客服务中得到了充分的体现，包括信息内容的针对性、易用性、效率和它适应顾客需求变化的灵活性。这几个方面的因素，从顾客角度分析便是顾客对网络顾客服务的基本要求。

(1) 信息资源开发的广泛性。网络顾客服务必须在信息资源开发的基础上进行，只有广泛开拓信息来源和信息传递渠道才有可能保证向顾客提供和对外传递的信息无重大遗漏，因此在信息源开发和系统设计中应注重顾客需求调查并有计划地吸收顾客参与工作。

(2) 服务的充分性。"充分性"是指充分利用各种条件和一切可能的设备，组织顾客服务工作，同时充分掌握顾客需求、工作情况及基本的信息条件，以确保所提供和传播的信息范围适当、内容完整和对需求的满足充分。

(3) 服务的及时性。"及时性"的含义包括两个方面：一是接待顾客和接受顾客的请求要及时；二是提供或发布信息要及时，尽可能使顾客以最快的速度得到他们所需要的服务。为了实现这一目标，必须保证有畅通的信息渠道和用户联系渠道。

(4) 信息提供与传递的准确性。"准确性"是顾客服务最基本的要求，因为不准确的信息对顾客来说不仅无益，而且可能有害，它将导致顾客决策失误、造成损失。要使顾客服务具有准确性，一是搜集信息要准确，避免信息传递中的失真；二是对信息的判断要准确，做出的结论要正确、可靠。

2. 网络顾客服务的需求分析

网络顾客服务的目的是从顾客出发，满足顾客的个性化、情感化和社会化倾向的要求。这里的个性化顾客服务是基于顾客的信息使用行为、习惯、偏好和特点，向顾客提供满足其各种个性化需求的一种服务。由此可见，在今天的网络顾客服务中需要突出的是个性化服务和社会化情感关怀服务两项内容，它们分别满足人们的个性化需求与情感化、社会化需求。

(1) 个性化顾客服务需求。随着网络技术的发展和顾客对服务要求的提高，顾客已不满足于产品或服务的单向网络顾客服务，而对以顾客服务为中心的、面向顾客的个性化服务趋之若鹜。个性化顾客服务是顾客服务的发展方向，它使广大顾客摆脱了漫无边际的搜寻。它的出发点是顾客需求，它的归宿点是顾客满意。其实，在互联网上基于顾客的信息使用行为、习惯、偏好和特点，向顾客提供满足其各种个性化需求的服务都属于个性化网络顾客服务的范畴。本节从现阶段的顾客认识与需求出发，归纳了三种主要的个性化顾客服务需求，它们是：需要帮助解决问题服务、需要与具体人员沟通和需要参与过程。

(2) 情感化、社会化顾客服务需求。顾客的个性化需求是顾客针对产品的具体问题所提出的需求，在产品之外，顾客越发关注自身的情感化、社会化需求。这种情感化、社会化需求可以来自顾客与企业之间，也可以来自在产品消费中存在某种共性的顾客彼此之间。网络顾客服务，除了表现在服务过程中服务人员从言语方面关注顾客的个人情感需求以外，更多表现为顾客对服务人员或顾客之间的情感交流、倾诉等。在满足顾客的情感化、社会化需求中，充分体现了企业对顾客的情感关怀。虽然在某些社会化服务中，企业可能仅仅只是为顾客的社会化活动提供网络社区等诸如此类的少许条件，但它同样是企业借助顾客之间的这种互动来满足了顾客的情感化、社会化需求，所以这也表现为企业对顾客的一种社会化情感关怀。

很明显，情感消费阶段，顾客越来越重视心灵上的充实和满足。具体而言，对商品的需求已超出了价格与质量、形象和品牌的考虑，越来越在乎产品之外的文化、情感因素，消费行为呈现明显的个性化、情感化和社会化倾向。所以，顾客的情感化、社会化需求在今天得到了史无前例的重视，这种重视主要体现在情感关怀的普及程度方面。根据需求层次理论，本节对顾客服务需求可以表示为图 9－2 这样的顾客服务需求结构示意图：

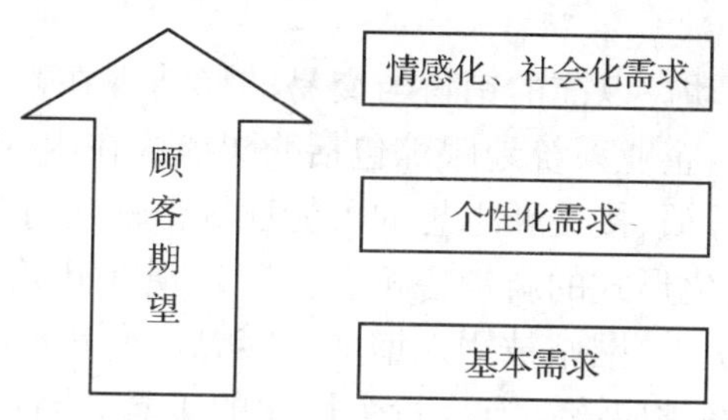

图 9－2　顾客服务需求结构示意图

以上这三个层次的需求相互促进，某一层次需求满足得越好就越能推动下一层次的需求，需求满足得越好，企业和顾客之间的关系就越密切。整个过程是一种渐进式的上升，不仅促使企业对顾客需求有更充分的理解，也会引起顾客对企业期望的膨胀，最终实现“一对一”关系的建立，而且也不断地巩固、强化了这种关系，这个过程被称为“顾客整合”。顾客整合是现代顾客个性化需求的要求，发展的结果表明其充分体现了顾客个性化与情感化、社会化需求不是一个静态过程，而是一个双向、互动的过程，这就为运用互联网这一优秀的顾客服务基础设施奠定了基础。所以，互联网的应用对顾客需求的满足有着关键的作用。

三、网络顾客服务的层次

网络顾客服务均表现为信息的传递、处理或下载，这是网络顾客服务的共性，但顾客的需求却因信息本身的区别而得到了不同程度的满足。如何提升网络顾客服务的质量，从而达到顾客满意与顾客忠诚以及提高企业效率，是企业需要关注的重点。以下这四个层次的服务之间有种相互促进的作用。

1. 单向信息服务层次

在这一层上，网站提供的主要是单向信息，为顾客提供的机会很少，收集的信息也很少。网站是以产品为中心的，包括企业内部人士对企业及产品看法的陈述等。这一阶段的主要任务是网站推广和信息宣传。从顾客服务的角度看，网站推广便于尽可能多的目标顾客知晓企业网站，便于为他们提供信息服务。在网站推广中，除去其他因素的作用，搜索引擎和链接这两大工具功不可没，它们主要是通过增加网站的点击率来达到网站推广的功效；网站推广只是第一步，在顾客登录企业网站时，就顾客服务而言，是引导顾客迅速找到所需要的信息，站内搜索引擎和链接都为顾客寻找信息提供了方便，而对于初次登陆的顾客来说，常见问题解答(FAQ)则可以满足他们的一般性信息的了解。

2. 初步个性化信息服务层次

随着网站的成熟,企采取了一些基本的互动步骤。企业已经将价格和其他详细信息展示在网站上,这促进了与顾客的互动。这一阶段的目标是对登录网站的顾客进行初步细分,最低程度地实现个性化服务。在这一阶段,表单充分发挥了作用:通过用户注册,初步区分顾客,同时收集顾客基本资料;通过调查问卷,收集所需信息,为个性化服务提供依据;通过信息反馈,对已有顾客进行调查,以便更好地为市场服务。而E-mail则成为企业为顾客提供初步个性化信息的手段,如新闻邮件、促销和直接邮件以及自动应答器所发送的简单邮件。

3. 个性化互动服务层次

网站趋近于以顾客为驱动。以前的销售与交易的详情现在被存储在数据库里,并且为每个顾客建立了一个个人档案,企业系统地跟踪包括购买模式在内的顾客生活方式的各个方面,对顾客的偏好、忌讳、兴趣、习惯、接受新思想的可能性等个性化行为都有很好的记录。这些信息被用来发现一些高度个性化形式的新销售机会。网站现在开始展示出一些电子商务(即网络销售)的能力。在这一层次上,网站被用来增加顾客忠诚度和理解顾客在产品开发方面的需求。就网络顾客服务而言,网站应该拥有大量个性化的工具,能提供个性化的服务,同时关注顾客的个性化需求,大量搜集顾客个性化需求的信息。

4. 客户化服务层次

在这一层次,发展顾客关系的利益开始增加。企业提供给顾客的特定利益能够与他们的价值(即顾客对公司的价值)、动机和兴趣相配合。企业更好地理解了个别顾客的购买需要和购买周期。网站开始开通忠诚顾客俱乐部、使用者讨论会和类似的以鼓励顾客(正在成为企业拥护者的顾客)积极参与网站的活动。顾客参与不但促进了顾客与网站的共鸣,更进一步促进了顾客忠诚度,也使潜在顾客觉得这是一个好的去处,并鼓励他们成为忠诚的定期访问者。这种发展标志着公司现在已经完全理解和估计到了每个顾客的终生价值,顾客关系的终生价值被公司充分重视。

四、网络顾客服务的策略

1. 网络顾客服务的基本策略

(1) 了解网络顾客的特点,明确顾客的需求

据第三十六次CNNIC互联网络使用状况调查显示:截至2015年6月,我国网民规模达6.68亿,互联网普及率为48.8%。中国网民男女比例为55.1∶44.9,女性网民占比相比2014年底提升了1.3个百分点。我国网民以10—39岁年龄段为主要群体,比例达到78.4%。其中,20—29岁年龄段网民的比例为31.4%,在整体网民中的占比最大。与2014年底相比,20岁以下网民规模占比增长1.1个百分点,互联网继续向低龄群体渗透。中国网民中,初中及高中学历超过六成(67%),已经表现出明显的平民化趋势。网民中学生比重很大,达24.6%,这一点与中国互联网用户的年轻化特点形成相互印证。利用互联网,企业可以很容易地认识、了解顾客,研究分析顾客的需求特点、购买动机和行为,制订个性化的服务方案,最大限度地满足顾客的需求。通过高水平、高效率的网络服务可增加顾客价值,减少顾客成本,提高顾客的让渡价值,尽量做到使顾客满意。

(2) 转变服务观念,变被动服务为主动服务

在传统的顾客服务领域中,企业大多处于一种被动服务的地位,顾客要求做什么才做什么,这时的顾客体验不到一种“家”的感觉。互联网络全天候、即时互动的特点,为企业主动服务顾客提供了新的平台,企业完全可以为网络顾客提供周到的售前、售中、售后服务。如在产品销售前,企业主动将详细的、客观的有关产品的价格、性能、主要原材料构成、使用说明等有关内容以多媒体形式展现在顾客面前。有时甚至包括竞争者的相关信息,或提供某些使用过本产品的顾客评论或专家意见供顾客参考,某些有条件的企业还可以为顾客进行定制化服务。售中服务的关键则是确保订单的顺利执行。通过提供订单执行情况的在线查询,不仅可以减少顾客对购买的忧虑,增加顾客购物信心,提高顾客的满意度,同时也可以为企业节省大量的顾客服务费用。网上售后服务是帮助顾客解决问题,如产品的安装调试,相关产品知识等。除了在网上建立常见问题解答(FAQ) 页面,将公司的一些产品信息技术资料等放到网上,帮助顾客通过自我学习解决一些普通问题外,还对一些不大常见或较为重大疑难的问题通过个性化服务或网下服务及时主动地进行解决。

(3) 注重承诺服务

网络信任不仅成为社会信任的重要组成部分,更是电子商务、互联网金融等深层网络应用发展的重要社会基础,伴随着快速的城市化进程,中国从“熟人社会”过渡到“生人社会”,传统社会的信任基础受到冲击,而现代社会信任体系尚未健全,人们的社会信任度有所降低。据第三十五次 CNNIC 互联网络使用状况调查显示:2014 年,有 54.5%的网民表示对互联网信任,相比 2007 年的 35.1%,网民对互联网的信任度有较大幅度提高,但也发生了一些网络安全事件频发,可见由于服务的无形性及网络的虚拟性,网络顾客服务本身亦面临着较大的风险。这种风险包括:社会风险、财务风险、技术风险、时间风险、心理风险等。因此,进行明确的服务承诺并切实履行所作的承诺便显得尤为重要。但许多企业却避开了这种方法,而喜欢用过分的许诺引诱顾客,这会损害顾客的信任,从而对企业不利。

(4) 处理顾客抱怨,加强顾客沟通

根据美国顾客满意度指数模型(ACSI),当顾客对某一企业所提供的产品或服务不满意时,他们会选择两种渠道来表达这种不满意:一是停止购买该产品或服务;二是向该企业表达自己的抱怨或不满以获得赔偿。尽管有研究表明顾客抱怨处理对顾客满意或顾客忠诚没有显著影响,但是不消除“不满意”也就没有顾客“满意”,不重视处理顾客抱怨有时对企业的伤害是致命的。对顾客抱怨进行处理的方法很多,而利用网络与顾客进行沟通则是最好方式之一。通过各种网络工具与顾客进行经常的对话以加强联系,可以在问题发生时处于一种有利的地位。企业积极沟通以及对顾客发起的沟通迅速地表示关心,都传达了一种合作的诚意。有效的沟通能够培养顾客的信任与容忍,可直接导致顾客满意度与忠诚度的提高。

(5) 加强人员培训,提高服务人员素质

与传统服务一样,“人”在网络顾客服务中亦是一个相当重要的角色,服务人员精湛的专业技能、良好的工作态度对于网络顾客服务同样重要。当顾客与一位态度友好、学识渊博的服务人员打交道时,他们会认为自己找对了公司,从而获得信心和安全感;而粗暴的态度与浅薄的专业知识无疑将令顾客失望。企业必须加强员工培训,让员工接受新的服务技巧,改善服务态度,丰富服务知识。受过良好培训的员工会充分利用好每一次与顾客进行沟通的机会,使顾客得到超过以往经验期望的更好服务。

2. 网络顾客服务的工具策略

在传统产品服务市场中，企业常规的顾客服务手段包括电话、传真、信函、上门服务、设立顾客服务网点等。在网络营销服务领域，即时通信（QQ）已经成为最重要的顾客服务工具（占90.8%），比电话还略高一些，电话这一通信工具仍然非常重要，在网站上公布的比例几乎与即时信息相等。其他在线主要服务手段包括FAQ、在线表单、Email等。下面是详细调查结果（见表9－2所示）：

表9－2　网络顾客服务工具

网络营销服务商的顾客服务工具							
	电话	Email	QQ	MSN	FAQ	在线表单	留言板
百分比	85.6%	36.7%	90.8%	0.3%	20.5%	13.5%	18.0%
资料来源：CNNIC：2015年第36次中国互联网络发展状况统计报告，2015.7							

下面，将从FAQ的设计策略、电子邮件的管理策略和电子论坛的设计策略3个方面来阐述网络顾客服务策略。

（1）FAQ的设计策略

网络顾客服务的重要内容之一，是为顾客提供有关公司产品和服务等各方面的信息。鉴于众多公司能够提供的信息以及面对众多的顾客可能需要的信息，企业最佳切入点是在网站上建立顾客常见问题解答，即FAQ。FAQ是对公司基本情况的介绍，它既能够引发那些随意浏览者的兴趣，也能够帮助有目的的浏览者迅速找到他们所需的信息。FAQ原是公共论坛Usenet新闻组为了避免重复讨论同一问题而设计的。在新闻组里，对某个议题经过一段时间的争议与研究，大家对一些基本问题形成了共同的认识，把这些问题和答案汇总整理后，排列在一起就形成了FAQ。企业把这种方法借用到营销管理中，就形成了公司的FAQ。

（2）电子邮件的管理策略

电子邮件是互联网上使用最为频繁的功能，它已成为企业为顾客服务的强大工具。顾客电子邮件管理的基本目标是：企业必须通过一定的组织与管理，以确保每一位顾客的电子邮件都得到认真而及时的答复。

（3）电子论坛的运用策略

互联网络有众多的公告牌（BBS）和新闻组（Newsgroups），在讨论区中，参加讨论的人用电子邮件进行交流，发表对某一问题的看法，因此称为电子论坛。在电子论坛之下又划分成不同的讨论区，每一个讨论区集中于某一特定的主题。网络的这些讨论区中，既有民间自发性质的，如校园BBS、Usenet等，又有许多商业性质的。不论是民间性质还是商业性质的电子论坛，其中都会包含许多针对某一公司或某一些产品的讨论区，参加者自然是某一公司的顾客或是某一类产品的使用者。这些讨论区的存在，进一步拓宽了企业顾客服务的范畴。

【本章小结】

网络营销是指通过网上开展营销活动，主要内容包括：网上市场调查、网络消费者分析、网络营销策略制定、网上产品和服务策略、网上价格营销策略、网上渠道选择、网上促销与网络广告、网络营销管理与控制等。网络营销的 STP 策略是指市场细分、目标营销和市场定位。网络营销策略组合指企业的网络综合营销方案，是企业根据目标市场需要和市场定位，对企业内部可控制的营销要素 4P（产品、价格、渠道、促销等）进行优化组合和综合运用，使之协调配合，为企业取得良好的经济效益和社会效益。网络顾客服务是以传递信息为基础，企业通过互联网远程为顾客提供服务的过程。

【课堂讨论】

1. 电子商务和网络营销是什么关系？
2. 何谓网络营销？网络营销与传统营销的区别是什么？
3. 请举出两个例子说明网络营销的性质。然后与传统营销对比，说明其差别。
4. 为什么说网络营销是未来营销的主要方式？
5. 网络顾客与传统意义上的顾客的共同点和差异是什么？
6. 在产品策略中主要了解哪些产品适合在网上销售，为什么？
7. 何谓网络顾客服务？它与传统顾客服务有何区别？开展网络顾客服务应该注意什么？

【技能实训题】

1. 访问中国营销网 http://www. tinlu. com/，查看网络营销成功案例，并与大家共同分享。

2. 比较分析华联超市（http://www. 962828. com/portal/index. jsp）和联华超市（http://www. lhok. com. cn/index. jsp）的网络营销策略的区别。

第十章　电子商务物流配送

物流是任何一次商务活动的重要环节，只有商品安全、完整地交到客户手上，整个交易过程才算真正完成，商品才最终完成了所有权的转移。什么是物流？电子商务的物流有些什么新的特征？电子商务和物流有怎样的相辅相成的关系？本章就是要解决上述这些问题，我们首先引入物流概念，然后介绍电子商务物流特征，以及电子商务与物流两者之间的关系，接着我们还会介绍现阶段物流采用的信息技术，最后会适当地介绍电子商务物流配送中心。

【学习要点及目标】

通过本章学习了解电子商务物流概念，电子商务与物流的关系，电子商务物流信息技术，电子商务物流配送概念和电子商务物流配送中心运营等相关知识。

第一节　电子商务物流概述

一、物流的基本概念及要素

1. 物流的概念

物流在中国是一个古老而传统的行业，即传统的储运业。但是，本章所提到的物流一词，来源于美国。在第二次世界大战中，围绕战争供应，美国军队建立了"后勤"(logistics)理论，并将其用于战争活动中，其中所提出的"后勤"是指将战时物资生产、采购、运输、配给等活动作为一个整体进行统一布置，以求战略物资补给的费用更低、速度更快、服务更好。二战以后，"后勤"一词在企业得到了广泛的应用，这时的后勤包含了生产过程和流通过程的物流，是一个包含范围更广的物流概念。从这里我们可以看出，国外的物流业和我国的储运业有着如下的差别：

(1) 物流比储运所包含的范围更加广泛，一般认为物流包括运输、保管、配送、包装、装卸、流通加工及相关信息活动，而储运仅指储存和运输两个环节，虽然其中也涉及包装、装卸、流通加工及信息活动，但这些活动并不包含在储运概念之中。

(2) 物流强调诸活动的系统化，从而达到整个物流活动的整体最优化，储运概念则不涉及储运与其他活动的整体系统化和最优化问题。

(3) 物流是一个现代的概念，在二战后才在各国兴起，而在我国储运是一个十分古老、传统的概念。

2001 年《中华人民共和国国家标准物流术语》中将物流定义为：物品从供应地向接收地的实体流动过程，根据实际需要，将运输、储存、装卸、搬运、包装、流通加工、配送、信息处理等基本要素实施有机结合。这些基本要素有效地组合、联结在一起，相互平衡，形成密切相关的一个系统，能合理、有效地实现物流系统的总目的。

2. 物流的要素

物流包含运输、储存、装卸、搬运、包装、流通加工、配送、信息处理等基本要素，下面我们分别介绍。

（1）运输

运输包括供应及销售物流中的车、船、飞机等方式的运输，生产物流中的管道、传送带等方式的运输。物流就是将物资进行空间和场所的转移。运输过程不改变产品的实物形态，也不增加其数量，但物流部门通过运输解决物资在生产地点之间的空间距离问题，创造商品的空间效用，实现其使用价值。所以，对运输的管理，要求合理确定运输路线，选择最有效的运输方式，以实现安全、迅速、准时、价廉的要求。因此，运输是物流一个极其重要的环节。

（2）储存

储存包括堆放、保管、保养、维护等活动。在物流中，储存是用来改变商品的时间状态。对储存的管理，要求正确确定储存物品的数量，明确存放方式，合理制定储存制度和流程，对储存物品采取分类管理的方法，力求提高储存效率、降低损耗，加速物品和资金的周转。因此，储存是物流的主要活动要素之一。

（3）包装

包装包括产品的出厂包装、生产过程中半成品的包装以及在物流过程中换装、分装、再包装等活动。包装活动的管理，根据物流方式和销售要求来确定。以商业包装为主，还是以工业包装为主，要全面考虑对产品的保护作用、促销作用、提高装运效率的作用、包拆装的便利性以及废包装的回收处理等因素。包装管理还要根据全物流过程的经济效果，具体决定包装材料强度、尺寸及包装方式。

（4）装卸搬运

装卸搬运包括对运输、储存、包装、流通加工等物流活动进行的装卸工作，以及在这些物流活动中为商品检验、维护、保养所进行的搬运工作。在整个物流过程中，装卸搬运活动是频繁发生的，因而是产品损坏的重要原因。对装卸活动的管理，主要是确定最恰当的装卸方式，力求减少装卸次数，合理配置及使用装卸工具，以节能、省力、减少损失、加快速度、获得较好的经济效果。

（5）流通加工

流通加工是物流中具有一定特殊意义的物流形式，但是，它不是每一个物流系统必需的功能。这种加工活动不仅存在于社会流通过程，也存在于企业内部的流通过程中，所以，流通加工是在物流过程中进行的辅助加工活动，主要目的是方便生产或销售。专业的物流企业为了满足用户或本公司的需求，更好地衔接生产和需要，往往需要进行这种加工活动，比如贴标签、制作并粘贴条形码等。所以，流通加工就是物品从生产者向消费者流动的过程中，为了促进销售，维护产品质量，实现物流的高效率所采取的使物品发生变化的功能。

（6）信息

信息包括了物流本身的信息和商流信息。物流信息是指与商品数量、质量、作业管理相关的信息；而商流信息是指与订、发货和货款支付相关的信息。收集这些信息，能够使物流活动更加有效、顺利地进行。现代物流系统需要对各个物流环节中的各种物流作业信息进行实时采集、分析、传递，并向货主提供各种作业明细信息及咨询信息。

二、物流的特点及分类

1. 物流的特点

电子商务时代的来临，给全球物流带来了新的发展，使物流具备了一系列新特点。

(1) 信息化

电子商务时代，物流信息化是电子商务的必然要求。物流信息化表现为物流信息的商品化、物流信息收集的数据库化和代码化、物流信息处理的电子化和计算机化、物流信息传递的标准化和实时化、物流信息存储的数字化等。因此，条码技术(Bar Code)、数据库技术(Database)、电子订货系统(Electronic Ordering System，EOS)、电子数据交换(Electronic Data Interchange，EDI)、快速反应(Quick Response，QR)及有效的客户反应(Effective Customer Response，ECR)、企业资源计划(Enterprise Resource Planning，ERP)等技术与观念在我国的物流中将会得到普遍的应用。信息化是一切的基础，没有物流的信息化，任何先进的技术设备都不可能应用于物流领域，信息技术及计算机技术在物流中的应用将会彻底改变世界物流的面貌。

比如，美国干货储藏公司(D. S. C)有200多个客户，每天接受大量的订单，需要很好的信息系统。为此，该公司将许多表格编制了计算机程序，大量的信息可迅速输入、传输，各子公司也是如此。又如，美国橡胶公司(USCO)的物流分公司设立了信息处理中心，接受世界各地的订单；IBM公司只需按动键盘，即可接通USCO公司订货，通常在几小时内便可把货送到客户手中。良好的信息系统能提供极好的信息服务，以赢得客户的信赖。

(2) 自动化

自动化的基础是信息化，自动化的核心是机电一体化，自动化的外在表现是无人化，自动化的效果是省力化，另外还可以扩大物流作业能力、提高劳动生产率、减少物流作业的差错等。物流自动化的设施非常多，如条码/语音/射频自动识别系统、自动分拣系统、自动存取系统、自动导向车、货物自动跟踪系统等。这些设施在发达国家已普遍用于物流作业流程中，而在我国由于物流业起步晚，发展水平低，自动化技术的普及还需要相当长的时间。

(3) 网络化

物流领域网络化的基础也是信息化，这里指的网络化有两层含义：一是物流配送系统的计算机通信网络，包括物流配送中心与供应商或制造商的联系要通过计算机网络，另外与下游顾客之间的联系也要通过计算机网络通信，比如物流配送中心向供应商提出订单这个过程，就可以使用计算机通信方式，借助于增值网(Value Added Network，VAN)上的电子订货系统(EOS)和电子数据交换技术(EDI)来自动实现，物流配送中心通过计算机网络收集下游客户的订货的过程也可以自动完成；二是组织的网络化，即所谓的企业内部网(Intranet)。比如，台湾的电脑业在20世纪90年代创造出了“全球运筹式产销模式”，这种模式的基本点是按照客户订单组织生产，生产采取分散形式，即将全世界的电脑资源都利用起来，采取外包的形式将一台电脑的所有零部件、元器件、芯片外包给世界各地的制造商去生产，然后通过全球的物流网络将这些零部件、元器件和芯片发往同一个物流配送中心进行组装，由该物流配送中心将组装的电脑迅速发给订户。这一过程需要有高效的物流网络支持，当然物流网络的基础是信息、电脑网络。

物流的网络化是物流信息化的必然，是电子商务下物流活动的主要特征之一。当今世界

Internet 等全球网络资源的可用性及网络技术的普及为物流的网络化提供了良好的外部环境，物流网络化不可阻挡。

(4) 智能化

这是物流自动化、信息化的一种高层次应用，物流作业过程大量的运筹和决策，如库存水平的确定、运输(搬运)路径的选择、自动导向车的运行轨迹和作业控制、自动分拣机的运行、物流配送中心经营管理的决策支持等问题都需要借助大量的知识才能解决。在物流自动化的进程中，物流智能化是不可回避的技术难题。好在专家系统、机器人等相关技术在国际上已经有比较成熟的研究成果。为了提高物流现代化的水平，物流的智能化已成为电子商务下物流发展的一个新趋势。

(5) 柔性化

柔性化本来是为实现"以顾客为中心"理念而在生产领域提出的，但要真正做到柔性化，即真正地能根据消费者需求的变化来灵活调节生产工艺，没有配套的柔性化的物流系统是不可能达到目的的。20 世纪 90 年代，国际生产领域纷纷推出弹性制造系统(Flexible Manufacturing System，FMS)、计算机集成制造系统(Computer Integrate Manufacturing System，CIMS)、制造资源系统(Manufacturing Requirement Planning，MRP)、企业资源计划(ERP)以及供应链管理的概念和技术，这些概念和技术的实质是要将生产、流通进行集成，根据需求端的需求组织生产，安排物流活动。因此，柔性化的物流正是适应生产、流通与消费的需求而发展起来的一种新型物流模式。这就要求物流配送中心根据消费需求"多品种、小批量、多批次、短周期"的特色，灵活组织和实施物流作业。

另外，物流设施、商品包装的标准化，物流的社会化、共同化也都是电子商务下物流模式的新特点。

2. 物流的分类

目前在分类标准方面并没有统一的看法，综合已有的论述，许多学者采取了如下对应划分的方法：

(1) 宏观物流和微观物流

① 宏观物流

宏观物流是指社会再生产总体的物流活动，从社会再生产总体角度认识和研究的物流活动，这种物流活动的参与者是构成社会总体的大产业、大集团，宏观物流也就是研究社会再生产总体物流，研究产业或集团的物流活动和物流行为。

宏观物流还可以从空间范畴来理解，在很大空间范畴的物流活动，往往带有宏观性，在很小空间范畴的物流活动则往往带有微观性。

宏观物流也指物流全体，从总体看物流而不是从物流的某一个构成环节来看物流。

② 微观物流

消费者、生产者企业所从事的实际的、具体的物流活动属于微观物流。在整个物流活动中的一个局部、一个环节的具体物流活动也属于微观物流。在一个小地域空间发生的具体的物流活动也属于微观物流。

针对某一种具体产品所进行的物流活动也是微观物流。我们经常涉及的下述物流活动皆属于微观物流：企业物流、生产物流、供应物流、销售物流、回收物流、废弃物物流、生活物流等，微观物流研究的特点是具体性和局部性。由此可见，微观物流是更贴近具体企业的物流，其研究领域十分广阔。

(2) 社会物流和企业物流

① 社会物流

社会物流指超越一家一户的、以一个社会为范畴、面向社会的物流。这种社会性很强的物流往往是由专门的物流承担人承担的,社会物流的范畴是社会经济的大领域。社会物流研究再生产过程中随之发生的物流活动,研究国民经济中物流活动,研究如何形成服务于社会、面向社会又在社会环境中运行的物流,研究社会中物流体系结构和运行,因此带有宏观性和广泛性。

② 企业物流

从企业角度上研究与之有关的物流活动。是具体的、微观的物流活动的典型领域。企业物流又可区分为不同类型的具体物流活动:企业生产物流;企业供应物流;企业销售物流;企业回收物流;企业废弃物物流。

(3) 国际物流和区域物流

① 国际物流

国际物流是现代物流系统发展很快、规模很大的一个物流领域,国际物流是伴随和支撑国际经济交往、贸易活动和其他国际交流所发生的物流活动。由于近十几年国际贸易的急剧扩大,国际分工日益深化,以及诸如欧洲等地一体化速度的加快,国际物流成了现代物流研究的热点问题。

② 区域物流

相对于国际物流而言,一个国家范围内的物流,一个城市的物流,一个经济区域的物流都处于同一法律、规章、制度之下,都受相同文化及社会因素影响,都处于基本相同的科技水平和装备水平之中,因而都有其独特的特点,都有其区域的特点。

(4) 一般物流及特殊物流

① 一般物流

一般物流指物流活动的共同点和一般性,物流活动的一个重要特点是涉及全社会、各企业,因此,物流系统的建立,物流活动的开展必须有普遍的适用性,物流系统的基础点也在于此,否则,物流活动便有很大的局限、很小的适应性,物流活动对国民经济和社会的作用便大大受限了。

一般物流研究的着眼点在于物流的一般规律,建立普遍适用的物流标准化系统,研究物流的共同功能要素,研究物流与其他系统的结合、衔接,研究物流信息系统及管理体制等等。

② 特殊物流

专门范围、专门领域、特殊行业,在遵循一般物流规律基础上,带有特殊制约因素、特殊应用领域、特殊管理方式、特殊劳动对象、特殊机械装备特点的物流,皆属于特殊物流范围。

(5) 第三方物流和第四方物流

① 第三方物流

第三方物流是指由供方与需方以外的物流企业提供物流服务的业务模式。具体来说,是指由物流实际需求方(第一方)和物流的实际供给方(第二方)以外的第三方部分或全部利用第三方的资源,通过合约向第一方提供的物流服务。第三方物流又称为合同物流、契约物流。

提供第三方物流服务的企业,其前身一般是运输业、仓储业等从事物流活动及相关的行业。它不拥有商品，不参与商品的买卖活动，而是在委托方物流需求的推动下，为其提供以合同为约束，以结盟为基础的，系列化、个性化、信息化的物流代理服务，其中包括物流活动的组织、协调和管理（如报表管理、货物集运、选择承运人、货贷、海关代理、信息管理、仓储、现金收付及咨询），物流系统设计，物流全程的信息搜集、管理等。

② 第四方物流

关于第四方物流的概念，一种定义是"集成商们利用分包商来控制与管理客户公司的点到点式供应链运作"；另一种是"一个集中管理自身资源、能力和技术并提供互补服务的供应链综合解决办法的供应者"。而安盛公司提出的第四方物流的定义是"4PL 是一个供应链集成商，他调集和管理组织自己的以及具有互补性的服务提供商的资源、能力和技术，以提供一个综合的供应链解决方案"。这一定义似乎更为贴切而被广泛采用，有的咨询公司则开始以"有领导力量的物流提供商"的名称提供类似服务。不管如何称呼，这种提供商可以通过整个供应链的影响力，提供综合的供应链解决方案，也为其顾客带来更大的价值。不过 4PL 的概念在我国很少提及，即使在国外，物流业界对此也有不少异议，所以，4PL 的发展前景如何，尚待理论完善与实践检验。

第四方物流不仅控制和管理特定的物流服务，而且对整个物流过程提出策划方案，并通过电子商务将这个过程集成起来。因此第四方物流成功的关键在于为顾客提供最佳的增值服务，即迅速、高效、低成本和人性化服务等。发展第四方物流需平衡第三方物流的能力、技术以及贸易流畅管理等，为客户提供功能性、一体化服务并扩大营运自主性。

3. 电子商务物流的基本流程

完整的电子商务包括信息流、资金流和物流。电子商务物流也是在普通物流体系基础上发展起来的。

在普通的商务物流流程中，物流作业流程和商流、信息流、资金流的作业流程综合在一起，更多地围绕企业的价值链，从实现价值增值的目的安排每一个细节，最终消费者从商场获得生产企业的产品。

电子商务的发展及其对配送服务体系的配套要求，极大地推动了电子商务物流的发展。与普通商务流程相比，电子商务物流流程在企业内部的微观物流流程上是相通的，都具有从进货到配送的物流体系，如图 10－1 所示。只是电子商务物流更加要求宏观的配送体系能直接与用户连接起来，从而花费更大的代价进行物流管理，合理地规划配送线路，合理地调度配送日程，合理地利用配送车辆。

比如客户首先通过企业的电子商务网站平台订购自己所选商品，然后，企业内部的销售人员根据客户的订单进行合并，并向采购部门发出订单，采购部门则根据订单计算出生产商品所需采购的原材料向上一级供应商订货。上一级的供应商根据企业的要求将原材料按照约定的时间、数量送至企业的仓库，这就是企业的外部物流。当原材料送至企业的仓库之后，就按照企业生产部门的计划对原材料进行加工、组装、装配等，直至生产出成品，这就是企业内部的生产物流。当产品生产组装完成后，送至仓库，等待出库，送到客户手中。这需要对产品出库的时间、产品出库之后的配送路线等情况进行宏观的调控才能完成。所以，电子商务物流体现在从上一级供应商原材料的供应到最终产品送到最终消费者的整个过程整合之中。

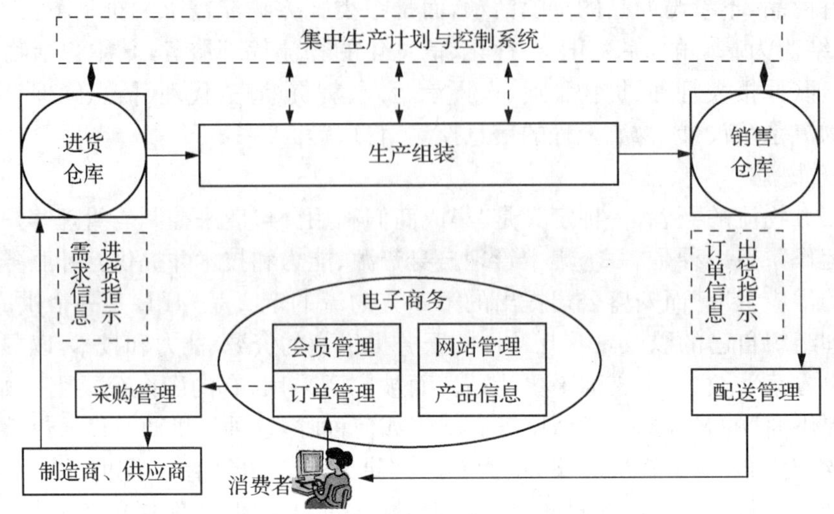

图 10-1 电子商务物流基本流程(实线箭头表示物流,虚线箭头表示信息流)

三、电子商务与物流的关系

物流是电子商务的重要组成部分,没有物流商品生产本身就无法完成,没有物流商品也不能交付使用。同时,电子商务高效、便捷、安全等新特点的要求,也促进了物流向高效、便捷、安全等方面发展。

本节主要从两个方面介绍,一是物流在电子商务中的重要作用,另一个是电子商务的高要求对物流的促进作用。

1. 物流在电子商务中起到了非常重要的作用

自电子商务诞生以来,人们对电子商务过程的认识往往局限于信息流、资金流以及交易活动的电子化与网络化,而忽视了物流的电子化的过程。其实对于大多数商品和服务来说,物流仍然需要通过传统的经销渠道运行。但是,随着电子商务的进一步推广与应用,物流对电子商务活动影响的重要性也日益明显。

(1) 物流是生产过程的保障

无论在传统的贸易方式下,还是在电子商务的环境下,生产都是商品流通的开始,而商品生产的顺利进行需要各类物流活动支持,整个生产过程实际上就是一系列的物流活动。生产的全过程从原材料的采购开始,便要求有相应的供应物流活动,使所采购的材料到位,否则,生产就难以进行。在生产的各工艺流程之间,也需要原材料、半成品的物流过程,即所谓的生产物流,以实现生产的流动性;部分余料、可重复利用的物资的回收,就需要所谓的回收物流;废弃物的处理则需要废弃物物流。可见,整个生产过程实际上就是系列化的物流活动。

合理化、现代化的物流,通过降低费用从而降低成本、优化库存结构、减少资金占压、缩短生产周期,保障了现代化生产的高效进行。相反,缺少了现代化的物流,生产将难以顺利进行。那么,无论电子商务是多么便捷的贸易形式,仍将是无米之炊。

(2) 物流服务于电子商务

贸易活动的最终结果是将商品所有权由供方转移到需方,但是实际上在交易合同签订后,商品实体并没有立即移动。在传统交易环境下,交易的结果必须由相应的物流活动来执行完成，也就是卖方按照买方的需求，将商品实体以适当的方式和途径转移。而在电子商务的环境下，网络消费者虽然通过上网订购完成了商品所有权的交割过程，但必须通过物流的过程将商品和服务真正转移到消费者手中，电子商务的交易活动才算完结。因此，物流是电子商务交易的后续者和服务者，没有现代化的物流，电子商务的交易活动将是“纸上谈兵”。

（3）物流是实现“以顾客为中心”理念的根本保证

电子商务的出现，在很大程度上方便了最终的消费者。他们只需要在能够接入 Internet 的地方，无论什么时候，搜索、查看、挑选，就能够完成他们的购物过程。但是，如果他们所购买的商品迟迟不能送达，或者商家所送的商品并非自己所购商品，那消费者还会选择网上购物吗？

物流是电子商务中实现以“以顾客为中心”理念的最终保证，缺少了现代化的物流技术，电子商务给消费者带来的购物便捷等于零，消费者必然仍然选择他们认为更为安全的传统购物方式，那网上购物就将失去其存在的必要性。

（4）物流是电子商务的最重要的环节

电子商务给传统商务模式带来了巨大冲击，使传统的仓储业、批发业面临挑战。当生产企业可以按照网上收到的订单组织生产，由第三方物流企业提供从生产线末端的包装开始，直至送到消费者手中的售后服务，物流成为电子商务活动的最后一个关键环节，是电子商务中最重要的环节之一。

所以，物流是电子商务重要的组成部分。必须大力发展现代化物流，以进一步推广电子商务。

2. 电子商务对物流的促进作用

电子商务的出现兴起对现代物流业的发展和物流企业的运作也产生了深远的影响。首先，电子商务使企业物流业务的采购行为实现了电子化、信息化和无纸化。通过上网查询点击，企业可以轻松地找到原材料的生产商和供应商，使供需双方通过在线联系和在线交易完成采购，避免经过中间流通环节出现的问题，也节省了企业的采购成本，提高了整个采购环节的物流服务效率。

（1）电子商务有助于优化企业产品销售

企业可通过网上广告、网上订货、网上交易及电子支付等手段，使产品销售实现“连锁经营”“代理制”“及时配送制”等多种现代物流经营模式。

（2）电子商务拓展了企业的信息流，完善了企业的物流管理

企业生产原料储备不足，可能会造成供料不及时，从而影响到生产的连续性。电子商务可以让企业通过网络信息而建立起“虚拟库存”，再配合先进的物流配送手段，实现企业的“零库存”，降低物流总成本中的仓储成本。

（3）电子商务能实现企业物流管理中商流、物流、信息流的“三流合一”

商流解决物资商品的价值转移和所有权的变更，体现了企业购买、付款结算的行为；物流解决物资使用价值的实现，体现了物资在生产地与使用地之间的交换行为；而信息流能完成商流与物流之间的信息传递。由于信息技术和计算机的应用，实现了企业“三流”一体化，极大提升了企业的物流管理效率。

总之，电子商务能够实现整个供应链的顺畅衔接，优化了企业内部的资源配置，为企业高效的物流管理提供了保证。

电子商务与物流之间是相辅相成的关系，只有大力发展物流，才能进一步推广电子商务，而电子商务能够为高效的物流管理提供保证。

第二节　电子商务物流信息技术

一、条码技术

1. 条码技术的定义

条码是由一组宽度不同、反射率不同的条和空按规定的编码规则组合起来的，用以表示一组数据和符号。这些条码能够用特定的设备识别并转换成计算机可以识别的数据。

目前应用最为广泛的有：交叉二五码、三九码、UPC码、EAN码、128码等。近年来又出现了按矩阵方式或堆栈方式排列信息的二维条形码。若从印制条形码的材料、颜色分类，可分为黑白条形码、彩色条形码、发光条形码（荧光条形码、磷光条形码）和磁性条形码等。

条码技术主要研究的是如何将计算机所需要的数据用一组条码来表示，以及如何将条码所表示的数据转变为计算机可读的数据。因此，条码技术的研究对象主要包括编码规则及标准、符号技术、自动识别技术、印刷技术和应用系统设计技术等五大部分。

条码应用系统由条码、识读设备、电子计算机及网络系统组成。应用范围不同，条码应用系统的配置也不同。

2. 条码技术的特点

条码图形识别技术与其他识别技术相比有如下特点：条码符号制作容易，扫描操作简单易行；信息采集速度快，是键盘录入的20倍；选择不同条码，增加字符密度，可使采集信息量成倍增加；可靠性高，误码率仅有百万分之一，首读率可达98%以上；设备结构简单，成本低。

3. 条码技术的应用

由于条码技术具有这些优点，因而发展十分迅速。在仅仅40年的时间里，条码已经广泛应用于零售业、物流业等多个领域。例如在电子商务物流中，快递公司可以利用计算机网络技术建立货物跟踪查询网，实现货物从取件到投递的全过程信息跟踪处理。要实现在运输中快速采集货物信息，不影响运输的时限、效率，就要利用条码技术，将承运货物上的运单号码编成条码，印刷在运单上。在货物运输过程中的每个环节使用连线式激光条码扫描器和便携式数据终端快速扫描采集货物上的条码，并将扫描采集的数据传输到跟踪查询网，在信息查询网的数据库系统存储了每件货物运输过程中的所有信息。客户通过电话向快递公司的工作人员提供货物的运单号，就可以从网络数据库中查询到货物运输的相关信息。或者，客户可以直接在Internet上进入相应公司的主页，在规定的位置输入运单号，即可以通过网络查询到托运货物的信息。这牵扯到大量移动数据采集、处理的工作，利用条码技术，采用手持终端能很好解决这一问题。这样，无论是物品的发货方、收货方还是承运方，都可以通过网络随时查到物品的位置。

二、射频技术

1. 射频技术的定义

射频技术(Radio Frequency,RF)是利用无线电波对记录媒体进行读写的一种识别技术。

2. 射频技术的组成及特点

典型的RF系统由电子标签、读写器以及数据交换、管理系统组成。

电子标签也成为射频卡,是具有发射、接收无线信号并带有EEPROM的小芯片。它具有只能读写及加密通信的能力,条码技术中标准码制的号码或者混合编码都可以存储在标签中。

读写器由无线收发模块、天线、控制模块及接口电路等组成。其基本功能是提供与标签进行数据传输的途径,标签上的信息按照一定的结构编制并按照特定的顺序向外发送,读写器将信息接收和译解后,通过特定的算法决定是否需要发射机对发送的信号重发一次。这样,即使在很短的时间、很小的空间阅读多个标签,也可以有效防止错误产生。

射频系统的优点是不局限于视线,识别距离比光学系统远,射频识别卡可具有读写能力,可携带大量数据,难以伪造,且有智能。

3. 射频技术的应用

近年来,便携式数据终端(PDT)的应用多了起来,PDT可把那些采集到的有用数据存储起来或传送至一个管理信息系统。便携式数据终端一般包括一个扫描器、一个体积小但功能很强并带有存储器的计算机、一个显示器和供人工输入的键盘。在只读存储器中装有常驻内存的操作系统,用于控制数据的采集和传送。

PDT存储器中的数据可随时通过射频通信技术传送到主计算机。操作时先扫描位置标签,货架号码、产品数量就都输入到PDT,再通过RF技术把这些数据传送到计算机管理系统,可以得到客户产品清单、发票、发运标签、该地所存产品代码和数量等。

除了PDT的应用以外,RF还可以用于物料跟踪、运载工具和货架识别等要求非接触数据采集和交换的场合,由于RF标签具有可读写能力,对于需要频繁改变数据内容的场合尤为适用。比如定位系统,对自动加工系统中的定位或者对车辆、轮船等进行运行定位支持。读写器放置在移动的车辆、轮船上或自动化流水线中移动的物料、半成品、成品上方,电子标签嵌入在操作环境的地表下面。电子标签里存储有位置识别信息,读写器一般通过无线的方式或者有线的方式连接到主控制管理系统。

三、GIS技术

1. GIS的定义

地理信息系统(Geographic Information System, GIS),是20世纪60年代开始迅速发展起来的地理学研究新成果,是多种学科交叉的产物。它以地理空间数据为基础,采用地理模型分析方法,适时地提供多种空间的和动态的地理信息,是一种为地理研究和地理决策服务的计算机技术系统。

2. GIS的基本功能

GIS的基本功能是将表格型数据(无论它来自数据库、电子表格文件或直接在程序中输入)转换为地理图形显示,然后对显示结果浏览、操作和分析,其显示范围可以从洲际地图到非常详细的街区地区,显示对象包括人口、销售情况、运输线路以及其他内容。

3. GIS 的应用

GIS 应用于物流分析，主要是指利用 GIS 强大的地理数据功能来完善物流分析技术。国外公司已经开发出利用 GIS 为物流分析提供专门分析的工具软件。完整的 GIS 物流分析软件集成了车辆路线模型、最短路径模型、分配集合模型和设施定位模型等。

(1) 车辆路线模型

用于解决一个起始点、多个终点的货物运输中，如何降低物流作业费用，并保证服务质量的问题。包括决定使用多少车辆，每辆车的行驶路线等。

(2) 网络物流模型

用于解决寻求最有效的分配货物路径问题，也就是物流网点布局问题。如将货物从 N 个仓库运往到 M 个商店，每个商店都有固定的需求量，因此需要确定由哪个仓库提货送给哪个商店，使得运输代价最小。

(3) 分配集合模型

可以根据各个要素的相似点把同一层上的所有或部分要素分成几个组，用以解决确定服务范围和销售市场范围等问题。如某一公司要设立 S 个分销点，要求这些分销点覆盖某一地区，而且要使每个分销点的顾客数目大致相等。

(4) 设施定位模型

用于确定一个或多个设施的位置。在物流系统中，仓库和运输线共同组成了物流网络，仓库处于网络的节点上，节点决定着线路。运用此模型计算出设施的相关信息，就是根据供求的实际需要并结合经济效益等原则，在既定区域内设立仓库，确定每个仓库的位置，每个仓库的规模，以及仓库之间的物流关系等。

四、GPS 技术

1. GPS 的定义

GPS 是 Global Positioning System 的简称，它结合了卫星及无线技术的导航系统，具备全天候、全球覆盖、高精度的特征，能够实时、全天候为全球范围内的陆地、海上、空中的各类目标提供持续实时的三维定位、三维速度及精确时间信息。

GPS 系统是美国第二代卫星导航系统。它是在子午仪卫星导航系统的基础上发展起来的，采纳了子午仪系统的成功经验。

2. GPS 的组成

全球定位系统由空间部分、地面监控部分和客户接收机三大部分组成。

地面监控部分包括四个监控站和一个主控站。监控站装有 GPS 客户接收机、原子钟、收集当地气象数据的传感器和进行数据初步处理的计算机。监控站的主要任务是取得卫星观测数据并将这些数据传送至主控站。主控站对地面监控部分实行全面控制。

3. GPS 的主要功能

GPS 的主要功能表现在以下几个方面：

(1) 跟踪车辆、船舶的功能

为了随时掌握车辆和船舶的动态，可以通过地面计算机终端，实时显示出车辆、船舶的实际位置。

（2）信息传递和查询功能

利用GPS，一方面管理中心可以向车辆、船舶提供相关的气象、交通、指挥等信息；另一方面，也可以将运行中的车辆、船舶的信息传递给管理中心，实现信息的双向交流。同时，还可以利用GPS及时报警，及时掌握运输装备的异常情况，接受求助信息和报警信息，迅速传递到管理中心，从而实施紧急求援。

（3）管理功能

GPS提供的信息可以实施运输指挥、实时监控、规划和选择路线，向用户发出到货预报等，有效地支持大跨度物流系统管理。

第三节　电子商务物流配送

一、物流配送的基本概念

1. 物流配送的定义

物流配送就是在经济合理区域内，根据用户的要求，对物品进行拣选、加工、包装、分割、组配等作业，并按时送达指定地点的物流活动。

从物流来讲，配送几乎包括了所有的物流功能要素，是物流的一个缩影或在某小范围中物流全部活动的体现。一般配送集装卸、包装、保管、运输于一身，通过这一系列活动完成将货物送达的目的。特殊的配送还要以加工活动为支撑，所以包括的方面更广，但是，配送的主体活动与一般物流却又不同，一般物流是运输及储存，而配送则是分拣配货和运输。分拣配货是配送的独特要求，是配送中有特点的活动；以送货为目的的运输则是最后实现配送的主要手段。

2. 物流配送的特点

配送非常需要依靠信息网络技术来实现，它包括以下特点：

（1）配送不仅仅是送货

配送业务中，除了送货，在活动内容中还有“拣选”、“分货”、“包装”、“组配”、“配货”等工作。这些工作难度很大，必须具有发达的商品经济和现代的经营水平才能做好。一般意义的送货和配送存在着巨大的差别。

（2）配送是送货、分货、配货等活动的有机结合

配送是许多业务活动有机结合体，同时还与订货系统紧密联系。要实现这一点，必须依靠现代情报信息，建立和完善整个作业大系统，使其成为一种现代化的作业系统。这是以往的送货形式无法实现的。

（3）配送的全过程有现代化技术和装备作保证

由于现代化技术和装备的采用，配送在规模、水平、效率、质量等方面远远超过以往的送货形式。在活动中，由于大量采用各种传输设备及识码、拣选等现代化装备，整个配送作业就像工业生产中广泛应用的流水线，实现了流通工作的一部分工厂化。因此，可以说配送也是科学技术发展的产物。

（4）配送是一种专业化的分工方式

以往的送货形式只是作为推销的一种手段，目的仅仅在于多销售一些商品，而现在的配送

则是一种专业化的分工方式，是大生产、专业化分工在流通领域的体现。因此，如果说一般的送货是一种服务方式的话，配送则可以说是一种体制形式。

3. 物流配送的分类

按照不同的标准进行分类，会得到不同的配送方式。

(1) 按照配送主体分类

按照配送主体不同进行分类，有商店配送、配送中心配送、仓库配送和生产企业配送。

① 商店配送

商店配送的配送主体是商业或物资的门市网点，这些网点主要承担商品的零售，一般来讲规模不大，但经营品种却比较齐全。除日常经营的零售业务外，这种配送方式还可根据用户的要求，将商店经营的品种配齐，或代用户外订外购一部分本商店平时不经营的商品，与商店经营的品种一起配齐运送给用户。这种配送组织者实力有限，往往只是零星商品的小量配送，所配送的商品种类繁多，但是用户需用量不大，甚至有些商品只是偶尔需要，很难与大配送中心建立计划配送关系，所以常常利用小零售网点从事此项工作。

② 配送中心配送

配送中心配送的配送主体是专职配送中心，规模比较大；其中有的配送中心由于需要储存各种商品，储存量也比较大；也有的配送中心专职组织配送，因此储存量较小，主要靠附近的仓库来补充货源。关于配送中心，还会在下一节中进一步阐述。

③ 仓库配送

该配送是以一般仓库为据点来进行配送。它可以是把仓库完全改造成配送中心，也可以是在保持仓库原功能前提下，以仓库原功能为主，再增加一部分配送职能。由于不是专门按照配送中心要求设计和建立，所以仓库配送规模较小，配送的专业化较差，但可以利用原仓库的储备设施及能力、收货发货地、交通运输线路等，所以是开展中等规模的配送可选择的配送形式。

④ 生产企业配送

生产企业配送的配送主体是生产企业，尤其是进行多品种生产的生产企业。可以直接从本企业开始进行配送，而不需要再将产品发运到配送中心进行配送。生产企业配送由于避免了多次物流中转，所以有一定优势。但生产企业，尤其是现代生产企业，往往是进行大批量低成本生产，品种比较单一，因而不能像配送中心那样依靠产品凑整运输取得优势。

(2) 按照配送商品种类和数量分类

按照配送商品种类及数量不同分类，可分为少品种大批量配送、多品种小批量配送、配套成套配送。

① 少品种大批量配送

这种配送是针对比如工业企业需要量较大的商品，由于单独一个品种或几个品种就可以达到较大输送量，可以实行整车运输。这种情况下可以由专业性很强的配送中心实行配送，往往不需要再与其他商品进行搭配。由于配送中心的内部设置、组织、计划等工作也较为简单，因此配送成本较低。

② 多品种小批量配送

这种配送是按用户的要求，将其所需要的多种商品通过集货、分拣、配货、流通加工等环节，少量而多次地配送给顾客。这种配送方式相对来说配送作业难度较大，技术要求高，使用设备特别是分拣设备复杂，为实现预期的服务目标，必须制定严格的作业标准和管理制度。目前国内在经济较发达地区，这种方式较常见于生产制造企业零配件的配送和商业连锁体系商品的配送，生产制造企业的多品种少批量或多品种小体积零配件的需求通常由专业化配送企业代理，而零售商场商品的配送特别是商业连锁体系的配送则多由自有型配送中心来完成。

③ 配套成套配送

这种配送是根据企业的生产需要，尤其是装配型企业的生产需要，把生产每一台部件所需要的全部零件配齐，按照生产节奏定时送达生产企业，生产企业随即可将此成套零部件送入生产线以装配产品。这种配送方式中，配送企业承担了生产企业的部分供应工作，使生产企业可以专注于生产，与多品种小批量的配送效果相同。

(3) 按照配送时间及数量分类

按照配送时间及数量不同分类，可以分为定时配送、定量配送、定时定量配送、定时定线路配送、即时配送。

① 定时配送

定时配送是指按规定时间间隔进行配送，比如数天或数小时一次等。而且每次配送的品种及数量可以根据计划执行，也可以在配送之前以商定的联络方式(比如电话、计算机终端输入等)通知配送的品种及数量。由于这种配送方式时间固定、易于安排工作计划、易于计划使用车辆，因此，对于用户来讲，也易于安排接货的力量(如人员、设备等)。但是，由于配送物品种类变化，配货、装货难度较大，因此如果要求配送数量变化较大时，也会使安排配送运力出现困难。

② 定量配送

此配送是指按照规定的批量，在一个指定的时间范围内进行配送。这种配送方式数量固定，备货工作较为简单，可以根据托盘、集装箱及车辆的装载能力规定配送的定量，能够有效利用托盘、集装箱等集装方式，也可做到整车配送，配送效率较高。由于时间不严格限定，因此可以将不同用户所需的物品凑成整车后配送，运力利用也较好。对于用户来讲，每次接货都处理同等数量的货物，有利于人力、物力的准备工作。

③ 定时定量配送

该配送是指按照规定的配送时间和配送数量进行配送。这种方式兼有定时、定量两种方式的优点，但是其特殊性强，计划难度大，因此适合采用的对象不多，不是一种普遍的方式。

④ 定时定线路配送

这种配送是指在规定的运行路线上，制定到达时间表，按运行时间表进行配送。用户则可以按规定的路线及规定的时间接货以及提出配送要求，采用这种方式有利于计划安排车辆及驾驶人员。在配送用户较多的地区，也可以免去过分复杂的配送要求所造成的配送组织工作及车辆安排的困难。对于用户来讲，既可以在一定路线、一定时间内进行选择，又可以有计划地安排接货力量。

⑤ 即时配送

即时配送是指完全按照用户突然提出的时间、数量方面的配送要求，随即进行配送的方式，这是一种有很高灵活性的应急的方式。采用这种方式的品种可以用即时配送代替保险储备，实现零库存。

(4) 按照加工程度分类

按照加工程度不同进行分类，可分为加工配送和集疏配送。

① 加工配送

这种配送是指与物流加工相结合的配送，即在配送据点中设置流通环节，或将流通加工中心与配送中心建在一起。

② 集疏配送

这种配送是指只改变产品数量组成形态而不改变产品本身的物理、化学形态的，与干线运输相配合的一种配送方式。比如，大批量进货后小批量、多批次发货，零星集货后以一定量批货送货等。

二、电子商务物流配送

电子商务是在 Internet 开放的网络环境下，基于浏览器/服务器的应用方式，实现消费者的网上购物、企业之间的网上交易和在线电子支付的一种新型的交易方式。电子商务与传统商务的本质区别就是它以数字化网络为基础进行商品、货币和服务交易，目的在于减少信息社会的商业中间环节，缩短周期，降低成本，提高经营效率，提高服务质量，使企业有效地参与竞争。

1. 电子商务物流配送的定义

物流配送定位在为电子商务的客户提供服务，根据电子商务的特点，对整个物流配送体系实行统一的信息管理和调度，按照用户订货要求，在物流基地进行理货工作，并将配好的货物送交收货人的一种物流方式。这一先进的、优化的物流方式对流通企业提高服务质量、降低物流成本、优化社会库存配送，从而提高企业的经济效益及社会效益具有重要意义。配送作为现代物流的一种有效的组织方式，代表了现代市场营销的主方向，因而得以迅速发展。

2. 电子商务物流配送的三个发展阶段

以网络技术为基础的电子商务催生着传统物流配送的革命。配送制的发展经历了三次革命。初期阶段就是送货上门。为了改善经营效率，国内许多商家较广泛地采用了把商品发送到买主手中的方式，这是商务的第一次革命。第二次物流革命是伴随着电子商务的出现而产生的，这是一次脱胎换骨的变化，不仅影响到物流配送本身，也影响到上下游各体系，包括供应商、消费者。第三次物流革命就是物流配送的信息化及网络技术的广泛应用所带来的种种影响，这些影响是有益的，将使物流配送更有效率。

3. 电子商务对传统物流配送的影响

以网络技术为基础的电子商务对传统物流配送有如下的冲击和影响：

(1) 网络给传统的物流配送观念带来了深刻的革命。传统的物流配送企业需要置备大面积的仓库，而电子商务系统网络化的虚拟企业将散置在各地的分属不同所有者的仓库通过网络系统连接起来，使之成为“虚拟仓库”，进行统一管理和调配使用，服务范围和货物集散空间都放大了。这样的企业在组织资源的速度、规模、效率和资源的合理配置方面都是传统的物流配送所不可比拟的，相应的物流观念也必须是全新的。

(2) 网络对物流配送的实施控制代替了传统的物流配送管理程序。一个先进系统的使用，会给一个企业带来全新的管理方法。传统的物流配送过程是由多个业务流程组成的，受人为因素影响和时间影响很大。网络的应用可以实现整个过程的实时监控和实时决策。新型的物流配送的业务流程都是由网络系统连接的。当系统收到一个需求信息的时候，该系统可以在极短的时间内做出反应，并可以拟定详细的配送计划，通知各环节开始工作。这一切工作都是由计算机根据人们事先设计好的程序自动完成的。

(3) 物流配送的持续时间在网络环境下会大大缩短，对物流配送速度提出了更高的要求。在传统的物流配送管理中，由于信息交流的限制，完成一个配送过程的时间比较长，但这个时间随着网络系统的介入会变得越来越短，任何一个有关配送的信息和资源都会通过网络管理在几秒钟内传到有关环节。

(4) 网络系统的介入，简化了物流配送过程。传统物流配送整个环节极为烦琐，在网络化的新型物流配送中心里可以大大缩短这一过程。在网络支持下的成组技术可以在网络环境下更加淋漓尽致地被使用，物流配送周期会缩短，其组织方式也会发生变化；计算机系统管理可以使整个物流配送管理过程变得简单和容易；网络上的营业推广可以使用户购物和交易过程变得更有效率、费用更低；如此，可以提高物流配送企业的竞争力。因为，随着物流配送业的普及和发展，行业竞争的范围和残酷性大大增加，信息的掌握、信息的有效传播和其易得性，使得用传统的方法获得超额利润的时间和数量越来越少。由于网络的出现，信息不对称所带来的赢利机会越来越少，任何投机取巧的机会都会在信息共享的阳光下化为乌有，只有具有真正的创新能力和实力才能获得超额利润。最后，网络的介入，使人们的潜能得到充分的发挥，自我实现的需求成为多数员工的工作动力。在传统的物流配送企业中，大量的人从事简单的重复劳动，人是机器、数字和报表的奴隶，劳动的辛苦是普遍存在的。在网络化管理的新型物流配送企业，这些机械的工作都交给计算机和网络，而留给人们的是能够给人以激励、挑战的工作。员工的自我实现的需求得到了充分的满足。

综上所述，推行信息化配送制，发展信息化、自动化、现代化的新型物流配送业是我国发展和完善电子商务服务的一项重要内容，势在必行。

第四节　电子商务物流配送中心

一、电子商务物流配送中心的概述

1. 物流配送中心的含义

配送中心是指从事配送业务的物流场所或组织，应基本符合下列要求：主要为特定的用户服务；配送功能健全；完善的信息网络；辐射范围小；多品种、小批量；以配送为主，储存为辅。配送中心是配送活动完成的场所，也是配送活动的承担者。配送中心可以有效减少流通环节，降低客户库存的同时提高供货的保证程度。配送中心的功能通常包括进货、储存、拣选、流通加工、分拣、配装、送货和信息处理等。

2. 物流配送中心的特征

根据目前国内外物流配送业发展的情况，在电子商务时代，信息化、现代化、社会化的新型物流配送中心可以归纳为以下几个特征：

(1) 物流配送反应速度快。在电子商务的环境下，新型物流配送服务提供者对上游、下游的物流配送需求的反应速度越来越快，前置时间越来越短，物流配送速度越来越快，商品周转次数越来越多。

(2) 物流配送功能集结化。新型物流配送着重于将物流与供应链的其他环节进行集成，包括物流渠道与商流渠道的集成、物流渠道之间的集成、物流功能的集成、物流环节与制造环节的集成等。

(3) 物流配送服务系列化。在电子商务的环境下，新型物流配送强调物流配送服务功能的恰当定位与完善化、系列化，除了传统的储存、运输、包装、流通加工等服务外，还在外延上扩展至市场调查与预测、采购及订单处理，向下延伸至物流配送咨询、物流配送方案的选择与规划、库存控制策略建议、货款回收与结算、教育培训等增值服务，在内涵上提高了以上服务对决策的支持作用。

(4) 物流配送作业规范化。电子商务下的新型物流配送强调功能作业流程、作业、运作的标准化和程序化，使复杂的作业变成简单的易于推广与考核的运作。

(5) 物流配送目标系统化。新型物流配送从系统角度统筹规划一个公司整体的各种物流配送活动，处理好物流配送活动与公司目标之间、物流配送活动与信息流、资金流之间的关系，不求单个活动的最优化，但求整体活动的最优化。

(6) 物流配送手段现代化。电子商务下的新型物流配送使用先进的技术、设备与管理为销售提供服务，流通、销售规模越大，范围越广，物流配送技术、设备及管理越现代化。

(7) 物流配送组织网络化。为了保证对产品促销提供快速、全方位的物流支持，新型物流配送要有完善、健全的物流配送网络体系，网络上点对点之间的物流配送活动保持系统性、一致性，可以保证整个物流配送网络有最优的库存总水平及库存分布，运输与配送快捷、机动，既能铺开又能收拢。分散的物流配送单体只有形成网络才能满足现代生产与流通的需要。

(8) 物流配送经营市场化。新型物流配送的具体经营采用市场机制，无论是企业自己组织物流配送，还是委托社会化物流配送企业承担物流配送任务，都以一流服务与成本的最佳组合为目标。同时，新型物流配送企业要有健全的法规和制度，要依法办事、按章操作，按市场规则运作。

(9) 物流配送流程自动化。物流配送流程自动化是指运送规格标准、仓库存储货物、货箱排列装卸、搬运等按照自动化标准作业，商品按照最佳配送路线配送等。还包括进行物流配送的设备也是自动化的设备，如自动分拣系统、叉车等。

3. 物流配送中心的类型

(1) 按运营主体的不同，物流配送中心可以分为四种类型

① 以制造商为主体的配送中心

这种配送中心里的商品100%是由自己生产制造，用以降低流通费用、提高售后服务质量和及时地将预先配齐的成组元器件运送到规定的加工和装配工位。从商品制造到生产出来后条码和包装的配合等多方面都较易控制，所以按照现代化、自动化的配送中心设计比较容易，但不具备社会化的要求。

② 以批发商为主体的配送中心

批发是根据商品的传统流通环节而组建的。商品从制造商到消费者手中之间的传统流通有一个环节叫批发。一般是按照部门或商品类别的不同，把每个制造厂的商品集中起来，然后以单一品种或搭配向消费地的零售商进行配送。这种配送中心的商品来自各个制造商，它所进行的一项重要的活动是对商品进行汇总和再销售，而它的全部进货和出货都是社会配送的，社会化程度高。

③ 以零售业为主体的配送中心

零售商发展到一定规模后，就可以考虑建立自己的配送中心，为专业商品零售店、超级市场、百货商店、建材商场、粮油食品商店、宾馆饭店等服务。其社会化程度介于前两者之间。

④ 以仓储运输业为主体的配送中心

这种配送中心最强的是运输配送能力，地理位置优越，如港湾、铁路和公路枢纽，可迅速将到达的货物配送给用户。它提供仓储位给制造商或供应商，而配送中心的货物仍属于制造商或供应商所有，配送中心只是提供仓储管理和运输配送服务。这种配送中心的现代化程度往往较高。

(2) 按照采用模式的不同，物流配送可以分为三种类型

① 集货型配送模式

这种模式主要针对上家的采购物流过程进行创新而形成。其上家生产具有相互关联性，下家互相独立，上家对配送中心的依存度明显大于下家，上家相对集中，而下家分散具有相当的需求。同时，这类配送中心也强调其加工功能。此类配送模式适于成品或半成品物资的推销，如汽车零件配送中心。

② 散货型配送模式

这种模式主要是对下家的供货物流进行优化而形成，上家对配送中心的依存度小于下家，而且配送中心的下家相对集中或有利益共享(如连锁业)。采用此类配送模式的流通企业，其上家竞争激烈，下家需求以多品种、小批量为主要特征，适于原材料或半成品物资配送，如机电产品配送中心。

③ 混合型配送模式

这种模式综合了上述两种模式的优点，并对商品的流通全过程进行控制，有效克服了传统物流的弊端。采用这种配送模式的流通企业，规模较大，具有相当的设备投资，如区域性物流配送中心。在实际流通中，采取多样化经营，降低经营风险。这种运作模式比较符合电子商务下的物流配送的需求。

二、电子商务物流配送中心的运营

电子商务物流配送中心面对着成千上万的供应厂商和消费者以及瞬息万变的市场，承担着为众多用户的商品配送和及时满足他们不同需要的任务，这就要求必须配备现代化装备和应用管理系统，具备必要的物质条件，尤其是要重视计算机网络的应用。通过计算机网络可以广泛收集信息，及时进行分析比较，通过科学的决策模型，迅速做出正确的决策，这是解决系统化、复杂化和紧迫性问题最有效的工具和手段。同时采用现代化的配送设施和配送网络，将会逐渐形成社会化大流通的格局。

专业化的生产和严密组织起来的大流通，对物流手段的现代化提出了更高要求，如自动分拣输送系统、立体仓库与水平垂直、分层、分段旋转货架等有着广泛而迫切的需求。

1. 运营的方式

物流就是空间和时间的位移。为了完成空间和时间的快速转移，配送中心通常从加快货物周转时间和增加储货能力两方面入手。下面的自动分拣输送系统和立体仓库就是这两种方式的典型代表。

(1) 自动分拣输送系统(图 10-2)能将不同方向、不同地点、不同渠道运输的不同物资，按

照类型品种、尺寸重量及特殊要求分拣输送后集中在指定的仓库或旋转货架上，其输送速度高（最高达 150 米/秒），分拣能力强（最高达 30 000 件/小时），规模大（机长达几十甚至数百米），卸货及分拣的通道多（最高达 200 个以上），适用的货物范围广，是面向 21 世纪配送网络的大型物流机器系统。

图 10－2　自动分拣输送系统

（2）立体仓库（图 10－3）是采用多层存放货物的高架仓库系统，高度可以达到 30 米以上，根据需要可以设置不同的高架类型：高层（大于 12 米）、中层（5～12 米）、低层（5 米以下）。这与平库相比可以节约将近 70%的占地面积。采用自动化的立体仓库，可充分利用空间。

图 10－3　立体仓库

2. 配送中心的主要功能

根据图 10－4 所示，电子商务物流配送中心的工作流程为：首先根据客户的需求及预测到上游供应商进货，然后，根据各种货物的分类，进行储存，再根据各个不同的客户的需求对多样的货物进行分拣和配货，再按照每个客户的需求进行分放，最后，将货物进行车辆配装，运送到各个客户的手中。所以，电子商务物流配送中心的主要功能包括了集货、储存、分货和配货等功能。

3. 配送中心的类型

从图 10－4 可以看出，物流配送中心又可分为两种：一种是有存储功能的配送中心；另一种是仅有配送功能而没有存储功能的配送中心。

有存储功能的配送中心包含了集货、储存、分货和配货等所有的功能，而仅有配送功能而没有存储功能的配送中心不包含集货、储存，货物随来随走，它的特色体现在空间的快速移动，而不具备时间的存储能力。

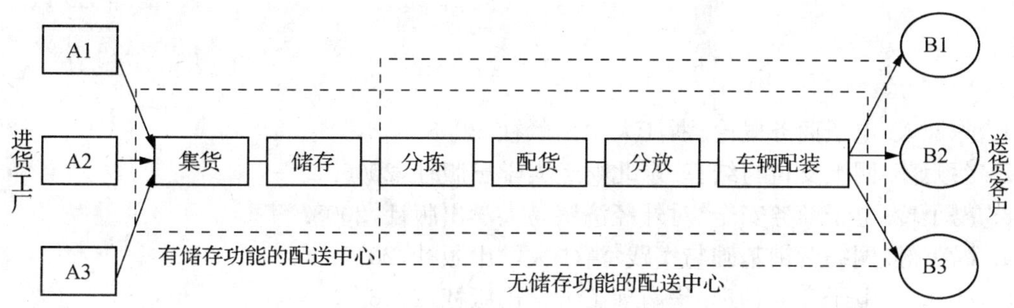

图 10－4　配送中心工作流程

【本章小结】

物流是指物品从供应地向接收地的实体流动过程，根据实际需要，将运输、储存、装卸、搬运、包装、流通加工、配送、信息处理等基本要素实施有机结合。物流技术主要包括条码技术、射频技术、GIS 技术、GPS 技术。物流配送就是在经济合理区域内，根据用户的要求，对物品进行拣选、加工、包装、分割、组配等作业，并按时送达指定地点的物流活动。

【课堂讨论】

1. 何谓现代物流？它有什么新特点？
2. 第三方物流与第四方物流有什么区别？
3. 简述电子商务物流的基本流程。
4. 什么是射频技术？它在物流管理中有什么作用？
5. 什么是 GIS 技术？它主要应用在什么领域？
6. 什么是 GPS 技术？它的主要功能是什么？
7. 什么是物流配送中心？它有哪几种类型？

【技能实训题】

1. 访问 FedEx 中国(http://www.fedex.com/cn/)和中国邮政集团公司(http://www.ems.com.cn)。请分别在两个网站查询从上海寄送 1 公斤物品到美国纽约的运费为多少？

2. 比较 DHL(http://www.cn.dhl.col)和 TNT(http://www.ups.com)两个快递公司网站中的国际服务业务(如企业所提供的服务、承运货品的种类、业务覆盖的范围、收费的情况、支付的方式等)，你更愿意用哪一家公司递送国际快递？为什么？

参考文献

1. 陈德人.电子商务概论.浙江大学出版社,2008.
2. 蔡元萍.网上支付与结算.东北财经大学出版社,2006.
3. 冯小玲.电子商务安全.对外经济贸易大学出版社,2008.
4. 冯英健.网络营销基础与实践.清华大学出版社,2013.
5. 杜江萍.电子商务管理.华南理工大学出版社,2006.
6. 洪涛.高级电子商务教程.经济管理出版社,2011.
7. 齐佳音.客户关系管理.北京邮电大学出版社,2009.
8. 贾玢,刘纪元,陈刚.电子商务概论.电子工业出版社,2011.
9. 姜旭平.电子商务基础教程.机械工业出版社,2005.
10. 姜旭平.网络营销教程.机械工业出版社,2001.
11. 白东蕊,岳云康.电子商务概论.第2版.人民邮电出版社,2013.
12. 高凤莲,舒良友.物流学概论.中国矿业大学出版社,2006.
13. 林景新.实战网络营销.暨南大学出版社,2009.
14. 范生万,计海涛.物流电子商务.经济管理出版社,2006.
15. 霍佳震.物流与供应链管理.高等教育出版社,2006.
16. 卢湘鸿.电子商务技术基础.清华大学出版社,2007.
17. 黄敏学著.网络营销. 武汉大学出版社,2000.
18. 陆川.电子商务概论.对外经济贸易大学出版社,2007.
19. 金桂兰.电子交易与支付. 中国电力出版社,2004 .
20. 柯新生.电子商务:运作与实例.清华大学出版社,2007.
21. 骆正华.电子商务概论.清华大学出版社,2006.
22. 兰宜生等.电子商务物流管理.中国财政经济出版社,2001 .
23. 李宗耀,李灵,尉斌.电子商务应用基础教程. 科学技术文献出版社,2007.
24. 闵敏,吴凌娇.电子商务实用基础.清华大学出版社,2005.
25. 李洪心.电子商务案例.机械工业出版社,2006.9 .
26. 骆正华.电子商务系统规划与设计.清华大学出版社,2006 .
27. 潘迎宪.物流仓储管理.四川大学出版社,2006.
28. 刘克强著.电子商务平台建设.人民邮电出版社,2007.
29. 刘慧.供应链管理.中国人民大学出版社,2002.
30. 徐杰.采购与仓储管理.清华大学出版社,2004.
31. 刘列励.信息网络经济与电子商务.北京邮电大学出版社,2001.
32. 吕英斌,储节旺.网络营销案例评析.清华大学出版社,2004.

33. 许多顶. 电子商务概论. 高等教育出版社，2007.
34. 顾永才. 企业电子商务实务. 中华工商联合出版社，2000.
35. 邵兵家. 电子商务概论. 高等教育出版社，2003.
36. 黄建康. 企业电子商务管理与战略. 东南大学出版社，2004.
37. 秦成德. 移动电子商务. 人民邮电出版社，2009.
38. 李琪. 电子商务通览. 中国商业出版社，2000.
39. 凌守兴. 电子商务物流管理. 华东理工大学出版社，2006.
40. 刘喜敏，刘玉玲. 电子商务法律法规. 大连理工大学出版社，2006.
41. 马克 J. 施尼德詹斯，曹青. 电子商务运营管理. 中国人民大学出版社，2005.
42. 帅青红，夏军飞. 网上支付与电子银行. 东北财经大学出版社，2009.
43. 姚冠新，钱芝网. 物流管理. 中国时代经济出版社，2005.
44. 宋文官，姜何，华迎. 网络营销. 清华大学出版社，2009.
45. 荣泰生. 网络行销：电子商务实务. 中国税务出版社，2005.
46. 宋文官. 电子商务概论. 清华大学出版社，2007.
47. 芮廷先. 网上商店与营销策略. 上海财经大学出版社，2000.
48. 覃征，陈俊英，王昱. 电子政务导论. 高等教育出版社，2005.
49. 宋华. 电子商务物流与电子供应链管理. 中国人民大学出版社，2004.
50. 杨路明，王德明，夏国佐等. 客户关系管理. 重庆大学出版社，2007.
51. 邵兵家. 电子商务概论. 第 2 版. 高等教育出版社，2006.
52. 杨路明. 电子政务. 电子工业出版社，2007.
53. 田景熙. 电子商务案例分析. 东南大学出版社，2005.
54. 杨兴凯. 电子政务. 东北财经大学出版社，2007.
55. 杨坚争. 电子商务典型案例评析. 西安电子科技大学出版社，2010.
56. 虞益诚. 电子商务概论. 中国铁道出版社，2006.
57. 王微怡，王晓平. 物流信息系统规划与建设. 北京大学出版社，2007.
58. 岳云康. 电子商务实训教程. 东北财经大学出版社，2008.
59. 王小栋等. 网络营销的秘诀与实例. 中国国际广播出版社，2001.
60. 张波，任新利. 网上支付与电子银行. 华东理工大学出版社，2009.
61. 吴隽. 物流与供应链管理. 哈尔滨工业大学出版社，2007.
62. 周红. 电子支付与网络银行. 中国人民大学出版社，2006.